Stefanie Holtkamp
Andrea Bergmann

MIT DEM WOHNMOBIL IN DIE SCHWEIZ

Teil 2: Der Osten

Die Anleitung für einen Erlebnisurlaub

DER WOHNMOBIL-VERLAG
D-98634 Mittelsdorf/Rhön

Die Deutsche Bibliothek – CIP-Einheitsaufnahme

Bibliografische Information der Deutschen Bibliothek

Die Deutsche Bibliothek verzeichnet diese Publikation in der Deutschen Nationalbibliografie.
Detaillierte bibliografische Daten sind im Internet über <http://dnb.ddb.de> abrufbar.

Titelbild: Auf dem »Weg der Schweiz«, Urner See (Tour 4)

1. Auflage 2014

Fotos:
S. 29, Technorama Winterthur, S. 40 Wildpark Zürich, S. 41 Flavio Heggli / Daniel Christen / Höllgrotten, S. 100 Osterwelle, fotolia.com, S. 114 und 115 KWO, THE FOTOSTUDIO.CH, S. 186 Lugano Tourism, S. 230 Ratikova, istock Photo, S. 259 mino21, fotolia.com
Alle anderen Fotos und alle Karten von der Autorin.

Druck:
www.Schreckhase.de

Vertrieb:
GeoCenter, 70565 Stuttgart

Herausgeber:
WOMO-Verlag, 98634 Mittelsdorf/Rhön
GPS: N 50° 36' 38.2" E 10° 07' 55.6"

Fon: 0049 (0) 36946-20691
Fax: 0049 (0) 36946-20692
eMail: verlag@womo.de
Internet: www.womo.de

Autoren-eMail: Holtkamp@womo.de

ISBN 978-3-86903-511-6

EINLADUNG

Sie kennen die Schweiz? In unserem Nachbarland im Süden war doch eigentlich fast jeder schon einmal – zumindest auf der Durchreise. Auf gut ausgebauten Autobahnen brettern jedes Jahr zur Urlaubszeit Tausende durch die Alpen in den Süden. Die majestätischen Bergriesen mit ganzjährig schneebedeckten Gipfeln werden dabei – schwupp – in Minutenschnelle im Tunnel durchquert. So begann auch unsere Beziehung zur Schweiz. Dann lockten uns rechts und links der Strecke alte Burgen, schöne Orte und natürlich die Schlucht der Via Mala von der viel befahrenen Autobahn und die erste richtige Passfahrt durch die Wolken über Oberalp- und Furkapass, war eine Offenbarung. Für dieses Buch sind wir dann einen Pass nach dem anderen gefahren und glauben Sie uns: Jeder ist anders. Ein grünes Naturparadies lockt am Lukmanier, am Gotthardpass sind wir bei unserer Wanderung zu den Laghi di Orsirora mitten im Juli im Schnee herumgestapft, um nur wenige Tage später im glasklaren Lägh da Cavloc am Malojapass zu baden. Splügenpass und Umbrail an der Grenze zu Italien sind besonders dramatisch und dürfen nur von Fahrzeugen bis 2,30 m Breite befahren werden. Egal welche Strecke sie wählen: das Hochgebirge ist ein starkes Erlebnis.

Aber natürlich hat die Schweiz mehr zu bieten als Bergeinsamkeit. Die schmucken Städte am palmenbestandenen Lago Maggiore und am Lago di Lugano sind schon an Ostern ein lohnenswertes Ziel. Ebenso berühmt sind die Täler der Maggia und der Verzasca im Tessin mit tiefblauen Flussgumpen und urigen Steinhäusern. Die stimmungsvolle Stadt Luzern am Ufer des Vierwaldstätter Sees gehört zu den beliebtesten Zielen des internationalen Tourismus und bietet so wie das nahe Zürich eine beinahe unerschöpfliche Auswahl an Museen.

Das Engadin ist außerhalb der Skisaison schon weniger vertraut. Im Sommer ist hier der Schweizer Nationalpark ein Ziel, das vor allem Wanderer entzücken wird. Ein echtes Highlight zum Wandern ist auch das Alpsteinmassiv im verträumten Appenzell oder das stille Tal der Surselva zwischen Chur und Andermatt.

So erwartet Sie im Osten der Schweiz eine abwechslungsreiche Fahrt, bei der Sie im steten Sprachenwechsel zwischen verschiedenen rätoromanischen Dialekten, Schwyzerdütsch und Italienisch das Gefühl nicht loswerden, auf engstem Raum mindestens drei Länder zu bereisen. Lassen auch Sie sich von der Autobahn locken und begegnen Sie unserem facettenreichen Nachbarland auf ganz neue Weise.

Ihre

Sehr geehrter Leser, lieber WOMO-Freund!

Reiseführer sind für einen gelungenen Urlaub unverzichtbar – das beweisen Sie mit dem Kauf dieses Buches. Aber aktuelle Informationen altern schnell, und ein veralteter Reiseführer macht wenig Freude.
Sie können helfen, Aktualität und Qualität dieses Buches zu verbessern, indem Sie uns nach Ihrer Reise mitteilen, welchen unserer Empfehlungen Sie gefolgt sind (freie Stellplätze, Campingplätze, Wanderungen, Gaststätten usw.) und uns darüber berichten (auch wenn sich gegenüber unseren Beschreibungen nichts geändert hat).
Bitte füllen Sie schon während Ihrer Reise das Info-Blatt am Buchende aus und schreiben Sie evtl. Korrekturen auch in unser Forum unter: www.forum.womoverlag.de
Dafür gewähren wir Ihnen bei Buchbestellungen direkt beim Verlag (mit beigefügtem, vollständig ausgefülltem Info-Blatt oder entsprechender eMail) ein Info-Honorar von 10%.
Aktuelle Korrekturen finden Sie unter: www.forum.womoverlag.de

Um die freien Übernachtungs- und Campingplätze auf einen Blick erfassen zu können, haben wir diese im Text in einem Kasten nochmals farbig hervorgehoben und, wie auf den Karten, fortlaufend durchnummeriert. Wir nennen dabei wichtige Ausstattungsmerkmale und geben Ihnen eine kurze Zufahrtsbeschreibung. "Max. WOMOs" soll dabei andeuten, wie viele WOMOs dieser Platz maximal verträgt und nicht, wie viele auf ihn passen würden (schließlich gibt es auch Einwohner und andere Urlauber)!
Übernachtungsplätze mit **B**ademöglichkeit sind mit hellblauer Farbe unterlegt. **W**anderparkplätze sind grün gekennzeichnet. **P**icknickplätze erkennen Sie an der violetten Farbe. Auf Schlafplätzchen, denen die gerade genannten Merkmale fehlen – also auf einfache **S**tellplätze – weist die Farbe Gelb hin.
Empfehlenswerte **C**ampingplätze haben olivgrüne Kästchen.
Wanderungen, die wir Ihnen besonders ans Herz legen möchten, haben wir hellgrün unterlegt.

Und hier kommt das Kleingedruckte:
Jede Tour und jeder Stellplatz sind von uns meist mehrfach überprüft worden, wir können jedoch inhaltliche Fehler nie ganz ausschließen. Bitte achten Sie selbst auf Hochwasser, Brandgefahr, Steinschlag und Erdrutsch!
Verlag und Autoren übernehmen keine Verantwortung für die Legalität der veröffentlichten Stellplätze und aller anderen Angaben. Unsere Haftung ist, soweit ein Schaden nicht an Leben, Körper oder Gesundheit eingetreten ist, ausgeschlossen, es sei denn unsere Verantwortung beruht auf Vorsatz oder grober Fahrlässigkeit.

INHALT

Anreise und Tourenplanung 6

Wichtiges für unterwegs 8

14 Touren durch die Zentral- und Ostschweiz

Tour 1: Rheinfall und Bodensee 10
Tour 2: Zürich Stadt und Zürich Land 26
Tour 3: Rundfahrt durch Uri, Schwyz und Glarus 46
Tour 4: Luzern und der Vierwaldstättersee 60
Tour 5: Eine Runde durch das Entlebuch 82
Tour 6: Über alle Berge – Fünf Alpenpässe 96
Tour 7: Durch das Rheintal nach Graubünden 116
Tour 8: Valle Leventina und Valle di Blenio 132
Tour 9: Der Lago Maggiore und seine Bergtäler 152
Tour 10: Um den Lago di Lugano 182
Tour 11: Durch das Valle Mesolcina nach Chur 196
Tour 12: Bergiges Graubünden Süd 212
Tour 13: Bergiges Graubünden Nord 238
Tour 14: Durchs Appenzell zurück zum Bodensee 260
Der Weg in den Süden 283

Tipps von A - Z 296

Register 306

Tourenübersicht 313

Zeichenerklärungen für die Tourenkarten

Touren / abseits der Touren	
Autobahn (Vignette)	Kirche, Kloster
Hauptstraße	Burg, Schloss, Ruine
Nebenstraße	Wildhorn Berggipfel
Fz.-Breite max. 2,30 m	Sehenswürdigkeit
kritische Fahrstrecke	Aussicht, Rundsicht
Wanderweg	Trinkwasser/Dusche
S W P B WOMO-Stellplatz, Wander-, Picknick-, Badeplatz (nicht für freie Übernachtungen)	E Ver-/Entsorgung
	Toilette
11 12 13 14 WOMO-Stellplatz, Wander-, Picknick-, Badeplatz (geeignet für freie Übernachtungen)	224 WOMO-Campingplatz
	C Sonstiger Campingplatz
Alle übernachtungsgeeigneten Plätze sind im Text und auf den Tourenkarten fortlaufend durchnummeriert.	GPS N50° 36'38", E 10° 7'55", 250 m

Anreise und Tourenplanung

Knapp 2 Stunden fahren Sie von München zur Schweizer Grenze und von Freiburg oder Konstanz sind Sie fast ohne Anfahrt am Ziel. Für längere Anreiserouten finden Sie im WOMO Verlag Reisebücher zu fast allen Regionen Deutschlands. Nördlich des Bodensees geben Ihnen »Mit dem Wohnmobil in den Schwarzwald«, »Mit dem Wohnmobil ins Schwabenländle« und »Mit dem Wohnmobil ins Allgäu« die passenden Reisetipps. Sollten Sie über Basel anreisen, durchqueren Sie zunächst das Gebiet der Westschweiz, der der WOMO-Band 50 gewidmet ist.

Unsere Reise durch die Ostschweiz ist in 14 Touren gegliedert, die Sie nach Ihren Wünschen zu unterschiedlichen Reiserouten zusammensetzen können. Ob Sie dabei tatsächlich bei Tour 1 beginnen, ist nicht wesentlich. Bei jedem Ziel und Stellplatz finden Sie die zugehörigen GPS-Daten, die Sie einfach in Ihr Navi eingeben können. So sind Sie unabhängig von unserer Wegbeschreibung und können Touren auch in der anderen Richtung oder die Stellplätze einer Tour in einer anderen Reihenfolge anfahren. Und sollten Sie dieses Mal doch nur *durch* die Schweiz fahren, sorgen 3 Routenvorschläge ab S. 283 für eine Anreise, bei der Sie sich ohne großen Zeitaufwand die ersten Eindrücke der Schweiz abseits der Autobahnen holen könnten...

So klein die Schweiz auch ist, wenn Sie mehr als Straßen sehen wollen, sprengt die komplette Strecke der 14 Touren den Zeitrahmen einer gängigen Urlaubsreise. In den Bergen führen in die Seitentäler nur kurvige Stichstraßen, so dass die Fahrten zeitaufwändig sind. Da verschätzt man sich leicht bei der Länge einer sinnvollen Tagesstrecke. Für kürzere Reisen müssen Sie also vor oder während der Fahrt eine Routenwahl treffen. Hier finden Sie dazu ein paar Vorschläge:

Sonne tanken im Tessin

ca. 400 km, Zeitbedarf: 1 Woche, Startpunkt: Bellinzona

Eine Fahrt ins sonnenverwöhnte, milde Tessin ist im Frühjahr und Herbst besonders schön. Lago Maggiore und Lago di Lugano sind zwar auch Badeziele, im Juli und August ist es an den Seen jedoch

teuer und voll. Auch viele Wanderrouten im Tal der Maggia und der Verzasca sind schon an Ostern schneefrei. Nur wenn es Sie auf die Höhen oberhalb des Stausees von Robiei zieht, ist der Hochsommer die richtige Jahreszeit. Auch die grandiosen Anfahrtstrecken über Gotthard- oder Lukmanierpass sind nur von Juni bis Oktober passierbar. Zieht Sie das milde Klima in der kalten Jahreshälfte über die Alpen, bleibt Ihnen nur die Anfahrt durch den Tunnel. Nördlich der Berge könnten Sie allerdings den einen oder anderen Schlenker abseits der Transitstrecke einplanen. Vierwaldstätter See, Appenzell und Bodenseeregion sind genauso wie Zürich eine Reise wert.

Rundfahrt durch Graubünden

ca. 700 - 1000 km, Zeitbedarf 1-2 Wochen, Startpunkt Bregenz

Graubünden ist fast durchgängig eine Bergregion. Die Hochebene um St. Moritz im Oberengadin liegt auf 1800 m. Auch die Passstraßen, die die Täler verbinden, sind im Winter nur sehr eingeschränkt passierbar. Sollten Sie also nicht gerade die Skier ins Wohnmobil gepackt haben, ist der Sommer die Saison für eine Reise durch den östlichsten Zipfel der Schweiz. Zwischen Juni und Oktober ist Graubünden ein Wanderparadies. Nicht nur der einzige Nationalpark der Schweiz, auch der Parc Ela und die schönen Täler Val Müstair und Bergell sind reizvolle und auch in der Ferienzeit nicht überlaufene Ziele. Beginnen Sie die Reise mit Tour 14 am Bodensee und reisen Sie durch das Appenzell mit dem wild zerklüfteten Alpsteinmassiv nach Graubünden. Tour 12 und 13 führen sie durch die Bündner Berge und auf dem Rückweg locken die Via Mala und der unbedingt lohnenswerte Abstecher mit Tour 7 zur Rheinschlucht bei Ilanz.

Große Rundfahrt Schweiz Ost

ca. 2800 km, ab 4 Wochen. Die komplette Runde von Tour 1 bis 14 führt mehrfach ins Hochgebirge und über mehrere große Pässe und ist daher eine reine Sommerreise. Die Höhepunkte sind wilde Gebirgslandschaften und malerische Dörfer und Städte mit viel alter Bausubstanz. Die Tessiner Seen bieten dazwischen einen entspannten Badestopp. Zwischen den Touren gibt es Verbindungen und lohnenswerte Abstecher. Entscheiden Sie einfach spontan: nach Lust, Wetter, Interessen und Laune. Richtig komplett ist eine große Rundreise durch die Schweiz aber erst, wenn Sie auch die Bergregionen des Wallis und des Berner Oberlandes miteinbeziehen. Tour 5, 6 und 7 grenzen direkt an unsere Routen des Bandes 50 Schweiz West.

Wichtiges für unterwegs:

Große Wohnmobile auf schmalen Bergstraßen

Bei der Auswahl ihrer Fahrtroute sollten Sie neben Ihrem Ziel auch die gewählte Strecke im Auge behalten. Im flachen Norden der Schweiz finden Sie ein gut beschildertes, bestens ausgebautes Straßennetz, die Straßen in abgelegenen Bergregionen haben es dagegen immer mal wieder in sich. Besorgen Sie sich eine gute Straßenkarte – Maßstab 1:200.000 ist dabei Minimum – und seien Sie vor allem mit Wohnmobilen über 6 m Länge vorsichtig mit den weiß eingezeichneten Strecken. Auf den von uns beschriebenen Routen sind einspurige Sträßchen mit Ausweichstellen gestrichelt eingezeichet. Wer hier fährt, muss damit rechnen auch am Berg zu rangieren und eventuell zur nächsten Bucht zurückzusetzen. Wenn Sie mit Navi unterwegs sind, lassen Sie sich nicht unbedingt auf die kürzeste Route locken. Nach den ersten interessanten, direkten Verbindungswegen zwischen unseren Stellplätzen in kleinen Orten am Hang haben wir es vorgezogen, die Routenwahl unseres Navigon per Augenschein sorgfältig und kritisch zu überprüfen. Es war dabei so manches Veto der Fahrerin angemessen ...

**Parken statt Camping –
Die wichtigsten Regeln für die freie Übernachtung**

Eine besonders wichtige Bitte vorweg: viele der im Buch genannten Stellplätze sind einfache Parkplätze, auf denen Sie ihr Wohnmobil für eine Übernachtung parken können. Wildes Campen ist überall in der Schweiz verboten. Campingstühle, Tisch und Grill gehören also in keinem Fall auf Parkplätze und auch die Markise bleibt dort eingerollt. Parken Sie platzsparend, beachten ausdrückliche Verbote, verhalten sich rücksichtsvoll und hinterlassen am Übernachtungsplatz keinerlei Spuren. Die Schweiz ist ein dicht besiedeltes Land, in dem viele Menschen Erholung suchen, und die Übertretung dieser Regeln führte in vielen Fällen zu Wohnmobil-Parkverboten. Wenn Sie sich vor Ihrem Wohnmobil ausbreiten oder mehrere Tage an einem Platz stehen wollen, wählen Sie einen Campingplatz zum Quartier.

Rechnen mit dem Franken
Sie werden es unterwegs schnell merken: die Schweiz ist kein preisgünstiges Reiseland. Das war sie noch nie und der starke Franken bringt den Schweizer Tourismus in ernste Schwierigkeiten. Umgeben von Euroländern sind Schweizer Preise immer weniger konkurrenzfähig. So werden inzwischen in einigen Touristenorten wie z.B. Savognin attraktive Sommerangebote erfunden, bei denen die Benutzung der Bergbahn für Übernachtungsgäste kostenlos ist. In anderen Regionen fahren Sie mit mehrtägigen Regionalpässen günstiger Bergbahn, Boot und Bus. Wenn Sie solche Angebote nutzen und sich ansonsten ein wenig auf das unvermeidliche Preisgefälle einstellen, können Sie auch in der Schweiz mit normalem Budget reisen. Die Anfahrt ist kurz, die Wege im Land sind es auch und eine Fähre brauchen Sie nicht. Das spart schon bei der Anreise Kosten und Zeit. Restaurantbesuche werden wohl die meisten Wohnmobilisten zur Entlastung der Reisekasse sorgfältig dosieren – aber dazu haben Sie ja auch eine Küche an Bord.

Trotz sorgfältiger Recherche und regelmäßiger Aktualisierung werden Sie wahrscheinlich auch in der gut organisierten Schweiz auf Angaben treffen, die nicht mehr stimmen. Seien es nicht mehr aktuelle Stellplätze oder geänderte Straßenführungen. Bitte schreiben Sie uns. Haben Sie einen besonders schönen Stellplatz entdeckt oder möchten von Ihren persönlichen Reiseerfahrungen in der Schweiz berichten? Ich freue mich über jede Zuschrift. Sie können dazu das Infoblatt am Ende des Buches nutzen und an den Verlag zurücksenden, am einfachsten erreichen Sie uns aber unter der mailadresse **holtkamp@womo.de.**

So steht jetzt dem Start zu Ihrer erlebnisreichen Reise durch unser gastfreundliches Nachbarland nichts mehr im Wege. Ich wünsche Ihnen viele schöne Begegnungen, tolle Entdeckungen und besonders viel Glück mit dem Wetter. Gute Reise also – und vergessen Sie Ihre Wanderschuhe nicht!

TOUR 1 (ca. 85 km / 1-3 Tage)

Rheinfall und Bodensee – der schönste Weg in die Schweiz

Konstanz – Steckborn – Stein am Rhein – Diessenhofen / Gailingen – Schaffhausen – Gütighausen –Nussbaumer See – Kartause Ittingen – Frauenfeld

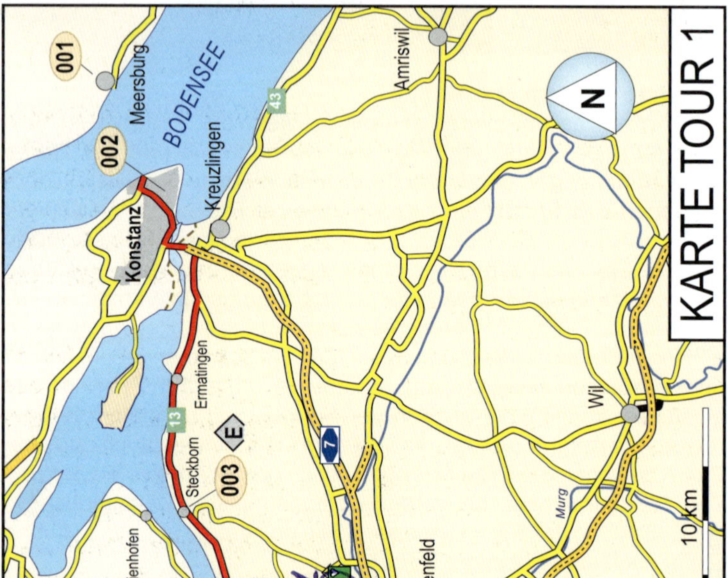

Freie Übernachtung:	Meersburg, Konstanz, Steckborn, Eschenz, Bornhusen, Stein am Rhein, Gailingen, Schaffhausen, Schloss Laufen, Altikon, Kartause Ittingen
Ver-/Entsorgung:	Steckborn, Eschenz, Gailingen, Schaffhausen
Campingplätze:	Camping Gütighausen, Camping Rheinwiesen
Baden:	Ermatingen, Gailingen Nussbaumer See, Camping Rheinwiesen
Besichtigen:	Konstanz, Stein am Rhein, Rheinfall, Kartause Ittingen mit Kunstmuseum
Wandern:	Rheinfall, Nussbaumer See

Der imposante Rheinfall, schöne kleine Orte mit viel alter Bausubstanz wie Stein am Rhein, Diessenhofen oder Steckborn am Untersee und das dünn besiedelte Bauernland südlich des Bodensees bereiten Reisenden einen warmen Empfang in der Schweiz. Und wenn Sie wollen, können Sie sogar mit der Fähre anreisen – auch wenn die Überfahrt über den Bodensee nur schöne 15 Minuten dauert …

Wenn Sie aus Richtung Stuttgart anreisen, steigen Sie in Schaffhausen in diese Tour ein, steuern Sie die Schweiz aus der Münchner Richtung an, bietet die Zufahrt über das deutsche Bodensee-Ufer zum bildhübschen Ort **Meersburg** mit mehreren offiziellen Wohnmobilstellplätzen und über den Bodensee nach Konstanz eine besonders reizvolle Alternative zum stets überfüllten Nadelöhr bei Lindau und Bregenz. Informationen über das deutsche Ufer des Bodensees, Alternativen zu den offiziellen Stellplätzen und eine Rundfahrt um den See finden Sie etwas unerwartet in **Band 16, Mit dem Wohnmobil durch den Schwarzwald.**

(001) WOMO-Stellplatz: Ergeten / Meersburg

GPS: N 47°42'04", E 9°16'06", Daisendorfer Straße **max WOMOs:** 38
Ausstattung/ Lage: Mit Strom, V/E Anlage, Dusche und WC gut ausgestatteter Stellplatz am Stadtrand. € 12.- pro Tag, Strom € 0,50 pro KW.
Sonstiges: direkt benachbart im Allmendweg gibt es zwei weitere Stellplätze. Auch hier stehen Stromsäulen und ein WC zur Verfügung. Am preisgünstigsten ist der hinterste Platz Allmend 2 mit € 8.- pro Tag **GPS N 47°42'6.26", E 9°16'18.90".**

Beginnen wir unsere Reise in die Schweiz also auf »hoher See«. Die Autofähren verlassen den Hafen von **Meersburg** etwa im 15 Minuten Takt, so dass es nur an besonders beliebten Terminen zu längeren Wartezeiten kommt. Die Fährboote haben ein großes Sonnendeck, der Wind weht Ihnen um die Nase und rundherum ist alles blau. Sogar einen weiten Meerhorizont hat der Bodensee zu bieten, wenn man in die richtige Richtung schaut. Viel zu schnell rollen wir dann in **Konstanz** auf festen Boden zurück. Wenn Sie dort die schöne, von viel Wasser umgebene Altstadt kennenlernen möchten, bietet der offiziellen Wohnmobilstellplatz auf dem Parkplatz Döbele Unterkunft. Ruhigere Wohnmobilstellplätze finden Sie in Dettendorf, auf der Insel Reichenau oder auf dem schön am See gelegenen Camping Klausenhorn. Von dort kommen Sie allerdings nicht mehr zu Fuß in die Stadt.

(002) WOMO-Stellplatz: Konstanz

GPS: N 47°39'27"; E 9°10'08", Grenzbachstraße **max WOMOs:** 12
Ausstattung / Lage: Lebhafter Parkplatz in der Innenstadt mit 12 ausgewiesenen WOMO-Stellplätzen. Maximale Parkzeit 24 h, Übernachtung € 14.-

Wir fahren nun weiter, überqueren die Brücke an der Verbindung zwischen Bodensee und dem kleineren Untersee und erreichen in Kreuzlingen die Schweiz. Dann geht es rechts am See entlang zum ersten schönen Ort am Ufer: **Ermatin-**

gen erkennen Sie am bronzenen Wildschwein, das rechts der Straße mit großen Augen auf die Autos glotzt. Kurz hinter dem Ort bietet das **Strandbad Ermatingen** die Möglichkeit für einen erfrischenden Stopp. Der Parkplatz rechts der Straße **GPS N 47°40'20", E 9°04'07"** ist groß genug für Womos, hat aber ein Campingverbot. Von hier laufen Sie ca. 5 min zum Strandbad mit Liegewiese, Kiesufer und Spielplatz. Kurz darauf erreichen wir **Steckborn**, das außer einem schönen Ortskern auch einen offiziellen Wohnmobilstellplatz zu bieten hat.

(003) WOMO-Stellplatz: Steckborn

GPS: N 47°40'05", E 8°59'05" **max. WOMOs:** 8
Ausstattung / Lage: Offizieller Stellplatz. Parkplatz am östlichen Ortsrand mit kurzem Fußweg zur Altstadt. Mehrere Restaurants am Seeufer, Strandbad. Die Tagesgebühr von CHF 12.- wird am Automaten bezahlt. 6 Stromanschlüsse vorhanden.
Sonstiges: V/E Anlage mit Bodeneinlass am westlichen Ortseingang an der Kläranlage
Anfahrt: von Konstanz kommend kurz hinter der Ortseinfahrt links. Der Platz ist mit Wohnmobilsymbol beschildert.

Der Bodensee an der Uferpromenade von Steckborn

Unsere Route führt dicht am See entlang weiter gen Osten. Das nächste Ziel ist der sehenswerte Ort Stein am Rhein. Auf dem Weg dorthin weist am Ortsende in Eschenz ein Wohnmobilsymbol links hinauf zum Campingplatz Hüttenberg mit komfortablem, sehr angenehmem Stellplatz für Wohnmobile vor der Platzschranke.

(004) WOMO-Stellplatz: Camping Hüttenberg

GPS: N 47°38'41", E 8°51'35" **max. WOMOs:** 8
Ausstattung / Lage: Schöner gut ausgestatteter Stellplatz vor dem Camping Hüttenberg. Bezahlen an der Rezeption oder am Automaten. V/E Station mit Bodeneinlass. CHF 20.- inkl. Strom, Benutzung der Sanitäranlagen und des Schwimmbades auf dem Camping. Am Automaten kann nur mit Münzen bezahlt werden! (Euro oder CHF)
Anfahrt: Am Ortsende links den Berg hinauf (Wohnmobilsymbol) zum Campingplatz.

Direkt nach diesem Abzweig führt rechts eine Brücke über den **Rhein** nach **Stein**. Mit größeren Mobilen sollten Sie aber auf der Hauptstrecke bleiben, den Rhein an der nächsten Brücke überqueren und den Ort Stein von Westen anfahren. Dort finden Sie auch gleich einen Parkplatz etwas außerhalb des Ortes, auf dem Sie auch über Nacht gut stehen.

(005) WOMO-Stellplatz: Stein am Rhein

GPS: N 47°39'45", E 8°51'16", Hemishofer Str.
max. WOMOs: 2-3
Ausstattung / Lage: Ebener Schotterplatz am Rhein, 5 min Fußweg zur Altstadt. Tagesticket am Parkautomaten CHF 6.-, WC auf dem nächsten Parkplatz am Eingang zur Stadt. Am Radweg nach Schaffhausen.
Anfahrt: von Schaffhausen kommend kurz vor Stein am Rhein rechts der Straße.

Stein am Rhein, Rathausplatz

Stein am Rhein

Durch die Lage am Kreuzungspunkt eines wichtigen Wasserweges mit einer alten Landstraße begünstigt, entwickelte sich Stein am Rhein Anfang des letzten Jahrtausends vom unbedeutenden Bauern- und Fischerdorf zu einem florierenden Handelsplatz. Nach der Ansiedlung des Benediktinerklosters St. Georgen im Jahr 1007 entwickelte sich die Siedlung schnell zu einer kleinen Stadt. Im 17. Jahrhundert überflügelten die Nachbarstädte Konstanz und Schaffhausen den Ort, mit dem Bau der ersten Eisenbahnstrecken verlor der Rhein als Verkehrsweg an Bedeutung und Stein am Rhein hörte auf zu wachsen. So ist es bis heute klein und idyllisch. Im Ortskern reihen sich kunstvoll bemalte mittelalterliche Häuser aneinander und das ehemalige Klostergebäude aus dem 13. - 15. Jahrhundert ist heute ein Museum mit originalgetreu eingerichteten Räumen. Öffnungszeiten: Di- So 10-17 Uhr, Eintritt CHF 5.-.

In den gemütlichen Gassen der Altstadt gibt es eine große Auswahl an Cafés und Restaurants. Sehr empfehlenswert ist zum Beispiel die Petite Crêperie mit süßen und salzigen Crêpes in der Unterstadt 10.

Ein Essen auf Schloss Hohenklingen oberhalb von Stein am Rhein ist etwas besonderes und nicht nur ein kulinarisches Erlebnis. Es gibt Tische im stilvoll restaurierten Rittersaal, der Burgstube oder auf der Terrasse mit weitem Blick über das Tal – das Restaurant in der alten Burg ist ein besonderer Platz und hat außerdem einen ausgezeichneten Koch. Die Preise entsprechen der hohen Qualität ... www.burghohenklingen.com

Blick auf Diessenhofen

Schöne Wiesenplätze, ebenfalls in Rheinnähe, bietet der offizielle Stellplatz direkt hinter dem Rheinuferpark Gailingen. Streng genommen liegt der Stellplatz nicht in der Schweiz. Sie schlafen, baden und speisen hier am deutschen Ufer. Aber schon ein kurzer Spaziergang über die holzgedeckte Rheinbrücke bringt Sie zurück über die Grenze in den schönen Ort **Diessenhofen**. Diessenhofen ist nicht so herausgeputzt wie der Nachbarort Stein, steht diesem an Stimmung und Schönheit aber ansonsten kaum nach.

(006) WOMO-Badeplatz: Gailingen

GPS: N 47°41'26", E 8°45'24" **max. WOMOs:** 20

Ausstattung / Lage: Parkfläche auf einer Wiese am Badeufer am Rhein mit Spielplatz, Planschbecken, große Liegewiese. Pizzeria und Snack-Bar. Gute preisgünstige Pizza auch zum Mitnehmen. WC und Duschen in den Gebäuden des Strandbades. Gebühr pro Nacht: € 10.-, zahlbar in Münzen am Automaten.

Anfahrt: In Diessenhofen die Rheinbrücke überqueren (bis 3,5 t, schwerere Fahrzeuge bleiben von Schaffhausen auf der deutschen Rheinseite). Direkt hinter der Brücke rechts am Rhein entlang zum Strandbad. Zur Entsorgung an der Brücke links abbiegen und gleich wieder rechts hinauf zur Kläranlage. Gleich links an der Zufahrt weiterer Parkplatz. Auch hier könnten Sie für eine geringe Gebühr über Nacht parken...

Spaziergang mit Ausblick

Am Parkplatz links der Brücke führt hinter der Snack-Bar ein Pfad steil bergan. Kehre für Kehre wird der Ausblick besser, bis Sie nach ein paar Minuten Aufstieg das blaue Band des Rheines und das komplette Städtchen Diessenhofen im Blick haben.

Schleichweg nach Süden

Von Gailingen fahren wir weiter zum Rheinfall nach Schaffhausen. Wer den Wasserfall schon kennt, kann auch schon von Eschenz weiter nach Süden fahren. Kurz hinter der Zufahrt zum Camping geht es rechts auf einer schmalen Straße in Richtung Frauenfeld. Kurz hinter dem Ort **Bornhusen** findet sich hier ein einsamer Übernachtungsplatz im Wald.

(007) WOMO-Stellplatz: Bornhusen Waldparkplatz

GPS: N 47°36'57", E 8°52'57", 644 m **max. Womos:** 1-2
Ausstattung / Lage: Kurze Zufahrt über Waldweg, ebene Schotterfläche im Wald auf der Passhöhe, außerorts
Anfahrt: kurz hinter Bornhusen rechts der Straße, etwas versteckt im Wald

An der nächsten Kreuzung wählen wir die Straße rechts in Richtung Hüttwilen, durchqueren den Ort und erreichen **Nussbaumen**, wo wir wieder auf die Hauptstrecke stoßen.

Das Rheinbad in Gailingen mit Blick auf Diessenhofen

Der Rheinfall ist die Attraktion der Schweizer Grenzstadt **Schaffhausen**. Dass der Ort auch noch eine schöne verwinkelte Altstadt zu bieten hat, fällt auf den ersten Blick weniger auf. Die Fahrt zu den Stellplätzen im Ortsteil Neuhausen führt durch die wenig attraktiven Außenbezirke der Stadt. Den Rheinfall sollten Sie sich auf keinen Fall entgehen lassen, zumal er für Wohnmobilreisende bequem erreichbar ist: vom offiziellen Wohnmobilstellplatz Neuhausen ist der Weg zu den Wasserfällen ein schöner Spaziergang.

(008) WOMO-Stellplatz: Rheinfall Neuhausen

GPS: N 47°40'26" O 08°36'31"
max. WOMOs: 80
Ausstattung / Lage: Offizieller Stellplatz auf dem P4 am Rheinfall. Geschotterter Parkplatz mit Grünflächen, direkter Zugang über einen schönen Fußweg zum Wasserfall, tagsüber WC, V/E Anlage, Einfahrt durch eine Schranke. Tagesparkschein CHF 5.-, Übernachtung CHF 10,50, Zahlung am Automaten auch mit Euro möglich.
Anfahrt: Im Ort den Hinweisen zum Rheinfall und nach Neuhausen folgen. Dann zum P4 mit Wohnmobilsymbol.

Rund um den Wasserfall

ca. 1,5 h, ca. 50 Höhenmeter. Vom Stellplatz in Neuhausen führt ein Waldweg hinunter zum Rhein und zu einem sehr schönen Grillplatz am Ufer. Links am Fluss entlang schlendern wir in etwa 10 min zum Bootsanleger am Schlössli Wörth. Hier starten die Bootsfahrten zum Felsen mitten im Wasserfall, auf dem eine Aussichtsplattform den ultimativen Wasserfallblick erlaubt. Aber auch vom Uferweg haben Sie einen tollen Blick auf die polternd über die Felsen stürzenden Wassermassen. Zwischen den Felsen am Ufer geht es weiter bis zur Rheinbrücke hinauf, an deren anderem Ende Schloss Laufen über dem Rhein thront. Im Garten der Schlossanlage lockt das Schlossrestaurant mit schön gedeckten Tischen. Für einen Eintrittspreis von CHF 5.- pro Person können Sie den Erlebnispfad zur Plattform über dem Wasserfall hinuntersteigen. Unser Rundweg führt links an dem mit Drehkreuz verschlossenen Eingang vorbei und hinab zum Bootsanleger am Fuße des Wasserfalles. Sie können jetzt für einen Obolus von wenigen Münzen zum Schlössli übersetzen oder auf dem Uferweg zur Brücke laufen, die einen knappen Kilometer weiter unten den Rhein überspannt. Auf der anderen Rheinseite laufen Sie dann rechts, bis Sie wieder den Grillplatz am Fuß des Wohnmobilstellplatzes erreichen. Wer eine richtige Wanderung machen möchte, folgt dem Uferweg weiter bis zum Kloster Rheinau (ca. 2 h). Die auf einer Insel im Rhein errichtete Klosteranlage wurde 2011 und 2012 komplett restauriert. Die sehenswerte Barockkirche kann von Juni bis September zwischen 10 und 12 bzw. 13 und 17 Uhr besichtigt werden. Mai und Oktober ist sie nur nachmittags von 14 bis 16 Uhr für Besucher geöffnet. Im Ort Rheinau finden sich auch mehrere Gasthöfe.

Für den schnellen Rheinfallbesuch eignet sich **Schloss Laufen** auf der anderen Rheinseite als Ausgangspunkt. Von der schönen Schlossanlage mit stilvollem Restaurant steigen Sie in 5 min zu einer Aussichtsplattform direkt über dem tobenden Wasser hinab, Eintritt CHF 5.-. Über Nacht parkende Wohnmobile werden auf dem Parkplatz toleriert.

(009) WOMO-Wanderparkplatz: Schloss Laufen

GPS: N 47°40'30", E 8°36'57"
max. WOMOs: 4-5
Ausstattung / Lage: asphaltierter Parkplatz am Schloss Laufen mit Restaurant und Zugang zum Rheinfall
Zufahrt: Von der südlichen Rheinseite in Richtung Dachsen. Vor Dachsen rechts der Straße.
Sonstiges: Auch von Schloss Laufen können Sie die oben beschriebene Rheinfallrunde laufen.

Am Schweizer Rheinufer fahren wir jetzt weiter in Richtung Osten. In Langwiesen gibt es am naturbelassenen Rheinufer einen schön gelegenen Campingplatz.

(010) WOMO-Campingplatz-Tipp: Rheinwiese
GPS: N 47°41'09" N, E 8°39'33", Hauptstraße 66, 70 Stellplätze
Ausstattung / Lage: Grünes Gelände mit vielen alten Bäumen, Strandbad, V/E Station. Der Camping war bis 2013 TCS Camping und gehört jetzt der Gemeinde, WOMO inkl. 2 Personen CHF 36.- bis 45.-. Keine Hunde!
Sonstiges: Der Platz soll in den nächsten Jahren saniert werden und könnte daher vorübergehend geschlossen sein.

In **Alt-Paradies** wählen wir die Straße in Richtung Frauenfeld und treffen kurz nach Truttikon auf den winzigen Ort Gisenhard. Rechts geht es über Aussingen nach **Gütighausen**, wo ein einfacher Camping am Thurufer tolle Plätze bietet, links fahren wir über **Oberstammheim** nach Nussbaumen und zum Naturschutzgebiet an Nussbaumer-, Hüttwiler- und Hasensee. Die Wahl fällt nicht leicht…

Nussbaumen und seine Seen –
Der nördliche Weg nach Frauenfeld

Unterhalb der beiden Orte blitzen halb verborgen die Wasserflächen von drei kleinen Seen. Den **Nussbaumer See**, den **Hüttwiler See** und den **Hasensee** können Sie auf Fußwegen umrunden oder Sie machen eine Pause an einem der Grill- und Badeplätze am Seeufer. Am leichtesten erreichbar ist der Nussbaumer See. Um dort hinzukommen, biegen wir in Nussbaumen rechts in die Uerschhausener Straße ein. Hier befindet sich kein Hinweisschild! Die schmale Nebenstraße führt zwischen Hüttwiler und Nussbaumer See hindurch. Von der Parkbucht im kleinen Wäldchen direkt neben der Straße **(011) GPS N 47°36'52", E 8°49'28"** lässt sich in ca. 1,5 h eine schöne Runde um den Huttwiler See drehen. Unterwegs treffen Sie auf Badestelle und Aussichtsturm. Die am nähesten gelegene Grill- und Badestelle befindet sich am Nordufer des Nussbaumer Sees und ist in ca. 10 min erreichbar.

Fährt man weiter geradeaus, geht es direkt an der Ortseinfahrt von **Uerschhausen** rechts, vorbei am einladenden Gasthaus Seerose mit schönen Gartenplätzen zu einem zweitem Parkplatz links der Straße.

(012) WOMO-Badeplatz: Nussbaumer See

GPS: N 47°36'56", E 8°48'31"
max. WOMOs: 1-2
Ausstattung / Lage: Schmale Parkbucht neben wenig befahrener Straße, geeignet für Wohnmobile bis ca. 6 m, nicht längs parken. Ca. 50 m zum Badeplatz mit Grillstelle direkt unterhalb des Parkplatzes.
Anfahrt: siehe Text

Eine Runde um den Nussbaumer See

Rund um den Nussbaumer See führt ein Fußweg. Auf dem gut einstündigen Spaziergang passieren Sie zwei weitere Badeplätze mit Grillstelle und einen Aussichtsturm. Vom Stellplatz geht es hinunter zum See und rechts am Ufer entlang. Über einen Holzsteg gelangen Sie durch ein Feuchtgebiet zum ersten Badeplatz. Ein breiter Schotterweg führt von hier zur Straße und zum Parkplatz zwischen den Seen. Wählen Sie den ersten Weg links und stehen Sie nach ca. 10 min am zweiten zwischen Bäumen verborgenen Badeufer. Wenn Sie ab hier den schmalen Wiesenpfad zwischen See und eingezäunter Weide weiter gehen, führt bald links ein Stichweg zum Aussichtsturm, der den Blick über das hier vollständig zugewachsene Ufer freigibt. Dieser Teil des Sees gehört den Wasservögeln, daher sehen Sie auch auf dem letzten Teil der Seerunde wenig Wasser. Der Pfad mündet auf einen breiten Waldweg, auf dem wir links zum Womo zurücklaufen.

Wer von hier aus zügig weiter möchte, wählt die schmale Straße über Buch hinunter zur Kartause Ittingen. Wer auf Quartiersuche ist, hat aber an der nahe gelegenen Thur einige besonders reizvolle Stellplätze zur Auswahl. Unser Favorit ist der einfache Camping Gütighausen direkt am Flussufer.

Am Ufer der Thur – Der südliche Weg nach Frauenfeld
Die Strecke führt über kleine Straßen und durch winzige Orte. In Ossingen fahren Sie links nach Gütighausen und treffen vor der Thurbrücke auf die Zufahrt zum Camping, der nur während seiner Öffnungszeiten im Sommer beschildert ist.

(013) WOMO-Campingplatz-Tipp: Gütighausen
GPS: N 47°35'18", E 8°44'28" geöffnet ab Ostern
Ausstattung / Lage: schöne Stellplätze direkt an der Thur, Feuerstellen auf der Kiesbank am Flussufer, einfachste Sanitäranlagen, keine vollständige V/E, nur Toilettenausguss.
Anfahrt: von Ossingen auf schmaler Straße weiter nach Gütighausen. Vor dem Ort und vor der Thurbrücke zweigt die Zufahrt zum Camping links ab. Schotterweg.

Überqueren Sie die Thur und fahren im Ort links hinaus in Richtung Altikon, zweigt kurz darauf eine ebenfalls schmale Asphaltstraße links ab (ausgeschildert ist ein Gasthof). An deren Ende finden Sie einen ruhigen **Parkplatz an der Thur** für eine Pause auf einer Kiesbank am knietiefen Fluss. **(014) GPS N 47°35'29", E 8°44'50"**. Zelten verboten, über Nacht parken aber nicht. Schotterfläche, leicht schräg.

Ganz offiziell ist dagegen der Übernachtungsplatz in **Altikon** an der Holidayfarm der gastfreundlichen Familie Hubmann.

(015) WOMO-Stellplatz: Holidayfarm Hubmann
GPS: N 47°34'24", E 8°47'03" **max. WOMOs:** 2-3
Ausstattung / Lage: Am Ortsrand, Parkplätze im Hof vor der großen Scheune, Tische im Hof, wo Stroh-Gäste und Womoreisende gemeinsam sitzen können. Wohnmobil CHF 10.- (CHF 15.- für Riesenmobile), Strom nach Verbrauch, Entsorgung CHF 1.-, Dusche CHF 2.-, Benutzung des Waschraumes mit WC CHF 2.- pro Person, Abfallentsorgung 2,50. Verkauf von sehr leckerem Apfelmost und hausgemachten Marmeladen.
Anfahrt: Durch Altikon hindurch und am Ortsende links dem Schild „Schlaf im Stroh" folgen. Die Holidayfarm ist der letzte Hof auf der rechten Seite.

Wenn Sie die freie Übernachtung vorziehen, bietet ein Parkplatz an der Thur eine Alternative **(016) GPS N 47°35'14", E 8°46'54.83**. Sie finden ihn an der Straße zwischen Altikon und Neunforn, vor der Thurbrücke links unterhalb der wenig befahrenen Straße. WC gegenüber an der kleinen Kläranlage.

In Neunforn fahren wir dann links in Richtung Frauenfeld und wenig später links hinauf auf eine schmale Straße zur Kartause Ittingen.

Kartause Ittingen

Das 1170 gegründeten Kloster Ittingen ist heute ein Ort der Begegnung zwischen Spiritualität, Landwirtschaft und Kunst. Auf dem weitläufigen Gelände treffen Sie auf eine Einrichtung für betreutes Wohnen mit zugehörigen Werkstätten, ein Labyrinth, einen Barockgarten, das Kunstmuseum Thurgau, ein Restaurant und den Klosterladen. Hier werden Käse, Butter und Joghurt aus eigener Käserei, Wurst aus der Klostermetzgerei, Ittinger Klosterbier, Wein, Kräutertee, Mehlmischungen, hausgebackenes Brot, süßes Gebäck und viele Bücher angeboten. Tecum, eine Institution für Erwachsenenbildung der evangelischen Landeskirche, lädt zur Meditation in den Raum der Stille und organisiert Gottesdienst und Morgengebet. Neben dem Kunstmuseum können Sie auch das Ittinger Museum und die alte Klosterkirche besichtigen, bevor Sie sich im schönen Innenhof zum Kaffee niederlassen. Ittingen strahlt Ruhe aus. Und wenn Sie nach einem ausführlichen Abendessen nicht weiterfahren wollen, wäre auch der Parkplatz der Anlage groß genug zum Bleiben. **(017) Kartause Ittingen GPS N 47°35‘02“, E 8°51‘47“**. Der Klosterladen ist Montag Vormittag und mittags von 12.15 bis 13.30 Uhr geschlossen.

Dann geht es weiter nach Frauenfeld, wo rechts vor der Thurbrücke ein sehr schöner Wanderparkplatz **GPS N 47°34‘48“, E 8°52‘58“** zur Pause lädt (campieren verboten). Zugang zum Thuruferweg, der sich besonders für eine Radtour eignet.

TOUR 2 (ca. 197 km / 2-4 Tage)

Zürich Stadt und Zürich Land – kreuz und quer durch den Kanton

Frauenfeld – Kyburg – Fehraltdorf – Greifensee – Rapperswil – Zürich – Albispass – Baar – Zug – Goldau – Schwyz

Freie Übernachtung:	Kollbrunn, Brauiweiher, Fehraltdorf, Niederuster, Greifensee Ost, Fällanden, Rapperswil (2x), Adliswil, Albispass, Rigi Bergbahn
Ver-/Entsorgung:	Campingplätze, Autobahnraststätte Kemptal
Campingplätze:	Camping Maurholz, Camping Fischers Fritz, Camping Sihlwald, Camping Türlersee, Camping Höllgrotten
Baden:	Brauiweiher, Greifensee
Besichtigen:	Kyburg, Technorama, Naturschutzstation Silberweide, Knies Kinderzoo, Rapperswil, Zürich, Zoo Zürich, Höllgrotten
Wandern:	Kyburg, Greifenseerundweg, Seesteg Rapperswil, Wildnispark Zürich, Goldau

Die Region um Zürich gehört nicht zu den touristischen Zielen der Schweiz und doch führt unser Weg von Frauenfeld über Zürich nach Schwyz über schöne Sträßchen und berührt weniger berühmte und doch sehenswerte Attraktionen wie die Kyburg bei Winterthur, den Greifensee, die abgelegenen Höllgrotten oder Rapperswil mit stimmungsvoller Altstadt und einer besonderen Kinderattraktion – und Zürich ist sowieso immer eine Reise wert.

Wer es kurz machen will, fährt von Frauenfeld auf schnellstem Weg nach Winterthur, reizvoller aber zeitaufwändig ist die Strecke über Berg und Tal nach **Elgg** und weiter nach **Turbenthal** im Tal der Töss. Am Fluss entlang geht es dann bis **Kollbrunn**, wo ein Wanderparkplatz oberhalb der Töss ein erster Übernachtungsplatz sein könnte.

(018) WOMO-Wanderparkplatz: Kollbrunn

GPS: N 47°27'17", E 8°46'25" **max WOMOs:** 2-3
Lage / Ausstattung: Ortsrand, oberhalb der Töss, Parkplatz am Waldrand, schattig.
Anfahrt: In Kollbrun über die Tössbrücke und direkt dahinter links. Fahrradweg am Ufer in beide Richtungen, Wanderrunde zur Kyburg markiert.

Wenig bekannt und doch ein lohnenswertes Ziel: Die Kyburg bei Winterthur

Von der Brücke fährt man in Richtung Weissenberg / Kyburg und erreicht kurz darauf am Naturschutzgebiet **Brauiweiher** einen Parkplatz am Badesee.

(019) WOMO-Badeplatz: Brauiweiher

GPS: N 47°25'29", E 8°44'55"
max. WOMOs: 1-2
Lage: leicht schräger Parkplatz am Waldrand, durch Baumreihe von der Straße getrennt, Gasthof 50 m, Grillplätze und Badestelle am Weiher ca. 100 m entfernt.
Anfahrt: zwischen Weisslingen und Agasul links der Straße. Der Parkplatz befindet sich am unteren Seeende.

In **Agasul** biegen wir rechts ab nach Kyburg und durchqueren den Ort **First**. An einem Bauernhof links der Straße stehen frische Eier direkt ab Hof zum Verkauf. 100 m nach der Ortsausfahrt befindet sich rechts der Straße ein ebener Parkplatz.

(020) WOMO-Wanderparkplatz: First

GPS: N 47°26'28", E 8°44'19" **max. WOMOs:** 2
Lage / Ausstattung: Schotterplatz neben wenig befahrener Straße. Bänke, Papierkorb. Außerorts mit freiem Blick über Felder. Kein Schatten. Das einzige Manko sind die Drähte der Hochspannungsleitung, die direkt über den hinteren Platzbereich führen.
Sonstiges: einen knappen Kilometer weiter an der Ortseinfahrt Kyburg links der Straße schmale lange Parkbucht neben der Straße **GPS N 47°27'01", E 8°44'35"**. Ca. 500 m zum Ort mit dem einladenden Gasthof „Zum Hirschen".

Wo Aschenputtel einen Schuh verlor... Dorf Kyburg und Burg Kyburg

Wenn Sie vom Parkplatz auf die Burg zulaufen, sehen Sie zuerst den Gasthof zum Hirschen. Ein harmonisches Ensemble historischer Gebäude gruppiert sich dahinter um die sorg-

fältig restaurierte Burganlage, die auf eigene Faust besichtigt werden kann. 800 Jahre Leben auf der Burg ist das Thema der Ausstellung in den stimmungsvoll rustikalen Burgräumen. Ganz oben unter dem Dach können Sie dann selbst in historische Gewänder schlüpfen oder eine typische Bettstatt aus dem Mittelalter probeliegen. Auch sonst gibt es viel zum Anfassen, Riechen und Hören, was den Burgbesuch auch für Kinder spannend macht.

Geöffnet November bis März nur am Wochenende, ansonsten täglich außer Montag von 10.30 bis 17.30 Uhr, Eintritt CHF 9.-. Öffentliche Führung sonntags um 11 Uhr. Die Termine finden Sie unter www.schlosskyburg.ch

Naturpfad zwischen Wald und Schloss – eine Wanderung um Burg Kyburg

ca. 2 Stunden, 150 Höhenmeter

Ein Waldlehrpfad mit 50 Stationen und über 700 Stufen führt von der Burg hinunter zur Töss und zu einer alten gedeckten Brücke. Dort kann man links auf einem Uferpfad weiterlaufen und später über Ettenhausen wieder nach Kyburg hinaufsteigen. Der Weg ist markiert.

Besuch im Technorama – Ein Abstecher für Museumswetter

Im Technorama in Winterthur wird Wissenschaft zum spannenden Erlebnis. Überall kann man selbst ausprobieren, experimentieren und spielen. Die Kleinsten sind fasziniert von den großen Holzmaschinen und der tollen Kugelbahn. Ein Raum mit Spielzeugeisenbahnen, ein Ritt auf dem Rodeokreisel, Experimente mit Wasser, Feuer und Licht, ein Spiel gegen einen Roboter – so anschaulich und amüsant haben Sie Physik und Mathematik noch nie erlebt.

Geöffnet Di-So 10 - 17 Uhr,
Eintritt CHF 26.-, Kinder 6-15 J. CHF 15.-
www.technorama.ch

© Technorama

Bei der Weiterfahrt in Richtung Zürich finden Sie außerdem an der **Autobahnraststätte Kemptal** zwischen Winterthur und Zürich eine Möglichkeit zur V/E bei **GPS N 47°27‘0.86“, E 8°42‘5.65“.** Zufahrt aus beiden Richtungen möglich.

Von Kyburg nehmen wir jetzt Kurs auf Zürich und nähern uns dabei wieder dem Wasser. Aber bevor wir die lang gestreckten Ufer des Zürichsees erforschen, liegt der deutlich kleinere **Greifensee** an unserem Weg. Über Illnau oder Fehraltorf, wo wir außerhalb des Ortes an der Trabrennbahn auf einem ruhigen Wanderparkplatz übernachten können, fahren wir zur Kleinstadt Uster hinüber und treffen bei Niederuster auf das Seeufer. Ein großer Parkplatz erlaubt den Zugang zum See mit Bootsverleih und Snackbar.

(021) WOMO-Stellplatz: Waldparkplatz Fehraltorf

GPS: N 47°22‘25“, E 8°45‘08“ **max. WOMOs:** 2
Ausstattung / Lage: Parkbucht am Waldrand neben der Straße kurz hinter der Trabrennbahn Fehraltorf (beliebtes Rennen an Ostern), Papierkorb und Robidog, außerorts, ruhig.
Zufahrt: 1 km südlich von Fehraltorf an der Wermatswilerstraße

(022) WOMO-Badeplatz: Niederuster

GPS: N 47°20‘42“, E 8°41‘39“ **max. WOMOs:** 2-3
Ausstattung / Lage: Kiosk, Ruderbootverleih (CHF 16.- pro h), Fährbootanleger, Badeplatz, mehrere Feuerstellen, Parkplatz kostenpflichtig CHF 1.- pro h, 22 - 8 Uhr frei
Zufahrt: In Niederuster den Hinweisen zum Fähranleger folgen

Von Badeplatz zu Badeplatz
Die halbe Seerunde am Greifensee

Der Fährbootanleger Uster ist die richtige Basis für einen ausgedehnten Spaziergang um die untere Hälfte des Sees. Die »Heimat« überquert den Greifensee im Stundentakt und bringt ihre Fahrgäste nach Maur. Dort

Vor dem Sturm – Bootsanleger Niederuster

folgen Sie dem Seeuferweg nach Süden und laufen in ca. 2 h zurück zum Parkplatz. An der unteren Seespitze treffen Sie dabei auf einen Beobachtungsturm an einer Uferwiese, wo man verschiedene Vögel entdecken kann – vorausgesetzt, das Fernglas steckt im Rucksack und nicht, wie bei uns üblich, gut aufgeräumt im Wohnmobil. Der Uferweg führt übrigens um den ganzen See (Gehzeit 4,5 h). Die Seerunde ist auch mit dem Fahrrad machbar. Teilweise ist ein separater Radweg ausgeschildert. Ca. 19 km, eben.

Fährt man von **Niederuster** gegen den Uhrzeigersinn um den See, trifft man auf mehrere kostenpflichtige Parkplätze. Der Stundentarif ist überall gleich. Auf der östlichen Seeseite parkt man nachts kostenlos, während die Plätze am Westufer am **Seebad Egli** und dem **Naturschutzzentrum Silberweide** 24 h kostenpflichtig sind. Die Parkzeit ist auf 15 Stunden begrenzt. Der einzige Parkplatz am See ohne Parkuhr ist der Parkplatz Fällanden. Der Greifensee liegt im Naherholungsgebiet von Zürich, an schönen Wochenenden wird es hier entsprechend voll!

(023) WOMO-Stellplatz: Greifensee Ostufer

GPS: N 47°21'6", E 8°41'31" **max. WOMOs:** 1-2
Ausstattung / Lage: Ebener Schotterplatz, recht nett unter Bäumen, aber nur durch eine Baumreihe von der Straße getrennt / außerorts.
Zufahrt: Zwischen Niederuster und Greifensee am Waldrand, gebührenpflichtig von 7-22 Uhr.
Sonstiges: Wer am Abend essen gehen möchte, wählt den ebenfalls tagsüber kostenpflichtigen Parkplatz in Greifensee im Ort neben dem Gasthof.

Greifensee am Sportboothafen Niederuster

Anleger des Naturschutzzentrums Silberweide am Greifensee

Bei Fällanden entfernt sich die Straße vom See. Wir fahren durch städtische Umgebung mit Gewerbebetrieben und biegen dann am Ortsausgang links in Richtung Maur / Greifensee ab. Rechts der Straße treffen wir auf den einzigen kostenlosen Parkplatz am See:

(024) WOMO-Wanderparkplatz: Fällanden

GPS: N 47°21'37", E 8°39'10" **max. WOMOs:** 2-3
Ausstattung / Lage: Leicht schräge geschotterte Parkfläche, einige Bäume geben Schatten, außerorts am Waldrand, ca. 8 km von der Innenstadt Zürich entfernt. Über die Straße zum Seeuferweg. Guter Ausgangspunkt für eine Radtour um den See. Kostenlos.
Zufahrt: Von Fällanden an der westlichen Uferstraße. Erster Parkplatz rechts der Straße.

Dann folgen zwei Campingplätze, von denen uns der erste mit Stellplätzen am Hang besser gefallen hat.

(025) WOMO-Campingplatz-Tipp: Maurholz

GPS: N 47°21'20", E 8°39'31" geöffnet April - Oktober
Ausstattung / Lage: Terrassierter Platz am Seeufer. 40 Touristenplätze. Ausguss für Chemie-WC, aber kein Bodeneinlass für Grauwasser.
WOMO inkl. 2 Personen CHF 30.- - 36.-, Strom 3,50, Hund 3,50
Zufahrt: Zwischen Maur und Fällanden. Zufahrt von der Uferstraße markiert.

Sehr schön stünde man auch am Strandbad Maur, aber der Parkplatz ist wegen der direkten Nachbarschaft des Campings

Parkplatz am Strandbad Egli

nicht als Stellplatz geeignet. Die Zufahrt ist sehr eng, so dass man nur mit Fahrzeugen in Campingbusgröße hier hinunterfahren sollte. Einfacher anzufahren ist das ebenfalls sehr angenehme **Strandbad Egli** bei Uessikon. Der Parkplatz liegt ein Stück von der Straße entfernt und ist gut zugänglich. 0-24 Uhr kostenpflichtig. CHF 1.- pro Stunde. Eine Übernachtung wäre daher nicht ganz billig aber möglich, genauso wie am schönen Parkplatz des Naturschutzzentrums Silberweide.

Naturschutzstation Silberweide

Erlebnispfad durch verschiedene Vegetationsbereiche wie Magerwiesen, Hoch- und Flachmoore und Teichufer; Vogel-Beobachtungshütte, Grillplatz, Wasserspielplatz, Kiosk.
Die Naturstation ist von Mitte März bis Oktober am Mittwoch, Freitag, Samstag, sowie an Sonn- und Feiertagen von 10- 18 Uhr geöffnet. Erlebnispfad: CHF 7.-, Kinder bis 16 Jahre CHF 3.-, www.silberweide.ch

An der Silberweide verlassen wir den Greifensee und fahren über den Berg zum Zürichsee hinüber. Zuerst geht es nach Mönchaltdorf und über Oetwil nach Stäfa. Kurz vor Stäfa auf der Höhe befindet sich links der Straße ein sehr schöner Vita Parcours mit Wasserbecken und Parkbucht **(026) GPS N 47°15'30", E 8°43'17"**. Auch geeignet zum Füße vertreten: Mit wenigen Schritten steigt man hier über den Hügel und blickt hinunter zum Zürichsee. Für kleine Mobile auch als Übernachtungsplatz denkbar, die Straße ist jedoch recht nahe.

In Stäfa erreichen wir den Zürichsee und fahren links am Seeufer entlang bis Rapperswil, wo der schöne alte Stadtkern am Seeufer zu Füßen des Rapperswiler Schlosses und eine ganz und gar ungewöhnliche Seepromenade einen Stopp lohnen. Familien finden hier außerdem mit Knies Kinderzoo ein besonders schönes Ziel. Am Zoo befindet sich ein großer Parkplatz mit Nachtparkmöglichkeit.

(027) WOMO-Stellplatz: Knies Kinderzoo

GPS: N 47°13'27.58", E 8°49'34.97" **max. WOMOs:** 8-10
Ausstattung / Lage: Geschotterter Parkplatz am Stadtrand und im Gewerbegebiet direkt neben dem Kinderzoo. Auf dem Platz stehen auch die Wohnwagen der Zoomitarbeiter.
Zufahrt: Der Kinderzoo liegt südlich vom Bahnhof am Seeufer und ist vom Stadtzentrum beschildert.
Sonstiges: Der Parkplatz liegt zentraler, als es auf den ersten Blick erscheint: Um vom Stellplatz in die Altstadt und zum Panoramasteg zu kommen, laufen Sie zwischen Schwimmbad und Fußballplatz zum Seeufer und dann auf dem Strandweg bis zum Steg, der am Seedamm kurz vor den Eisenbahnschienen beginnt. Auf der anderen Seite der Schienen beginnen die schönen Gassen der Altstadt. Gehzeit ca. 15 min., ca. 1000 m

Knies Kinderzoo

44 Tierarten leben im kleinen Tierpark des Zirkus Knie in Rapperswil. Eine besondere Attraktion des Parks ist die Seelöwenvorführung, die dreimal am Tag um 11, 14.15 und 16.15 stattfindet. Ansonsten ist der Zoo ganz auf die jüngsten Gäste eingestellt: sie dürfen die Kamele oder Elefanten füttern, Ziegen streicheln, sich auf dem Abenteuerspielplatz austoben und gegen Gebühr auch Ponys oder sogar Elefanten reiten. Geöffnet ist der Zoo von März bis Oktober täglich von 9.00 — 18.00 Uhr, Eintritt €14,-, Kinder 4-14 Jahre € 6.- inkl. Seelöwenvorstellung, www.knieskinderzoo.ch

(028) WOMO-Stellplatz: Altstadt Rapperswil

GPS: N 47°13'41", E 8°49'22" **max. WOMOs:** 3-4
Ausstattung / Lage: Ebener Parkplatz mit langen PKW Buchten, Randplätze an einer Wiese mit großem Spielplatz, 10 min. Fußweg zur Altstadt. Gebühren: 7-19 Uhr CHF 1,50 pro Stunde, 19-7 Uhr CHF 0,50 pro Stunde, Tagestarif 24 h CHF 10.-, verboten für LKW und Busse, Platz für größere WOMOs nur am Kinderzoo (027).
Zufahrt: In Rapperswil in Richtung Schmerikon und den Hinweisen zum P 6 folgen. Der Parkplatz liegt links der Durchfahrtsstraße.

Eine weitere Attraktion von Rapperswil ist die Badeinsel Lützelau, die man vom Stadthafen entweder mit dem Shuttleboot Lütz-Express (CHF 12.- hin und retour) oder einem gemieteten Tret- oder Ruderboot erreicht. Für einen halben Tag müssen Sie allerdings mit CHF 70.- rechnen.

Zu Fuß über den Zürichsee – Der Seesteg von Rapperswil

Zwischen Rapperswil und Hurden überspannt seit 2001 eine über 800 Meter lange Holzbrückenkonstruktion den Zürichsee. Der Standort der Brücke ist historisch. Im Mittelalter führte hier ein wackliger Holzsteg mit lose aufgelegten Brettern über das Wasser. Reste davon fanden Taucher am Seeboden. Sie stießen aber auch auf noch ältere Bauteile: dass hier, an der schmalsten Stelle des Sees, schon zu Zeiten der Römer eine der ersten langen Brückenkonstruktionen über den See half, gilt als erwiesen. Erst als zwischen 1875 und 1878 der Seedamm erbaut wurde, auf dem auch heute noch Autos und Bahn über den See sausen, wurde die alte Brücke überflüssig. Die heutige Rekonstruktion ist Teil eines Wanderweges und ermöglicht in respektvollem Abstand zum Damm einen schönen Spaziergang über das Wasser. Statt von unserem Stellplatz zu starten, können Sie den Steg auch als Weg zur Altstadt wählen. Mitten auf dem Seedamm bietet ein kleiner Parkplatz **GPS N 47°13'04", E 8°48'21"** einen optimalen Ausgangsort für den schönen Spaziergang. Von hier kommen Sie direkt hinunter zum Steg und laufen in einer guten Viertelstunde zur Altstadt. Sie brauchen dazu allerdings viel Parkplatzglück: mehr als 7 Fahrzeuge kommen hier nicht unter...

Über den Etzelpass zu Tour 3:

Wer nicht nach Zürich möchte, fährt über Einsiedeln weiter nach Schwyz. Wenn Sie kurvige Sträßchen mögen und ein kompaktes Mobil fahren, wählen Sie dazu unbedingt die landschaftlich ausgesprochen schöne Strecke über den Etzelpass und näheren sich dem Sihlsee, Einsiedeln und seinem berühmten Kloster von oben. Fahrer großer Womos fahren leider außen rum: die Begrenzung auf eine Fahrzeugbreite von 2,30 und eine Höhe von 3 Metern ist hier absolut ernst zu nehmen. Sie entspricht nämlich ziemlich genau den Innenmaßen der gedeckten Holzbrücke kurz hinter dem Gasthof auf der Passhöhe. Ist Ihr WOMO höher oder breiter (Außenspiegel nicht vergessen), werden Sie auf der Brücke schlicht stecken bleiben... Zwei Parkbuchten am Waldrand einmal knapp oberhalb von Pfäffikon bei **(029) GPS N 47°11'41", E 8°47'00"** und kurz vor der Passhöhe bei **(030) GPS N 47°11'12", E 8°46'23"**. Auf der Passhöhe lädt das beliebte Gasthaus Meinrad zur Pause.

Dann fahren wir von Rapperswil über den Seedamm und hinter der Brücke rechts hinauf nach Zürich. Beinahe jeder Ort am Ufer hat hier ein kleines Strandbad mit ein paar Parkplätzen. Das erste finden Sie in Wädenswil, das zweite deutlich kleinere Bad kurz vor **Horgen** und auch in Horgen können Sie im Parkbad baden. Das größte Strandbad gibt es kurz vor Zürich. Vorher passieren Sie noch **Kilchberg**, auf dessen Friedhof Sie das Grab der Familie Mann besuchen können, die nach der Rückkehr aus dem Exil in den USA viele Jahre hier zu Hause war. Links der Uferstraße wartet außerdem der Werksverkauf der Lindt Chocolaterie auf die Fans von Lindor und Co. Dann treffen wir auf den schön am Seeufer gelegenen Züricher Campingplatz, der ein sehr gutes Quartier zum Erforschen der Stadt bietet.

Zürich – Metropole am See

(031) WOMO-Campingplatz-Tipp: Fischers Fritz / Zürich

GPS: N 47°20'09", E 8°32'26"
ganzjährig geöffnet
Ausstattung / Lage: Stellplätze am See, eine Bademöglichkeit, schöne teilweise naturnahe Plätze, ordentliche Sanitäranlagen, Laden und Beizli am Platz, gute Verbindung nach Zürich – was will man mehr? Der Bus fährt direkt vor dem Platzeingang mit Anbindung zur Stadt im 15 -min.-Takt. WOMO inkl. 2 Pers. CHF 45.- bis 50.-
www.fischers-fritz.ch
Zufahrt: ca. 4 km südlich von Zürich, rechts der Kantonalstraße 3 (Mythenkai) kurz vor der roten Fabrik.

Auch wer nur einen kurzen Besuch der Stadt plant, parkt am besten schon an der Zufahrtsstraße. Kostenpflichtige Parkplätze mit akzeptablem Preis finden Sie nördlich des Campings am Mythenkai zum Beispiel hinter der Zürcher Sukkulentensammlung **GPS N 47°21'25", E 8°32'08"** oder noch etwas weiter oben am Sporthafen **GPS N 47°21'36", E 8°32'09"**. Von beiden Parkplätzen fährt der Bus im 15-min.-Rhythmus in die Stadt.

Mit der ZürichCard unterwegs

Besonders komfortabel erkunden Sie Zürich mit der Kombination Campingplatz und ZürichCard, mit der für CHF 24.- (gilt für 24 h, CHF 48.- für 72 h) nicht nur die öffentlichen Verkehrsmittel wie Bus und Tram und Boot kostenlos sind, sondern auch die Bahnfahrt auf den Uetliberg, die kleine Bootsrundfahrt und die meisten Museen der Stadt. Denken Sie bei der Auswahl der Tage daran, dass die meisten Museen montags geschlossen sind! Ohne Museumsbesuche fahren Sie allerdings mit einer einfachen Tageskarte für Bus und Tram günstiger. Die ZürichCard bekommen Sie an in der Gästeinformation oder Sie bestellen vorab im Internet.

Die Häuser der **Züricher Altstadt** gruppieren sich um die Einmündung der Limmat in den Zürichsee, wo auch die Boote zur Seerundfahrt ablegen. Das historische **Frauenbad** und das **Fraumünster** gehören zu den sehenswerten Gebäuden. Die Augustinergasse westlich der Limmat gilt als schönste Gasse der alten Stadt. Außer einer schönen Altstadt bietet Zürich eine Vielzahl an Museen. Von der graphischen Sammlung mit Werken alter Meister wie Dürer und Rembrandt zum Helmhaus mit zeitgenössischer Kunst über das Erdwissenschaftliche Informationszentrum der Uni Zürich und das Nordamerica Native Museum bis zum Trammuseum hat Zürich viel Ungewöhnliches zu bieten. Drei interessante Häuser stellen wir Ihnen vor, den Rest finden Sie unter www.museen-zuerich.ch oder im Informationsheftchen Ihrer ZürichCard.

Das Landesmuseum

Das Museumsgebäude lässt entfernt an ein etwas massigeres Neuschwanstein denken. Türmchen und Giebel erinnern beinahe an ein Märchenschloss. Innen erwartet Sie jedoch eine modern aufbereitete Ausstellung, die sich der Entwicklung der Schweiz und Ihrer Bewohner von der Urgeschichte bis zur Gegenwart widmet. Zusätzlich sorgen Wechselausstellungen für immer neue Impulse.

Di-So 10-17 Uhr, donnerstags bis 19 Uhr, Eintritt CHF10.- oder frei mit der Zürich Card. Museumsstraße 2, hinter dem Bahnhof, www.nationalmuseum.ch

Das Kulturama – Museum des Menschen

600 Millionen Jahre Evolution. Eine Zeitreise zu den Anfängen der Erde, eine zweite zur Kulturgeschichte der Menschheit vermitteln Wissen auf spannende Art und Weise.

Englischviertelstraße 9, Di - So 13 - 17 Uhr, Tram 3/8 Station Hottingerplatz, oder Tram 15 Station Englischviertelstraße. Eintritt CHF 12.- oder Zürich Card.

Ein Besuch im Züricher Zoo

Einen Zoo gibt es überall und dorthin gehen Sie nur in Begleitung von Kindern? Machen Sie eine Ausnahme und besuchen den Züricher Zoo. Er ist tatsächlich etwas Besonderes. Ein Prunkstück der Anlage ist das Masaola Regenwaldhaus mit einem 2013 neu eröffneten Baumwipfelpfad. Hier lebt eine bunte Urwaldgemeinschaft aus Tieren und Pflanzen. Mit etwas Geduld entdecken Sie zwischen den üppig grünen Palmwedeln einen ebenso grünen Madagaskar-Gecko, einen Vari mit rotem Wuschelfell oder einen der Mausmakis, die wie der Vari zu den Lemuren gehören, aber viel kleiner sind. Dazwischen schwirren viele bunte Vögel zwischen mächtigen Bambusstangen hin und her.

Auch die Hauptanlage des Zoos kann sich sehen lassen. In allen Gehegen legt man Wert auf eine dem natürlichen Lebensraum der Tierart entsprechende Gestaltung und viel Raum für die Tiere. Das Konzept des Zoos ist einfach: Man beschränkt sich auf eine überschaubare Menge von Tieren und bietet diesen ein halbwegs artgerechtes Leben. Dieser Zoo macht aber nicht nur seine Bewohner, sondern auch Fotografen glücklich: es gibt fast keine Gitter, keine gekachelten Wände, aber dafür viel Grün. Tiger, Löwen und Bären betrachten Sie sicher und fotofreundlich durch eine Glaswand. Ein weiteres Prunkstück des Zoos ist das Pantanal. Vorbild der Anlage ist das riesige Überschwemmungsgebiet zwi-

schen Bolivien, Paraguay und Brasilien. Das Züricher Pantanal besteht aus einem Wechsel von Feuchtgebieten und Grasland und bietet Tapiren, Totenkopfäffchen und Flamingos eine naturnahe Heimat. Neu im Bau ist ein großer Elefantenpark.

Geöffnet täglich 9-18 Uhr, im Winter nur bis 17 Uhr, Eintritt CHF 22.-, Kinder 6-16 Jahre CHF 11.-, Jugend 16-26 CHF 16.-, Familientageskarte CHF 60.-, Mit Zürich Card 10% Reduktion, www.zoo.ch

Über den Albispass nach Zug

Um vom Zürichsee zum berühmtesten Gewässer der Zentralschweiz zu kommen, verlassen wir das Seeufer in Richtung Südwesten über den Albispass zum Türler See und weiter nach Zug. Unser erstes Zwischenziel ist dabei der Wildnispark Zürich in Adliswil.

(032) WOMO-Stellplatz: Wildnispark Zürich

GPS: N 47°17'23", E 8°31'46", Wildparkstraße
max. WOMOs: 2-3
Ausstattung / Lage: Ebene Parkflächen am Wildgehege neben dem Haupteingang. Restaurant und WC am Besucherzentrum ca. 100 m entfernt. Weitere Parkplätze näher an der Straße. CHF 5.- für 24 h.
Zufahrt: Von Zürich den Hinweisen zum Albispass folgen. Der Wildpark befindet sich rechts und links der Albisstraße zwischen Adliswil und Langnau.

Wildnispark Zürich

Das Gelände des Parkes besteht aus den Bereichen Sihlwald und Langenberg. Der Sihlwald ist ein uralter Buchenwald, erschlossen mit 70 km Wanderwegen, Spielplatz und vielen Grillstellen. Am Besucherzentrum können Sie außerdem Fischotter und Biber sehen. Die anderen großzügigen Freigehege, in denen in Europa heimische Tierarten wie Elche, Braunbären, Wölfe, Damwild sowie auch Rückzüchtungen des Przewalski Wildpferdes leben, finden Sie an unserem Stellplatz in Langenberg.

2013 hatten die Braunbären sogar Nachwuchs. Alle Anlagen sind täglich rund um die Uhr kostenlos zugänglich. Einen einfachen Campingplatz gibt es am Besucherparkplatz Sihlwald.

(033) WOMO-Campingplatz-Tipp: Sihlwald

GPS: N 47°15'49", E 8°33'38", 483m
Ausstattung /Lage: Direkt am Naturlehrpfad. Enge Zufahrt, daher nur bis mittlere Womogröße. Stellplätze am Flussufer, einfache Ausstattung.
Zufahrt: siehe Text

Ebenfalls Zugang zum Sihlwald haben Sie von der Passhöhe des Albispasses, zu dem wir jetzt hinaufkurven. Auf einem der beiden Parkplätze in Albis könnten Sie in Ortsnähe auch über Nacht stehen bleiben.

(034) WOMO-Wanderparkplatz: Albispasshöhe

GPS: N 47°16'38", E 8°31'19", 750 m **max. WOMOs:** 1-2
Lage / Zufahrt: Auf der Passhöhe rechts der Straße gegenüber dem Hotel Panorama Windegg oder 200 m weiter in Hinteralbis links der Straße **N 47°16'27", E 8°31'04"** (jeweils 1 WOMO).

Wenn Sie einen Camping vorziehen, fahren Sie noch ein paar Kilometer weiter, wo der Camping Türlersee Plätze direkt neben dem Badeufer zu bieten hat.

(035) WOMO-Campingplatz-Tipp:Türlersee

GPS: N 47°16'03", E 8°30'42" geöffnet April bis Mitte Oktober
Ausstattung / Lage: Platz in Alleinlage am See, Stellplätze auf ebener Seewiese mit einigen Bäumen, viele Dauercamper, Strandbad direkt nebenan. WOMO inkl. 2 Pers. CHF 28 - 36.-, Mittagspause der Rezeption 12-15 Uhr www.tuerlersee.ch
Zufahrt: Kurz hinter der Passhöhe rechts in Richtung Türler See. Camping ausgeschildert.

Pegasus Small World

Zwischen Blechauto und Steiffteddy begegnen Ihnen im Spielzeugmuseum am Türler See Schweizer Raritäten aus den Kinderzimmern des letzten Jahrhunderts.
Geöffnet Mittwoch - Sonntag 11 bis 18 Uhr, Eintritt CHF 7.-, Kinder CHF 4.-, www.spielzeug-museum.ch

Ein weiterer Abstecher lohnt sich in **Baar**, kurz vor dem Zuger See. Eine schmale Straße führt am Bach entlang aus dem Ort hinaus und durch den Wald. Unterwegs erlauben mehrere Parkbuchten am Bach eine Pause im idyllischen Tal (max. 8h). Die Straße endet kurz vor den Grotten am Parkplatz des **Waldrestaurants Höllgrotten** (Rösti, frische Forellen, Montag geschlossen) mit winzigem Campingplatz.

(036) WOMO-Campingplatz-Tipp: Höllgrotten

GPS: N 47°11'12", E 8°33'26"
Ausstattung/Lage: Einfaches Campinggelände in der Einsamkeit, keine V/E. Womo CHF 5.-, Person CHF 5.-.
Zufahrt: Von Baar in Richtung Höllgrotten. Am Ende der Straße unterhalb des Gasthofes.

Am Parkplatz vor dem Camping sollten Sie ihr WOMO abstellen und zu Fuß geradeaus weiter zur Eingangshütte laufen. Am Ende des Weges gibt es dann auch noch ein paar Parkplätze, ist es hier aber voll, können Sie mit einem größeren Fahrzeug nur schlecht wenden.

Dem Berg in den Bauch schauen – Die Höllgrotten in Baar

Über einen Waldweg steigen Sie vom Eingangshäuschen am Fluss hinauf bis zum Drehkreuz am Grotteneingang und erforschen dann die Höhle auf eigene Faust. In geschickter Beleuchtung mit gut platzierten LEDs entfalten Wurzel-, Zottel- und Märchengrotte, das Zauberschloss in der oberen Höhle und Seegrotte, Himmelsgrotte, Fabelgrotte, Korallenschlucht und Feengrotte besonderen Zauber. Etwa 45 min. brauchen Sie, wenn sie dem markierten Pfad langsam folgen. Erklärungen können Sie sich vorab als App auf Ihr Handy laden. Wer keines dabei hat, leiht am Eingang einen iPod.
Eintritt und Öffnungszeiten Höllgrotte: von April bis Oktober täglich 9 – 17 Uhr, Eintritt CHF 10.-, www.hoellgrotten.ch

Foto: Flavio Heggli / Daniel Christen

Nach diesem schönen Ausflug fahren wir zurück nach Baar und weiter nach **Zug**. Von hier führt die Straße direkt am Seeufer entlang bis **Arth**, wo Sie mit Hilfe der Bahn einen ersten Blick auf den Vierwaldstätter See werfen können. Die Zahnradbahn in Goldau ist sozusagen die Hintertür auf die Rigi – den vielleicht berühmtesten Aussichtsberg der Zentralschweiz.

(037) WOMO-Wanderparkplatz: Rigi Bergbahn

GPS: N 47°02'19", E 8°31'55", 665 m **max. WOMOs:** 1-2.
Ausstattung/Lage: Außerorts, geschotterter Parkplatz, kurzer Fußweg zur Luftseilbahn Rigi-Scheidegg und zur Station der Zahnradbahn zur Rigi-Kulm. Tagesparkschein CHF 5,-
Zufahrt: Von Goldau in Richtung Schwyz. Rechts dem Hinweis zur Bergbahn folgen. 2 km auf schmaler Straße zum Parkplatz links der Straße. Zufahrt über eine schmale Brücke.

Von der Rigi Kulm zum Klösterli Eine Rigiwanderung von Goldau

Gehzeit: ca. 1,5 h. Im Stundentakt tuckert die blau-weiße Zahnradbahn von der Station in Goldau hinauf zum Gasthof an der Rigi Kulm. Eine einfache Wanderung mit sehr schönen Ausblicken führt uns aus dem Trubel der Bergspitze in ruhigere Gefilde. Vorbei an der längsten Sitzbank der Schweiz steigen wir mit fantastischer Sicht auf einem breiten, etwas unebenen Wanderweg über den Berggrat. Hinter der Kulmhütte treffen wir auf einen sehr schönen Grillplatz mit toller Weitsicht. Der Weg wird jetzt steiler bringt uns zur oberen Schwändihütte hinunter. Hier schlägt er einen Bogen, führt am Hang entlang bis Trift, wo in einem Wäldchen ein weiterer Grillplatz verborgen liegt und laufen auf einem breiten Fahrweg nach Des Alpes und zum Klösterli hinab. Von hier fährt die Zahnradbahn zurück nach Goldau (letzte Talfahrt ca. 19 Uhr, in der Vorsaison 18 Uhr, bitte überprüfen!)

Über den Felsenweg ins Tal – Die große Rigitour

Gehzeit: ca. 3-4 h. Die interessanteste Wandermöglichkeit für sichere, schwindelfreie Geher ist an der Rigi der Abstieg vom Gipfel (Rigi-Kulm) über den spektakulären Felsenweg, dessen Trasse gut gesichert am Steilhang entlang führt. Ein kurzer Aufstieg bringt uns dann zum ebenfalls schmalen und blickreichen Seeweg hinüber. Diese Strecke können Sie gut mit der klassischen, aber viel begangenen Rigiwanderung über den Blumenweg, der immer am Berggrat entlang vom Rigigipfel über Rigi Staffel hinunter nach Kaltbad führt, verbinden. Von Rigi Kaltbad queren wir dann den Hang zur Rigi First und steigen auf Felsenweg und Seeweg zur Scheidegg hinunter. Hier bringt uns die Seilbahn hinab ins Tal und zur Station Krabel der Goldauer Zahnradbahn.

Tierpark Goldau

Weitere Abwechslung im Tagesprogramm bietet der Goldauer Tierpark, der einbettet in ein 34 ha großes landschaftlich sehr reizvolles Bergsturzgelände mit dicken Felsbrocken und viel Schatten im Wald, einen ausführlichen Spaziergang zwischen den großen Gehegen von Murmeltier, Eichhörnchen, Luchs, Wolf, Waschbär, Braunbär, Steinbock, Wisent und Mufflon und vielen verschiedenen Vogelvolieren verspricht.

Geöffnet 1. April - 31. Oktober Mo-Fr 9-18 Uhr, Eintritt CHF 18.-, Familienkarte CHF 50.-, www.tierpark.ch

Von Goldau folgen Sie der Beschilderung nach Schwyz. Dabei treffen Sie am Seeufer des Lauerzersees auf eine Reihe Parkplätze. Sie gehören zu einem Ausflugsrestaurant (www.schwanau.ch) mit sehr guter Küche, das in reizvoller Lage auf der knapp zweihundert Meter entfernt liegenden **Insel Schwanau** steht. Das Fährboot fährt alle 15 min. und kostet CHF 4.- pro Person. Auf der Insel ist außerdem eine kleine Kapelle zu besichtigen und vom Turm der ehemaligen Burganlage hat man einen tollen Ausblick.

Restaurant geöffnet von April - Oktober, Mittwoch - Sonntag 11-24 Uhr (So nur bis 22 Uhr).

Schwyz – Stadt mit Geschichte
Schwyz ist eine lebendige Kleinstadt mit ganz neuzeitlichem Flair und langer Geschichte. Das Herz der Stadt ist der Dorfplatz vor dem üppig bemalten **Rathaus aus dem 17. Jahrhundert**. Hinter der Stadt ragen imposant die Gipfel von großem und kleinem Mythen über die Dächer. Vom Dorfplatz sind es nur wenige Schritte zur Kantonsbibliothek, die im bildhübschen Gebäudeensemble der **Ital Reding Hofstatt** untergebracht ist. So praktisch genutzt wird allerdings nur das ehemalige Ökonomiegebäude der Anlage – der Rest ist Museum. Nicht nur das 1609 errichtete Herrenhaus kann besichtigt werden, besonders interessant ist ein Rundgang durch das ebenfalls auf dem Gelände erhaltene Holzhaus, **Bethlehem** genannt, mit Baujahr 1287. Es gilt als das älteste Haus der Schweiz. Einen neugierigen Blick in das Leben auf der historischen Hofstatt können Sie in der Zeitzeugenausstellung werfen: dort erzählen ehemalige Bewohner ihre Geschichte – fiktiv versteht sich – schließlich liegt diese schon einige Jahrhunderte zurück.

Ital Reding Hofstatt in Schwyz

Zurück in der Gegenwart können wir für Liebhaber der türkischen Küche das Kebabhaus am Dorfplatz allerwärmstens empfehlen, bevor Sie frisch gestärkt die nächste Reise in die Vergangenheit antreten: Am Marktplatz wartet im schön renovierten barocken

Kornhaus von 1711 eine Dependance des Schweizerischen Nationalmuseums auf Sie.

Schweizer Geschichte modern präsentiert

Im Inneren der historischen Mauern treffen Sie auf ganz und gar neuzeitliche Ausstellungstechnik. Sie hören, sehen und fühlen die mittelalterliche Welt und erleben hier abwechslungsreich und lebendig die Geschichte um die Entstehung der Schweiz. Das Ganze ist genau die richtige Einstimmung auf unsere Tour 3, denn schließlich erreichen wir jetzt einen historisch hochwichtigen Ort: Am Urner See auf der Rütliwiese, nur wenige Kilometer entfernt vom Museum, schworen Werner Stauffacher aus Schwyz, Walter Fürst aus Uri und Arnold von Melchtal aus Unterwalden den Eid des »ersten Bundes« und legten damit den Grundstein für die Legende um die Eidgenossen und die Entstehung der heutigen Schweiz. *Das Museum ist geöffnet Di - So 10:00 - 17:00 Uhr, Eintritt: gut angelegte CHF 10.-, Kinder bis 16 Jahre frei*

Gut informiert erreichen wir dann in Brunnen den Vierwaldstätter See und und nähern uns zügig dem geschichtsträchtigen Ort. Folgen Sie dazu Tour 4 um den Vierwaldstätter See.

Eine Bergwanderung auf den Mythen?

Beim Blick auf den markanten Felsgipfel hinter den schön bemalten Häusern lässt Sie wie uns die eine Frage nicht los: Kommt man da auch irgendwie hinauf? Gibt es vielleicht eine Seilbahn? Ja, kommt man, sogar relativ einfach. Wer die Seilbahn will, muss die Reise allerdings von Einsiedeln antreten, wo eine Stichstraße zur Talstation nach Brunni führt. Von der Bergstation in Holzegg steigt man dann die letzten 500 Höhenmeter auf einem steilen, anspruchsvollen Bergsteig hinauf. Alternativ erreicht man Holzegg auch vom Ibergereggpass oberhalb von Schwyz in 50 min. zu Fuß. Zur Bergtour auf den Mythen folgen Sie zuerst Tour 3, bevor Sie mit Tour 4 an den Vierwaldstättersee weiterfahren.

TOUR 3 (ca. 300 km / 2-5 Tage)

Zwischen Satteleggpass und Urnerboden
Eine Rundfahrt durch Uri, Schwyz und Glarus

Schwyz – Sattelegg – Yberg – Einsiedeln – Wägitaler See – Linthal – Urnerboden – Altdorf – Isleten – Schwyz

Freie Übernachtung:	Oberiberg (2x), Weglosen, Brunni (2x), Satteleggpass, Einsiedeln, Linthal, Urnerboden (2x), Klausenpass, Seedorf, Isleten
Ver-/Entsorgung:	keine
Campingplätze:	Wägitaler See, Klöntaler See, Sisikon, Bauernhofcamping Morschach
Baden:	Sihlsee, Erlebnisbad Morschach
Besichtigen:	Kloster Einsiedeln
Wandern:	Seilbahn Weglosen, Mythen, Urnerboden

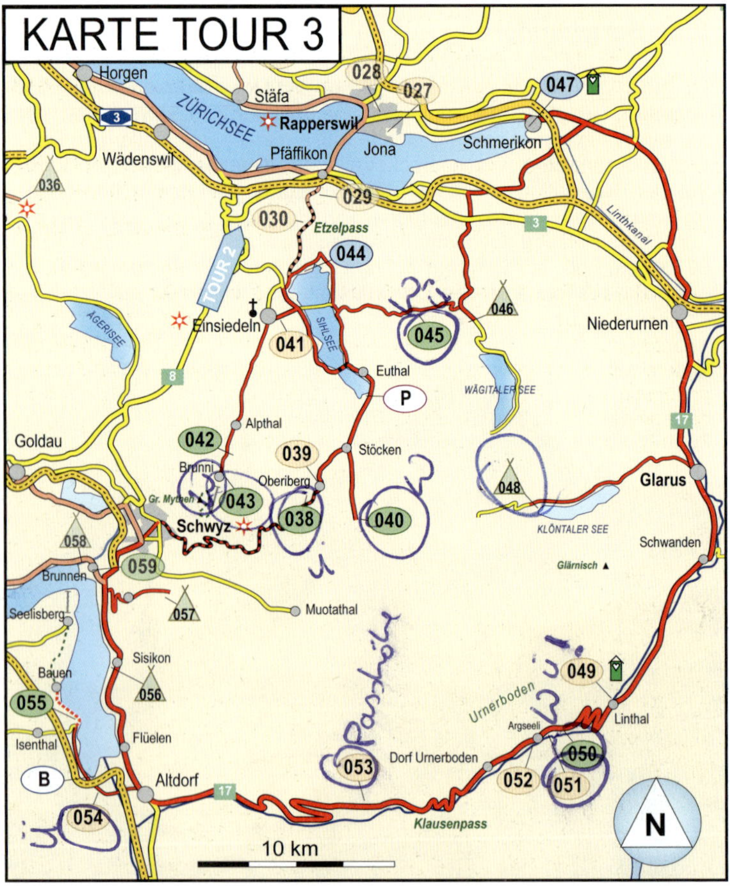

Sie können Tour 3 als Runde fahren oder eine der beiden Routen alternativ zum Weg über Zürich als Anfahrtsstrecke zum Vierwaldstätter See nutzen. Die Route über Ibergeregg und Sattelegg führt auf schmalen, ruhigen Straßen durch schöne Berglandschaft und bietet dabei einige gute Stellplätze. Wer über den Klausenpass fährt, trifft am Urnerboden mit seinem steil abfallenden Felsmassiv und ebenfalls sehr schönen Stellplätzen auf einen weiteren landschaftlichen Höhepunkt.

In vielen Kurven fahren wir auf streckenweise schmaler Straße hinauf zum **Ibergeregg-Pass**, auf dessen Parkflächen uns neben dem üblichen weiten Blick ein Gasthof und ein Nachtparkverbot empfängt. Parkplätze sind hier leider Mangelware. Die Passhöhe ist nämlich nicht nur bei Spaziergängern beliebt, sie ist auch ein guter Ausgangspunkt für die **Wanderung** auf die eindrucksvolle Felsspitze des **Großen Mythen**. Die Wanderung führt auf breiten Wegen vorbei an mehreren Gasthöfen, bis man nach einer knappen Stunde an der Bergstation der Seilbahn Brunni - Holzegg ankommt. Da man in Brunni viel besser parken kann, beschreiben wir die Wanderung von dort (siehe Seite 50). **Mit WOMOS im Reisebusformat fahren Sie nicht über den Ibergereggpass, sondern steuern Einsiedeln lieber auf der Kantonalstraße 8 an.**

Schön und kurvenreich geht es auf der anderen Seite vom Pass hinunter nach **Iberg**, wo schöne Stellplätze auf uns warten. Der erste liegt links der Straße an der Station einer Seilbahn.

(038) WOMO-Wanderparkplatz: Sessellift Laucheren

GPS: N 47°02'01", E 8°46'14.49", 1090 m **max. WOMOs:** 2-3
Ausstattung / Lage: Zwei großzügige asphaltierte Terrassen in unmittelbarer Nähe eines Campingplatzes, der aber ausschließlich Dauercamperplätze zur Verfügung stellt. WC während der Öffnungszeiten der Bahn. Zugang zu Kiesbank am Bach im hinteren Platzteil. Ca. 10 min Fußweg in den Ort.
Zufahrt: Kurz vor dem Ort Oberiberg an der Sesselbahn.

Wer gerne im Gasthof essen möchte, findet am Ortsrand eine zentralere Alternative:

(039) WOMO-Stellplatz: Oberiberg
GPS: N 47° 2'20.73", E 8°46'55.06", 1085 m **max. WOMOs:** 2-3
Ausstattung / Lage: Großer Parkplatz am Dorfrand. Geschäfte und Gasthof benachbart.
Zufahrt: An der Ortsdurchfahrt rechts der Tschalunstraße.

Schön in der Natur stehen Sie an der nächsten Bergbahn. Fahren Sie weiter nach **Unteriberg** und halten sich im Ort in Richtung **Weglos**. Die Straße endet nach 4 km am Parkplatz der Seilbahn.

(040) WOMO-Wanderparkplatz: Luftseilbahn Weglosen
GPS: N 47°01'09", E 8°48'29", 1042 m **max. WOMOs:** 2-3
Ausstattung/Lage: Ebener Parkplatz. Im vorderen Bereich asphaltiert, weiter hinten geschottert. Am Bach. Tagsüber WC in der Bergbahn / außerorts.
Zufahrt: Von Unteriberg zur Seilbahn Weglosen (Hoch Ybrig) Der Parkplatz befindet sich am Ende der Straße.

Auf dem Höhenweg vom Sternen zum Spirstock
Eine echte Genusswanderung verbindet in 1,5 Stunden die beiden Seilbahnstationen Sternen und Spirstock. An beiden Stationen und unterwegs auf dem Wildä Maa könne Sie einkehren, den größten Teil des Anstieges können Sie der Bergbahn überlassen und eine blickreiche Wanderung bekommen Sie trotzdem. Sie fahren dazu von Weglosen hinauf zum Seeblisee und steigen in die Sesselbahn zum Kleinen Sternen. Auf dem Höhenweg geht es zu Fuß zum Spirstock, wo Sie ein weiterer Sessellift wieder zum See transportieren könnte – falls Sie nicht lieber zu Fuß gehen. Am Seeufer entlang erreichen Sie dann wieder die Bergstation der Hoch Ybrigbahn. Auch dort gibt es einen Gasthof. Fahrpreis pro Person CHF 27.-, Karte und weitere Informationen an der Bergbahn oder unter www.hoch-ybrig.ch

Aus den Bergen wechseln wir an den nächsten See. Kurz vor Euthal treffen Sie am Ufer des **Sihlsees** auf einen schönen

Picknickplatz GPS N 47°05'26", E 8°49'09". Der zugehörige Parkplatz liegt etwas abseits an der Straße. Eine Übernachtung wäre hier daher eher ungemütlich. Hinter **Euthal** überqueren wir den See auf der schmalen unteren Seebrücke. Auch die obere Brücke ist nicht breiter, dafür aber doppelt so lang und entsprechend unübersichtlich. Überqueren Sie den See also hier unten und fahren Sie vorausschauend... Am westlichen Ufer des Sihlsees rollen wir dann weiter nach **Einsiedeln**. Hier könnten Sie dem berühmte Kloster ein oder zwei Stündchen widmen, bevor die Reise weitergeht.

Parken können Sie in Einsiedeln entweder vorne am Friedhof (1h kostenlos, jede weitere 1 CHF) oder Sie versuchen es am Kloster mit dem Busparkplatz. Der **Parkplatz am Friedhof** liegt ruhig gut 500 Meter vom Ort entfernt und ist nachts kostenlos **(041) GPS N 47°07'47", E 8°45'32"**. Gegen eine Übernachtung spricht nur die etwas knapp bemessene maximale Parkdauer von 12 h.

Das Kloster Einsiedeln

Das Benediktinerkloster in Einsiedeln besteht seit dem Jahr 934. Heute leben 70 Mönche im Kloster, dem auch Werkstätten wie Buchbinderei, Gärtnerei, Malerei, Maurerei, Sägerei, Schmiede, Schneiderei, Schreinerei, Steinhauerei angeschlossen sind. Produkte des Klosters werden im Klosterladen verkauft. In den hinteren Gebäuden befindet sich der Marstall des Klosters. Hier werden seit über 1000 Jahren Einsiedler Pferde gezüchtet. Ein Teil der Boxen mit Auslauf im Klosterhof sind

auch für Gäste zugänglich. Die beeindruckende Klosterkirche und die Gnadenkapelle, in der die berühmte schwarze Madonna steht, sind von 6 - 21 Uhr für Besucher geöffnet. Dabei haben Sie gute Chancen, einen von 11 täglichen Gottesdiensten mitzuerleben. Einsiedeln ist außerdem eine wichtige Station am Schweizer Jakobsweg: sonn- und feiertags um 11 Uhr findet in der Klosterkirche eine Pilgermesse statt. Weitere Informationen unter www.kloster-einsiedeln.ch

Das Alptal und der Große Mythen

Von Einsiedeln führt eine Stichstraße ins **Alptal,** an dessen Ende in Brunni die Gondel der Luftseilbahn nach Holzegg am Fuß des **Großen Mythen** fährt. Hier beginnt die bereits in Schwyz angekündigte Wanderung auf einen der eindrucksvollsten Berge der Region.

Der Bergweg auf den Mythen

Gehzeit: 3-4 h, 500 hm, Bergschuhe notwendig, schwindelfrei und trittsicher. Von der Bergstation Holzegg beginnt der Bergsteig auf den Mythen. Es geht schattenfrei steil bergauf, der Weg ist großzügig gesichert und daher bei trockenem Boden nicht wirklich problematisch, gilt aber als schwerer (DAV Klassifizierung: schwarz) Wanderweg. Ein bisschen Erfahrung sollten Sie also mitbringen. Nach 1,5 Stunden und 47 Kehren ist der Gipfel mit grandiosem Weitblick und die zugehörige Mythenhütte mit Imbiss erreicht. Abstieg auf dem gleichen Weg.

Bereits auf der Fahrt ins Alptal treffen Sie auf einen ersten Übernachtungsplatz, aber auch in **Brunni** an der Seilbahn finden Sie auf den kostenpflichtigen Parkplätzen der Bahn ein gutes Quartier. Im Winter ist Brunni ein beliebtes, kleines Skigebiet. www.brunnialpthal.ch

(042) WOMO-Wanderparkplatz: Seilpark

GPS: N 47°03'23", E 8°42'44" **max. WOMOs:** 1
Ausstattung / Lage: Geschotterte Parkbucht abseits der Straße, Ausweichparkplatz für den Seilpark. Außerorts mit Mythenblick.
Zufahrt: Zwischen Alpthal und Brunni von der Hauptstrecke links dem Parkplatzschild Seilgarten über eine schmale Brücke zum Parkplatz folgen.

(043) WOMO-Wanderparkplatz: Brunni

GPS: N 47°02'41", E 8°42'24" **max WOMOs:** 3-4
Ausstattung / Lage: Geschotterte Parkfläche am Ortsrand im Grünen, nicht überall ganz eben. Weitere Parkplätze am Ortsende an der Bahn. Tagesparkschein auf allen Plätzen CHF 5.-
Zufahrt: Am Gasthaus Brunni an der Ortseinfahrt links zu den Wanderparkplätzen oder geradeaus durch den Ort bis zur Seilbahn.
Sonstiges: Gasthaus Brunni 100 bis 200 m entfernt.

Zurück am Ufer des **Sihlsees** umfahren wir die beiden schmalen Seebrücken am Nordufer des Sees. Dazu folgen Sie in Einsiedeln dem **Abzweig zum Etzelpass** und fahren dann statt zum Pass weiter am See entlang bis zum Strandbad, an dem Sie vor allem außerhalb der Badesaison ruhig stehen können. Im Sommer wird es hier schnell voll.

(044) WOMO-Badeplatz: Strandbad Sihlsee

GPS: N 47°08'57", E 8°45'51" **max. WOMOs:** 1-2
Ausstattung/Lage: ebener asphaltierter Parkplatz am Strandbad, außerorts.
Zufahrt: an der Nordspitze des Sihlsees, 1 km östlich der Auffahrt zum Etzelpass.

Wir umrunden den See bis wir auf die obere Brücke treffen und halten uns dort links in Richtung **Sattelegg**. Die Straße führt durch den Wald hinauf zur Passhöhe mit großem Parkplatz, Wanderwegweisern und einem Gasthof.

(045) WOMO-Wanderparkplatz: Sattelegg Pass

GPS: N 47°07'35", E 8°50'49"
max. WOMOs: 2-3
Ausstattung / Lage: Ebener Parkplatz, die hinteren Plätze sind ein gutes Stück von der Straße entfernt. Toller Ausblick. Gasthof gegenüber.
Zufahrt: Auf der Passhöhe

Auch bei der Weiterfahrt bleibt der Ausblick auf das beinahe unbesiedelte Tal erhalten. Einige enge Kehren führen hinunter nach **Chartzerli**. Wer einen Campingplatz sucht, fährt hier rechts in Richtung Wägitalsee, wo am Ortsrand von Vorderthal ein kleiner Camping eine Hand voll netter Stellplätze bietet.

(046) WOMO-Campingplatz-Tipp: Wägital

GPS: N 47°07'10", E 8°54'05" geöffnet April bis Mitte Oktober
Ausstattung / Lage: Gepflegter kleiner Camping. 2-3 Wohnmobilplätze im Eingangsbereich fast im Vorgarten der engagierten Besitzer. www.camping-waegital.ch, Telefon: +41 (0)55 446 12 59
Sonstiges: der nahe Wägitalsee gilt als Angelparadies, Kletterer finden interessante Routen am nahen Bockmattli.
Zufahrt: In Vorderthal rechts der Zufahrtstraße ins Tal.

Entlang der Wägitaler Aa fahren wir durch ein schmales Tal gen Norden und erreichen am untersten Zipfel des Züricher Sees wieder die Zivilisation. Das breite ebene Tal östlich des Sees ist dicht besiedelt und wenig attraktiv. Zur Weiterreise nach Glarus folgen Sie zügig der Kantonalstraße 3 oder der Autobahn. Zum Anschluss an Tour 2 oder zum Bad im Züricher See fahren Sie von Wangen weiter nach Schmerikon.

Ein Abstecher nach Schmerikon
Die Aussicht auf einen Parkplatz in Seenähe – entweder direkt am Strandbad oder auf einem großen Parkplatz in der Nähe der Uferstraße führt uns nach Schmerikon am östlichen Seezipfel.

(047) WOMO-Stellplatz: Schmerikon

GPS: N 47°13'21", E 8°56'58" **max. WOMOs:** 2-3
Ausstattung / Lage: Parkplatz unter Bäumen hinter dem Freibad und am Hafen von Schmerikon. Fußweg zum See und zur Mündung der Linth. Am Ortsrand. Kleines Jugendzentrum in der Nähe. Öffentliches WC im roten Haus an der Zufahrt zum Parkplatz Ecke Aabachstraße / Allmeindstraße.
Sonstiges: Ausweichplätze für kleinere Mobile an der Seepromenade, die im Frühjahr 2014 neu gestaltet wird. **GPS N 47°13'29", E 8°56'49"**. Grillplatz und Spielplatz am benachbarten Hafen. Nahe an den Bahngleisen daher nicht ganz so ruhig!

Klausenpass und Urnerboden

In **Niederurnen** biegen Sie ab nach **Glarus**. Das Tal der Linth ist zuerst noch dicht besiedelt. Ein lohnenswerter Abzweig führt von Glarus zum **Klöntaler See**. Wer Campingplätze am Ende der Welt schätzt, wird am Camping Vorauen, der am Straßenende direkt am stillen See liegt, seine Freude haben.

(048) WOMO-Campingplatz-Tipp: Vorauen / Klöntalersee

GPS: N 47°01'31", E 8°56'42

Ausstattung / Lage: 100 Stellplätze. Alleinlage am westlichen Ende des Klöntalersees, der nur auf einer Stichstraße in das weitgehend unbebaute Klöntal zu erreichen ist. Einfache Ausstattung, aber tolle Plätze. WOMO inkl. 2 Personen CHF 28.-

Zufahrt: Von Glarus die Straße ins Klöntal, ca. 15 km auf schmaler Straße.

Auch ab Linthal sind wir wieder in den Bergen unterwegs. Oberhalb von **Linthal** liegt auf einer Hochebene der Ferienort **Braunwald**, der nur per Bergbahn erreichbar ist. An der Talstation der Bahn gibt es offizielle Stellplätze für Wohnmobile.

(049) WOMO-Stellplatz: Braunwaldbahn Linthal

GPS: N 46°55'37", E 9° 0'3.97" **max. WOMOs:** >5

Ausstattung / Lage: offizielle Stellplätze für WOMOs auf dem P 1. Ebener großer Kiesplatz zwischen Fluss und den Schienen der Bahn. CHF 5.- pro Tag. WC im Gebäude der Bergbahn.

Zufahrt: An der Einfahrt zur Bahnstation gleich hinter der Bachbrücke rechts auf den unteren Parkplatz.

Von Linthal führt die Straße in Kurven hinauf auf den **Urnerboden**. Auf der rechten Seite des Hochtales, auf dem im Sommer über 1200 Kühe grasen, bieten die steil abfallenden Felswände der Jegerstöck eine tolle Kulisse. Eine Gondel fährt vom Ort Urnerboden auf den Fisetenpass und ein schöner Wanderweg verbindet die Hochebene mit Braunwald. Trotzdem gibt es hier wenig Tourismus. So sind um den Ort Urnerboden Wohnmobile willkommen, und man kann hier an mehreren Stellen am

Bachufer stehen. Der größte Platz liegt hinter dem Kieswerk östlich des Ortes. Auf den ersten möglichen Stellplatz treffen Sie jedoch schon vorher oben an der Straße.

(050) WOMO-Wanderparkplatz: Urnerboden

GPS: N 46°54‘21“, E 8°56‘29“ **max. WOMOs:** 1-2
Ausstattung / Lage: Kies-Wiesenplatz unterhalb der Passstraße zwischen Straße und Bach. Kurze Zufahrt über hoppeligen Kiesweg.
Zufahrt: Direkt an der Passstraße.
Sonstiges: Gegenüber Beginn des Wanderweges nach Braunwald.

Wenig weiter können Sie links der Straße Käse einkaufen. Dann folgt die Zufahrt zu einem Kieswerk, die auch zum nächsten Stellplatz führt. Das Gelände gehört der gleichen Familie, die auch den Dorfladen in Urnerboden betreibt. Wohnmobile sind auf diesem Platz akzeptiert. Bitte helfen Sie mit, dass das so bleibt: Keine Abfälle zurücklassen, auch Entsorgung ist nicht möglich. Der Einkauf im Dorfladen ist ausdrücklich erwünscht. Die Öffnungszeiten sind an der Zufahrt angeschlagen. In unseren Augen ist diese Regelung mehr als fair…

(051) WOMO-Stellplatz: Urnerboden

GPS: N 46°54‘02“, E 8°55‘59“
max WOMOs: 8-10
Ausstattung / Lage: Stellplätze an einer Kiesbank direkt am Bachufer. Wohnmobile sind hier akzeptiert, es handelt sich aber nicht um einen offiziellen Stellplatz!
Zufahrt: Auf einer Schotterstraße durch das kleine Kieswerk hindurch. Hinter einer Gruppe Bäume beginnt eine Kiesbank. Wenn vorne gearbeitet wird, bitten sie einfach höflich um Passage. Bei Hochwasser ist der Platz nicht zugänglich!
Sonstiges: Weiterer kleinerer Platz hinter den Häusern des Weilers, ebenfalls in Flussnähe bei **(052) GPS N 46°53‘47“, E 8°55‘24“**

Den erwähnten Dorfladen finden Sie einige Kilometer weiter im Ort Urnerboden. Hier gibt es auch eine Kirche, einen Gasthof und die Gondelbahn zum Fisetenpass. Dann ist das sanfte Hochtal zu Ende und die Straße schlägt erneut einen Haken nach dem anderen, bis wir auf fast 2000m die Passhöhe erreichen.

(053) WOMO-Stellplatz: Klausenpass

GPS: E 46°52'06", E 8°51'23"
max. WOMOs: 2-3
Ausstattung / Lage: Die Parkplätze auf der Passhöhe liegen relativ nahe an der Straße. Dafür gibt es einen Kiosk und ein WC.
Zufahrt: auf der Passhöhe

Bei der Weiterfahrt nach **Altdorf**, diesmal in Kurven wieder bergab, passieren Sie den einladenden Gasthof Posthaus Urigen und einen Ort weiter in **Spiringen** können Sie im **Sennereiladen** die Produkte der Alpkäserei Urnerboden erwerben. Die Passstraße endet in Altdorf am nördlichen Ende des Urner Sees, einem Teil des Vierwaldstätter Sees.

Von hier aus erreichen Sie mit 24 km Autobahnfahrt zügig unsere Pässerunde (Landstraße fahren lohnt sich hier nicht), die Sie entweder über den Gotthardpass oder über die längere, aber sehr schöne Route über Susten- und Grimselpass auf die Südseite der Alpen in den italienischsprachigen Teil der Schweiz geleitet.

Der Urner See mit dem Wohnmobil

Tour 3 führt Sie am Ufer der **Urner Sees** entlang zurück nach **Schwyz**. Echte Tell-Fans machen allerdings vorher noch einen Besuch in **Altdorf**, auf dessen Marktplatz eine Tellskulptur an den Schuss auf den Apfel erinnert. Alle vier Jahre wird im Tellspielhaus eine neue Aufführung des Stückes inszeniert. Die nächste Theatersaison in Altdorf ist der Sommer 2016.

Die Tellspiele in Altdorf

Die Aufführung des 1804 vollendeten Stückes von Friedrich Schiller hat in Altdorf eine lange Tradition. Am 25. Juni 1899 findet die erste Altdorfer Aufführung im eigens dafür erbauten Tellspielhaus statt, das 1915 zerstört wird. 1924 wird ein Neubau mit 1000 Plätzen errichtet, und hier wird auch heute noch gespielt - allerdings längst nicht jedes Jahr. Theaterbesucher erwartet auch nicht die ewig gleiche Wiederholung des altes Dramas. Jede Inszenierung des Stückes ist neu und anders und enthält auf der Basis der alten Geschichte des unfreiwilligen Freiheitskämpfers Tell auch aktuelle Bezüge. Die Inszenierung der Spiele übernimmt ein Profi, die Schauspieler sind jedoch Laien aus der Region, die sich auch heute noch in der 1899 gegründeten Tellspielgesellschaft zusammenfinden. So stand dann im Jahr 2012, zum 500. Jahrestag des Mythos um Wilhelm Tell, auch die ehemalige Bürgermeisterin von Altdorf als resolute Stauffacherin auf der Bühne. www.tellspiele-altdorf.ch

Übernachten können Sie anschließend in **Seedorf**, wo der Parkplatz an der Minigondel auf den Glitschenberg für ein paar ruhige Stellplätze sorgt. Das Besondere an diesem Platz ist aber das wenige Schritte entfernt überraschend auftauchende kleine Schloss mit dem sperrigen Namen **Schloss A Pro.** Neben einem Mineralienmuseum und wechselnden Kunstausstellungen beherbergt das Haus auch noch ein stilvolles »Gault Millau« prämiertes **Restaurant** mit romantischen Sitzplätzen im Schlosshof und für Schweizer Niveau ganz gewöhnlichen Preisen (Montag + Dienstag Ruhetag).

Im Schloss A Pro logiert ein gutes Restaurant

(054) WOMO-Stellplatz: Seedorf

GPS: N 46°53'10.07", E 8°36'17.95" **max. WOMOs:** 1-2
Ausstattung / Lage: Eine Reihe Parkbuchten in einer Nebenstraße sorgen für einen ruhigen Übernachtungsplatz, wenn Sie am Abend gerne im Schloss speisen möchten.
Zufahrt: In Seedorf in Richtung Isleten. Kurz vor der Durchfahrt unter der Autobahn von der Dorfstraße links in die Weinstraße abbiegen.

Wenn Sie es etwas abgeschiedener mögen oder Lust auf einen Grillabend am Seeufer verspüren, finden Sie Ihren Platz noch ein Stückchen weiter oben am See. Vorbei am schönen **Strandbad von Seedorf GPS N 46°53'17", E 8°36'09"** (Nachtparkverbot!) fahren Sie das Ufer entlang und erreichen zuerst den oben abgebildeten **Grill- und Badeplatz** mit kostenlosen Parkplätzen neben der Straße (auch als Wanderparkplatz für den Weg der Schweiz, siehe Seite 62) **GPS N 46°54'17", E 8°35'32"** an dem Sie direkt vor dem geparkten Womo ihr Grillfeuer entzünden könnten. Nur zum Übernachten müssen Sie weiterfahren, auf dem Platz ist Parkverbot ab 24 Uhr. Einen knappen Kilometer weiter finden Sie dann in Isleten hinter dem **Gasthof Seegarten** einen großen geschotterten Parkplatz, auf dem Sie ganz offiziell willkommen sind.

(055) WOMO-Stellplatz: Isleten Seegarten

GPS: N 46°55'03", E 8°35'40" **max. WOMOs:** 5-8
Ausstattung / Lage: Großer ebener Schotterplatz direkt vor einer Kletterwand. Der Parkautomat hat eine Extrataste für Wohnmobile. Der Tarif von 1,50 CHF zwischen 8 und 20 Uhr und 70 Rappen pro Stunde für die Nacht ist allerdings nicht unbedingt günstig. Dafür stehen Sie fast direkt am Seeufer, 100 m nach links hat es eine ins Wasser ragende Kiesbank zum Baden und Grillen, den Bootsanleger Isleten erreicht man mit 5 min. Fußweg und der Weg der Schweiz führt direkt vor ihrem Wohnmobil vorbei.

Anfahrt: von Seedorf in Richtung Isleten / Bauen. Der Parkplatz befindet sich gegenüber dem Gasthof Seegarten vor den ersten Häusern von Isleten direkt links, leicht unterhalb der Straße.

Uferweg bei Isleten

Alfred Nobel und die Geschichte von Isleten
Auf der Suche nach einem Standort für die Schweizer Dependance seiner Dynamitproduktion stieß Alfred Nobel 1873 auf die Gebäude einer leerstehenden Papierfabrik in Isleten. Bis zum Bau der Straße nach Seedorf im Jahre 1951 war Isleten nur auf dem Wasserweg erreichbar, die riskante Produktion des von Nobel erfundenen Sprengstoffes konnte hier nur wenig Schaden anrichten. Die Fabrik produzierte den kompletten Dynamitbedarf für den Bau des nahen Gotthardtunnels. Sie wurde 1997 stillgelegt, Grund und Boden ist aber weiterhin im Besitz der Schweizerischen Sprengstoff AG.

Bis **Bauen** könnten Sie der Straße noch folgen, dann ist Schluss. Am Straßenende macht ein etwas enger, in Terrassen angelegter Parkplatz einen Stopp möglich. Bauen hat eine kleine Auswahl einladender Gasthöfe, und in den schön angelegten Gärten der alten Häuser stehen Palmen. Spielt auch noch die Sonne mit, fühlt man sich hier in weit südlichere Gefilde versetzt. Unser Wandervorschlag auf dem Weg der Schweiz (siehe Tour 4) endet hier in Bauen oder in Isleten. Zur Weiterfahrt müssen Sie zurück nach **Seedorf**.

Von **Flüelen** nehmen wie die Axenstraße, die in einer Felsgalerie direkt am und über dem Seeufer verläuft, bis nach Brunnen. Flüelen hat außer einem Bootsanleger der Linienschiffe wenig Bemerkenswertes zu bieten. Selbst der örtliche Campingplatz steht voller Dauercamper und lässt zudem Fahrern größerer Mobile schon bei der Anfahrt die Haare zu Berge stehen. Viel besser stehen Sie auf dem Camping in **Sisikon**, der neben vielen Dauercamperplätzen auch eine Hand voll attraktiver Stellplätze in Seenähe für Durchreisende bietet.

(056) WOMO-Campingplatz-Tipp: Bucheli
GPS: N 46°56'58", E 8°37'07" geöffnet April - Oktober
Ausstattung /Lage: Gepflegter Platz am Ortsrand von Sisikon direkt am Seeufer. WOMO inkl. 2 Personen CHF 26.- bis 40.-, www.camping-bucheli.ch
Zufahrt: In Siskion links unter den Bahnschienen hindurch zum See. Beschildert.

Glockenspiel an der Tellsplatte

Kurz vor Sisikon sorgt unterhalb des Gasthofes **Tellsplatte** ein Glockenspiel mit 22 Messingglocken in allen Größen für ein überraschend wohlklingendes Konzert. Um dieses zu hören, müssen Sie während der ersten 10 Minuten einer Stunde dort eintreffen. Die Wartezeit lässt sich auf der Terrasse der Tellsplatte verkürzen. Wenige Parkplätze, die nicht für Restaurantgäste reserviert sind, finden Sie an der Ausfahrt des Parkplatzes links. Ein großes Womo passt allerdings in keine der Buchten. Alternativ kann man das Glockenspiel aber auch von Brunnen oder Isleten mit dem Dampfer besuchen.

Wer Lust auf einen Badetag im Warmen verspürt oder einen unangenehmen Regentag überbrücken muss, kurvt kurz vor Schwyz nach **Morschach** hinauf, wo der **Swiss Holiday Park** mit Bad und Sauna zu einem faulen Tag einlädt. Ihr Womo findet ein Ruheplätzchen auf dem zugehörigen Parkplatz bei **GPS N 46°58'51", E 8°36'57"** mit Nachtparkverbot oder verbotsfrei am Dorfrand bei **GPS N 46°58'52", E 8°37'11".**

1, 5 km weiter stehen Sie mit tollem Bergblick auf den ruhigen Stellplätzen des Ferienbauernhofes Rüti.

(057) WOMO-Campingplatz-Tipp: Rüti / Morschach

GPS: N 46°59'24", E 8°38'01" ganzjährig geöffnet
Ausstattung / Lage: Stellplätze mit tollem Bergblick auf der Wiese, einfache Sanitäreinrichtungen, keine V/E, maximal 2 Nächte. Auf dem Hof gibt es Kaninchen, Esel und Hühner. 200 m zur Bergbahn zum Skigebiet Stoos. 30 km Loipen ab Hof. WOMO inkl. 2 Personen CHF 25.-, Kinder 4-16 Jahre 3,50, www.ferienhof-rueti.ch
Zufahrt: 500 m vor Brunnen rechts hinauf in Richtung Morschach. Nach 3 km auf schmaler Straße erreichen Sie das Dorf und fahren noch 1.5 km weiter in Richtung Luftseilbahnstation Stoos. Auf einer Anhöhe mit Panoramasicht liegt auf der rechten Straßenseite der Ferienhof Rüti.

Von Morschach fahren Sie am besten direkt zurück zur Axenstraße und am Seeufer nach Brunnen. Der Weg durch die Berge ist eher ein Umweg und die Straßen sind hier zudem sehr schmal. In Brunnen geht es dann weiter mit Tour 4.

TOUR 4 (ca. 200 km / 2-5 Tage)

Die Wiege der Schweiz – Luzern und der Vierwaldstätter See

Schwyz – Brunnen – Weggis – Küsnacht – Luzern – Bürgenstock – Melchtal – Engelberg – Sarnen – Giswil

Freie Übernachtung:	Weggis, Seebodenalp, Grafenort, Stöckalp, Giswil
Ver-/Entsorgung:	Campingplätze, Giswil
Campingplätze:	Brunnen, Vitznau, Weggis, Maierskappel, Merlischachen, Engelberg, Sarnen, Giswil
Baden:	Gersau, Weggis, Luzern
Besichtigen:	Gesslerburg, Luzern, Wallfahrtskapelle Flühli-Ranft
Wandern:	Weg der Schweiz, Rigi, Panoramaweg Seebodenalp, Pilatus, Felsenweg am Bürgenstock, Hoher Titlis und Trübsee, Walenpfad, Melchsee und Blauseeli

KARTE TOUR 4

Lake Lucerne wird er auch gerne genannt – nach der schönsten Stadt an seinem Ufer. Der Name Vierwaldstätter See erwies sich vor allem für Gäste aus Asien als echter Zungenbrecher. Das zerklüftete bergige Seeufer sorgt für malerische Buchten und Wanderwege mit grandiosem Ausblick. Der östlichste Zipfel des Lake Lucerne, dort wo das Tal immer enger wird und sich die höchsten Gipfel um den See drängen, trägt den Namen Urner See. Er ist Schauplatz der wichtigsten Legenden der Schweiz: Drei Eidgenossen aus Uri, Schwyz und Unterwalden schlossen hier einen folgenreichen Bund. Beinahe so beliebt wie die Mär von der Gründung der Schweiz ist die am Urner See angesiedelte Geschichte von Wilhelm Tell.

Die Außenbereiche von **Brunnen** sind wenig idyllisch. Am Seeufer sorgen die alten Hotelpaläste für ein wenig Flair, vor allem aber ist Brunnen der perfekte Ausgangspunkt für eine Dampferfahrt auf dem Urner See oder eine Wanderung auf dem bereits mehrfach erwähnten Weg der Schweiz. Zu allererst sind wir Ihnen jetzt eine Erklärung schuldig: Was bitte, ist eigentlich der Weg der Schweiz?

700 Jahre Schweizer Eidgenossen –
Der Jubiläumsweg rund um den Urner See

Zur Feier des 700jährigen Bestehens ihres Bundes baute die Schweiz einen Weg. Das passt sehr gut zu diesem Land: Wandern ist Volkssport. Ein jeder tut es. Ein schöner Weg nutzt also allen. Ein Fußweg – das ist praktisch und auch nicht zu protzig. Viel besser als ein großes Denkmal. Einheimische und ausländische Besucher haben ein neues Reiseziel, das ist gut für den Tourismus der Region und daher wieder gut für das Land. Und warum gerade hier? Sie befinden sich am Vierwaldstät-

ter See auf geschichtsträchtigem Boden. Am Ufer des Urner Sees – der eigentlich streng genommen nur ein Arm des Vierwaldstätter Sees ist – befindet sich die Wiese, auf der die ersten drei Eidgenossen in geheimem Treffen einen Eid zum Zusammenhalt schworen und damit die ersten drei Kantone Uri, Schwyz und Unterwalden miteinander verbanden, um sich, laut Legende, vor den Übergriffen der Habsburger zu schützen. Dieser feierliche Akt gilt heute als Geburtsstunde der Schweiz. Die Wiese heißt übrigens Rütli und sie ist nur zu Fuß oder mit dem Boot zu erreichen. Hier beginnt – ganz logisch – der Weg der Schweiz. Was nun folgt ist ein kompliziertes Konzept zu einem recht unkompliziert begehbaren Weg: Meist geschottert, mäßig in den Steigungen, mit vielen wunderbar platzierten Bänken versehen – und Grillplätze gibt es natürlich auch. Und das Konzept? Jeder Abschnitt des 35 km langen Weges ist einem Kanton gewidmet, mit Grenzsteinen markiert und wurde von diesem gestaltet. Dazu erhielt jeder Kanton prozentual gesehen so viele Meter der Wegstrecke wie er Einwohner hat. Im Jahre 1991 entsprachen am Ende der Rechnung 5 Millimeter des Weges einem Einwohner der Schweiz …

Geschichte im Zeitraffer

Der Weg der Schweiz ganz praktisch:

35 km sind ein bisschen viel für einen Tag, deshalb läuft man den Weg der Schweiz gerne in zwei Etappen: die erste führt vom Rütli nach Flüelen, die zweite von dort zurück nach Brunnen. Zwischen Brunnen und dem Rütli verkehrt ein Schiff, so dass man sich auch auf eine Teilstrecke beschränken kann. Wir haben uns die erste Etappe zwischen dem Rütli und Bauen ausgesucht und außerdem noch eine bequeme Abkürzung eingebaut. Von Brunnen nehmen Sie das Schiff nach Treib und besteigen dort die Standseilbahn, die Sie zügig 400 Meter hinauf nach Seelisberg

transportiert. Das Rütli sehen Sie so allerdings nur von oben oder Sie laufen auf dem Rückweg vom Bootsanleger in wenigen Minuten dorthin. Von der Bergstation der Bahn geht es erst durch Seelisberg hindurch, bis am Ortsende ein Fußweg links hinab in den Wald taucht. Vorbei am Spielplatz und ein Stück auf einem Vita Parcours läuft man dann beinahe eben durch Wald und Wiesen und hat ab und zu auch einen Blick hinunter zum See. Nach der Hälfte der Strecke trifft man oberhalb des kleinen Seelis, das für den Ortsnamen Seelisberg zuständig war, auf eine schmale Straße und auf die Talstation einer höchst skurilen Seilbahn. Für CHF 8.- pro Person besteigen sie die grüne Gondel, drücken wie bei einem Lift aufs Knöpfchen und schweben dann hinauf zur Alm, wo sie auch ein Mittagessen bekommen können. Wollen Sie lieber baden, laufen Sie in 10 min. hinter zum Strandbad am Seeli.

Wenig später verlässt der Weg die Straße wieder. In stetem Wechsel zwischen Wald und Wiesen mit Bauernhöfen geht es weiter, bis Sie kurz vor Bauen hunderte von Steinstufen hinuntersteigen, um unten am See das stündlich fahrende Linienboot zurück nach Brunnen zu besteigen. Haben Sie für diese Tour ein Tagesticket für Boot und Bahn gewählt (Urnerseetageskarte CHF 41.-, in der Info zu kaufen), könnten Sie auch erst in Richtung Flüelen fahren und auf dem Rückweg Ihre Fahrt am Glockenspiel der Tellskapelle (siehe S. 59) oder an der Rütliwiese unterbrechen. Bitte unbedingt vorher den Fahrplan der Boote gründlich studieren, damit Sie nicht am falschen Platz stranden! Das letzte Boot beginnt seine Fahrt in Flüelen so gegen 18 Uhr! Fahrpläne und eine Karte finden Sie auch unter www.weg-der-schweiz.ch

Wer anschließend in Brunnen bleiben möchte, findet an der Ortsausfahrt in Richtung Küsnacht zwei kleine Campingplätze auf einer Landzunge im See. Der Rest des Gebietes ist Naturschutzgebiet, so dass ein schöner Spaziergang am unverbauten Seeufer möglich ist. Leider sind beide Plätze mäßig attraktiv. Der hintere von beiden liegt jedoch wesentlich ruhiger und grüner.

(058) WOMO-Campingplatz-Tipp: Hopfreben / Brunnen
GPS: N 46°59'48", E 8°35'36" geöffnet Mitte April bis Mitte September
Ausstattung / Lage: Langer Wiesenstreifen vor einer Baumreihe, viele Dauercamper, in Ufernähe, WOMO inkl. 2 Personen CHF 23.- - 39.-

Auch auf dem **Parkplatz zum Weg der Schweiz (059) GPS N 46°59'46", E 8°36'22"** kann man für CHF 6.- einen Nachtparkschein ziehen, wer also gerne mitten im Ort steht, kann einen Restaurantabend genießen, ohne anschließend weit zu laufen.

Unterwegs mit dem Tell-Pass

Wenn Sie die Region um den Vierwaldstätter See ausführlich erforschen wollen, lohnt sich für Sie vielleicht der Tell-Pass. Es gibt ihn für 7 oder 15 Tage, wobei Sie an 2 bzw. 5 Tagen der Geltungszeit freie Fahrt haben. An allen anderen Tagen zahlen Sie den halben Preis. Der Pass gilt für Bergbahnen, Linienschiffe, Bus und Bahn und kostet CHF 180.- bzw. 246.- pro Person. ADAC und TCS Mitglieder sparen CHF 40.-. Preislich besonders interessant ist der 15-Tage-Pass. Er lohnt sich, wenn Sie mindestens ein Woche in der Zentralschweiz unterwegs sind, viel unternehmen und dabei Bus, Bahn, Bergbahn und Boot nutzen möchten. Wer nur zum Wandern auf den Berg fährt, ist mit einem Einzelticket besser dran. Genaue Informationen finden Sie unter www.tellpass.ch oder in den Touristeninformationen der Region.

Von Brunnen nach Luzern – das Nordufer des Vierwaldstätter Sees.

Die Berge am Ufer werden schnell schroffer und schon die schmale Häuserreihe und die dahinter verlaufende Straße hat man Berg und See abgetrotzt. Halten ist schwierig an dieser Strecke. Besonders erwähnenswert ist daher das kleine Strandbad 2,5 km vor dem Uferort **Gersau**. Die Parkplätze –

es sind nur eine Hand voll – befinden sich direkt an der Straße. Wenn Sie einen Badestopp planen, machen Sie langsam – drehen und zurückfahren ist auf der Strecke nicht ganz so einfach. Kurz vor dem Bad steht links eine Kapelle am Ufer, davor gibt es eine kleine Parkbucht für Besucher. 100 m weiter befinden sich die wenigen Parkplätze des Strandbades. Bei **Vitznau** wird der Raum am Seeufer wieder etwas weiter. Der nette Ort verfügt über eine schöne kleine Promenade am See. Außerdem startet hier die zweite Zahnradbahn auf die Rigi.

Die Königin der Berge – Viele Wege führen auf die RIGI
Königin der Berge nennt man sie am Vierwaldstätter See. Und wie das halt so ist mit Königinnen – sie sind allgegenwärtig. Auf die Rigi fahren von den verschiedensten Seiten des Berges zwei Zahnradbahnen und zwei große Seilbahnen. Fährt man zur schnellen Aussicht hinauf, eignen sich gut die Luftseilbahn von Weggis und die Zahnradbahn von Vitznau. Richtig Wandern kann man besser auf der ruhigeren Bergseite und sollte so die Bergbahnen wählen, die von Goldau hinaufkommen. Die genauere Beschreibung der Gratwanderung zum Klösterli und dem Felsenweg von Rigi First finden Sie daher schon bei Tour 2 (Stellplatz 037) auf der anderen Seite des Berges.

An der Bahn in **Vitznau** ist der Parkraum für Wohnmobile etwas eng. Entspannter starten Sie in Weggis, dem nächsten Ort am See, oder Sie wählen den gepflegten örtlichen Campingplatz zum Quartier und laufen zu Fuß zur Bahn.

(060) WOMO-Campingplatz-Tipp: Vitznau

GPS: N 47°00'26", E 8°29'10" geöffnet Ende März bis Mitte September
Ausstattung / Lage: Schöne terrassierte Plätze mit Seeblick am Hang, befestigte Plätze für große Mobile. Komfortable Anlage mit Pool, Laden und Café. Womo inkl. 2 Personen auf einem Standardplatz (bis 75 m²) CHF 35.- bis 48.-
Telefon: +41 (0)41 397 12 80, www.camping-vitznau.ch
Zufahrt: In Vitznau oberhalb der Durchfahrtstraße, ausgeschildert

In **Weggis** können Sie auch über Nacht an der Seilbahn stehen bleiben, das Tagesticket des Parkplatzes gilt für 4-24 Stunden. Alle 20 Minuten schwebt von Weggis eine Gondel hinauf nach Rigi Kaltbad – einem autofreien Bergort mit hässlichem Kurhotel und ultramoderner Badanlage. Läuft man, oben angekommen, links hinüber, hat man vom Känzeli einen wunderbaren Blick auf den See. Viele weitere Aussichtspunkte lohnen den Aufstieg von ca. 100 m auf einem guten Weg bis zur Station Rigi Staffel. Hier besteigen Sie dann die Zahnradbahn zur Rigi-Kulm, dem Berggasthof auf dem Gipfel, von dem man dann weiten Blick in alle Richtungen hat.

(061) WOMO-Wanderparkplatz: Luftseilbahn Weggis
GPS: N 47°01'60", E 8°26'24" **max. WOMOs:** >5
Ausstattung / Lage: Asphaltierte Parkterrasse über dem Ort, WC tagsüber an der Bergbahn. Wählen Sie Parkplatz 2, dort ist mehr Platz zum Rangieren (P1 ist recht eng). Die Parkgebühr von CHF 8.- gilt für 4-24 Stunden.
Zufahrt: In Weggis rechts hinauf zur Bergbahn. Dann den Schildern zum P2 folgen.

Alternativ hat Weggis auch noch einen Bauernhofcamping mit Stellplätzen auf einer großen Wiese am Ortsrand zu bieten. Die Zufahrt ist recht eng und die Stellplatzwahl auf der hügeligen Wiese nicht ganz einfach, dafür stehen Sie wunderbar im Grünen.

(062) WOMO-Campingplatz-Tipp: Bauernhof Gerbeweid
GPS: N 47°02'20", E 8°24'52"
Ausstattung / Lage: einfache Sanitäreinrichtungen, V/E möglich. Womo inkl. 2 Personen CHF 22.- + 5.- Kurtaxe, www.hri.ch/6353/gerbeweid

Von Weggis geht es weiter am Seeufer entlang bis **Küsnacht**, wo wir ein weiteres Rendezvous mit der Schweizer Geschichte haben.

Durch diese hohle Gasse muss er kommen ...
Küsnacht und die Saga von Wilhelm Tell

In Küsnacht spielt eine der Schlüsselszenen des Dramas um den Rebellen Wilhelm Tell. Der Hohlweg, an dem der betrogene Armbrustschütze Tell dem tyrannischen Burgvogt Gessler aufgelauert haben soll, trägt frei nach Friedrich Schiller, der die Legende 1804 mit seinem Drama Wilhelm Tell weltbekannt machte, noch heute den Namen »Hohle Gasse«.

Die Legende von Wilhelm Tell

Um das Volk von Uri zu demütigen, lässt der habsburgische Landvogt Gessler auf dem Dorfplatz von Altdorf einen Hut auf eine Stange stecken und befiehlt den schweizerischen Untertanen, diesen jedes Mal zu grüßen, wenn sie an ihm vorübergehen. Wilhelm Tell verweigert den Gruß und so muss der bekannte Armbrustschütze zur Strafe einen Apfel vom Kopf seines Sohnes Walter schießen, um sein eigenes Leben und das seines Kindes zu retten. Der Schuss gelingt. Aber die Antwort auf die Frage, wozu er einen zweiten Pfeil mit sich trug, erzürnt den Fürsten aufs Neue. Wenn er den Sohn getroffen hätte, wäre dieser Pfeil für den Vogt bestimmt gewesen. Tell wird gefesselt abgeführt, kann sich aber auf dem Weg zur Burg in Küsnacht befreien. Ein Sturm bringt auf dem See das Schiff in Not und der ortskundige Tell soll es sicher an Land bringen. Geschickt steuert er es gegen die Steilwand des Axen, springt auf eine Felsplatte am Ufer und entkommt. In Küsnacht lauert er dem tyrannischen Vogt auf und bringt erfolgreich den zweiten Pfeil zum Einsatz.

Noch mehr zur historischen Person Tells und den verschiedenen Formen der Legende erfahren Sie im Informationspavillon an der Hohlen Gasse, den Sie außerhalb des Ortes in Richtung Immensee finden. Ebenfalls am Stadtrand können Sie einen zweiten Ort aus der Legende besuchen.

Ein Besuch auf der Gesslerburg

Die Gesslerburg erreichen Sie von der Hohlen Gasse zu Fuß in etwa 20 min. oder vom kleinen Parkplatz bei **GPS N 47°04‘55“, E 8°27‘00“** am Beginn der Auffahrt zur Seebodenalp. Ein Hinweisschild ermutigt

zur Einfahrt in das schmale Sträßchen und nach 50 m ist eine Parkbucht für 3-4 Fahrzeuge erreicht. Von hier folgen Sie den Wanderschildern in knapp 10 Minuten zur Ruine, in der Sie auf eigene Faust herumschlendern und klettern können. Mehrere Feuerstellen in der kleinen Burg verraten, dass der stille Platz auf dem Hügel mit dem schönem Blick hinüber zum See auch von Einheimischem gerne besucht wird.

Wenn Sie nach so viel Kultur und Geschichte Lust auf einen Stellplatz in allerschönster Natur haben, wählen Sie die **Seebodenalp** zum nächsten Ziel. Hier laufen Sie auf einem schmalen Panoramaweg in 20 Minuten zum Alpgasthof Ruedisegg. Und wenn Sie anschließend eine der vier Feuerstellen mit Weitblick ins Tal nutzen möchten, um den Abend bei einem Grillfeuer ausklingen zu lassen: suchen Sie sich auf dem Weg zwischen Parkplatz und Alm den schönsten aus. Ihr Womo wartet derweil auf dem Wanderparkplatz auf Sie, wo Sie anschließend den Rest der Nacht in ruhigem Schlummer verbringen können.

(063) WOMO-Wanderparkplatz: Seebodenalp

GPS: N 47°04‘07“, E 8°28‘00“ **max. WOMOs:** 2
Ausstattung / Lage: Geschotterter Parkplatz an der Bergstation der Seilbahn, WC tagsüber in der Bergstation, Gebührenpflichtig 7-21 Uhr, Tagesparkschein.
Zufahrt: Von Küsnacht in vielen Kehren auf schmaler Straße zur Bergstation der Bahn auf die Seebodenalp

Panoramaweg Seebodenalp

Gehzeit 1 h 30 min., ca 120 hm. Wenn Sie von Ruedisegg nicht auf dem gleichen Weg zurück wollen, können Sie auch den Wegweisern des Panoramaweges folgen, der Sie etwas weiter oben am Hang über die grüne Hügelkuppe mit dem Namen Stock zum Parkplatz zurückführt.

Und auch von der Seebodenalp kann man Königin Rigi zu Fuß erobern. Etwa 2 Stunden dauert der Aufstieg über das Ruedisegg und den Aussichtspunkt Känzeli zur Rigi-Kulm, wo Sie dann auf die vielen Fahrgäste der RIGI Bahnen treffen.

Für heiße Tage finden Sie am Ortsrand von Küsnacht in Richtung Weggis ein **Strandbad bei GPS N 47°04'25", E 8°26'06".** Gemütlicher baden Sie aber, wenn Sie ihr Wohnmobil auf dem schönen Campingplatz in **Merlischachen** unterbringen, der mit eigener Badestelle direkt am See liegt.

(064) WOMO-Campingplatz-Tipp: Vierwaldstätter See

GPS: N 47°03'40", E 8°24'06" geöffnet April bis September
Ausstattung / Lage: Wiesenplatz zwischen Straße und See, unparzellierte Plätze und wenig Schatten, aber direkt am See mit eigener Badestelle, Busverbindung nach Luzern und Küsnacht im 30 min-Takt, Mittagspause der Rezeption 11-14 Uhr, 2 Personen mit Reisemobil bis 3.5 t inkl. Strom CHF 48.- bis 56.-, in der Nebensaison -25%
www.seecamping.ch

Wenige Kilometer von Küsnacht entfernt bietet der urige Bauernhofcamping Gerbe in **Maierskappel** eine für die Region ungewöhnlich preisgünstige sympathische Camping-Alternative. Vor allem Familien mit Kindern werden dort ihre Freude haben.

(065) WOMO-Campingplatz-Tipp: Bauernhof Gerbe

GPS: N 47°07'15", E 8°26'48" geöffnet März bis Ende Oktober
Ausstattung / Lage: Schöne Plätze auf der Wiese am Hof, viele Tiere und Platz zum Spielen, provisorisches Schwimmbecken, Hofladen, Ponyreiten und Spaziergang mit Ziegen möglich. Befestigte Plätze für große Wohnmobile (bitte vorbestellen). WOMO inkl. 2 Personen CHF 21.-, WIFI kostenlos, Restaurant, auch Frühstück auf dem Hof möglich (CHF 8.-), www.swiss-bauernhof.ch
Zufahrt: Südlich von Maierskappel, an der von Küsnacht kommenden Straße ausgeschildert

Es zieht Sie mitten ins schöne **Luzern**? Dann ist der Camping Lido Ihr Quartier. Direkt hinter dem Strandbad und neben dem Verkehrshaus haben Sie zwei attraktive Ziele direkt vor der Tür, und wenn Sie Luzern rund um die Uhr erleben wollen, fährt die Tram bis weit in den Abend hinein zurück zu Ihrem Wohnmobil. Selbst zu Fuß stehen Sie nach einer guten halben Stunde auf dem Seeuferweg an der Kapellbrücke im Zentrum der Stadt.

(066) WOMO-Campingplatz-Tipp: Lido Luzern

GPS: N 47°03'01", E 8°20'14" ganzjährig geöffnet
Ausstattung / Lage: Zentral und doch ruhig und mitten im Grünen gelegen ist der Camping Lido ein attraktives Quartier in Luzern. Sorgfältig nach Größe sortiert stehen die Wohnmobile unter hohen Bäumen. Top Sanitäranlagen und V/E Station. Bootsanleger und Busstation gleich vor dem Platz, Verbindung in die Stadt mit den Linien 6,8 oder 24, die Station heißt Verkehrshaus/ Lido. Ankunft von Juli-September bis 22 Uhr, ansonsten bis 20 Uhr möglich. WOMO bis 5 t inkl. 2 Personen CHF 41.-, Strom CHF 3.- bis 5.-, www.camping-international.ch
Zufahrt: westlich der Stadt an der Straße nach Küsnacht. Vor dem Verkehrshaus rechts zum See abbiegen.

Wollen Sie in **Luzern** nur einen kurzen Stopp zur Stadtbesichtigung einlegen, finden Sie am Alpenquai einen recht zentral gelegenen großen **Parkplatz** (tagsüber kostenpflichtig) mit Nachtparkverbot **GPS N 47° 2'49", E 8°19'04"**. Rechts durch die Parkanlage kommen Sie zur Badewiese, links am See entlang erreichen Sie in 10 min. den Bahnhof und den Bootsanleger im Zentrum.

Ein weiteres Strandbad hat es an der Warteggstraße **GPS N 47°02'27", E 8°19'37"**. Der Parkplatz ist groß genug für WOMOs, alle Plätze sind aber nur zeitbegrenzt zu belegen. Für einen längeren Aufenthalt in der Stadt bleibt Ihnen eigentlich nur der Camping. Luzern bietet Möglichkeiten für viele Tage, wir stellen Ihnen hier eine bunt gemischte Auswahl vor.

Altstadt und Kapellbrücke
Ein Bummel durch den alten Stadtkern an der Reuss, den mehrere Brücken überspannen, sollte man keinesfalls versäumen. Am dekorativsten ist die bereits im Jahr 1365 erbaute **Kapellbrücke**, die als Wahrzeichen Luzerns gilt. Sie ist die älteste gedeckte Holzbrücke Europas. 110 dreieckige Bilder, die im 16. Jahrhundert in der Zeit der Reformation für die katholische Kirche und ein gottesfürchtiges Leben warben, zierten den Dachstuhl im Innenbereich. Im August 1993 wurde die Brücke bei einem Brand stark beschädigt. Die Spuren der zügig erfolgten Restaurierung erkennt man am helleren Holz der erneuerten Bereiche. Das Feuer vernichtete auch einen großen Teil der alten Dreiecksbilder. Einige konnten restauriert werden, von anderen fertigte man Kopien.

Zwischen den Brücken am Ufer der Reuss reihen sich die Tische von **Cafés und Restaurants**. Nirgendwo sonst in der Stadt sitzt man schöner.

Museumspass Luzern

Wer außer dem Verkehrshaus weitere Museen besuchen möchte, sollte sich an der Touristeninformation oder am Bahnhof in Luzern den Museumspass besorgen. Für CHF 32.- pro Person kommen Sie damit an zwei aufeinanderfolgenden Tagen kostenlos in fast alle Museen Luzerns.

Das Verkehrshaus der Schweiz

Die Geschichte der Mobilität ist das Thema des beliebtesten Museums der Schweiz. Bahn, Straßenverkehr, Schifffahrt, Seilbahnen und Luft- und Raumfahrt füllen jeweils eine eigene Halle mit Exponaten. Eine alte Lockheed Orion und 30 weitere historische Flugzeuge, Rösslitram und Gotthardtunnel, ein Flugsimulator für Helikopter, ein altes Rheinfährschiff… Nicht nur Nostalgiker haben in Luzerner Verkehrshaus einen spannenden Tag.

Geöffnet täglich 10-18 Uhr, Eintritt CHF 30.-, Kinder bis 16 Jahre CHF 15.- oder Museumspass Luzern. Direkt neben dem Camping Lido. Große Parkplätze mit Nachtparkverbot. www.verkehrshaus.ch

Der Gletschergarten

Mitten in der Stadt entdeckte man bei Bauarbeiten mehrere tiefe Gletschermühlen und errichtete rund um das Naturmonument einen kleinen Park und ein spannendes Museum zur Erdgeschichte der Schweiz. Besonderes Highlight des Besuches ist das große Spiegelkabinett Alhambra, das nicht nur Kinder fasziniert.

Geöffnet täglich 9 - 18 Uhr, im Winter bis 17 Uhr, Eintritt CHF 15.-, Kinder 6-16 Jahre CHF 8.- oder Museumspass Luzern, vom Bahnhof mit den Buslinien 1,19,22,23 bis Löwenplatz, Denkmalstraße 4, www.gletschergarten.ch

Das Bourbaki-Panorama

Das Rundgemälde von Edourd Castres aus dem Jahr 1881 ist 112 Meter lang und zeigt die französische Armee des Generals Bourbaki beim Übertritt in die Schweiz. Die Szene stammt aus dem deutsch-französischen Krieg (1870/71). Die historischen Hintergründe des Werkes werden im Museum erklärt.

Geöffnet täglich 9-18 Uhr, im Winter bis 17 Uhr, Eintritt CHF 12.-, Kinder 6-16 Jahre CHF 7.- oder Museumspass Luzern. Vom Bahnhof mit den Buslinien 1,19,22,23 bis Löwenplatz, www.bourbakipanorama.ch.

Das Löwendenkmal

Der sterbende Löwe aus Stein erinnert an den Tod von 760 Soldaten der Schweizer Garde, die zu Beginn der französischen Revolution bei der Verteidigung des bereits verlassenen Königspalastes Ludwig XVI. (Tuileries) ihr Leben ließen.
Vom Bahnhof mit den Buslinien 1, 19, 22, 23 bis Löwenplatz

Kunstmuseum Luzern

Mit seiner Sammlung Schweizer Kunst von der Renaissance bis in die Gegenwart gehört das Luzerner Museum zu den wichtigsten Kunstmuseen der Schweiz. Ergänzt wird die Sammlung durch aktuelle Ausstellungen zeitgenössischer Künstler.

Geöffnet Di- SO 10-17 Uhr, Mittwoch bis 20 Uhr. Eintritt CHF 15.- ;-Kinder 6-16 Jahre CHF 6.- oder Museumspass Luzern. Zwischen Bootsanleger und Bahnhof, Europaplatz 1, www.kunstmuseumluzern.ch.

Besuch auf dem Drachenberg
Die Golden Tour um den Pilatus

Schroff und felsig ist der Gipfel des Pilatus und weit reicht der Blick von der Pilatus Kulm. Auf dem gut gesicherten Felsenweg können Sie von der Bergstation recht unkompliziert durch eine hochdramatische Felslandschaft wandern und erreichen nach einer Dreiviertelstunde das Tomlishorn. In der anderen Richtung erklettern Sie den Esel und in Fräng-

müntegg, der Mittelstation der Seilbahn nach Kriens, wartet der größte Seilpark der Zentralschweiz auf mutige Kletterer.

Eine attraktive Rundtour um den Pilatus ist der »Golden Tour« genannte Tagesausflug, den Sie von Kriens oder Alpnachstad beginnen können. Per Bergbahn fahren Sie auf den Gipfel des Pilatus. Zwischen Alpnachstad und dem Gipfel transportiert Sie die angeblich steilste Zahnradbahn der Schweiz, in Kriens steigen Sie erst in eine Gondel und wechseln an der Mittelstation in die Kabinenbahn. Schon der Blick auf den See bei der Auffahrt ist grandios. Wenn Sie dann auf dem Pilatus nicht nur im Gasthaus sitzen wollen, sollten Sie Bergschuhe und eine winddichte Jacke eingepackt haben und dem Felsenweg zum Tomlishorn folgen, bevor Sie auf der jeweils andern Bergseite wieder hinunterfahren. Von Kriens geht es per Tram zum Bahnhof und zum Bootsanleger in Luzern, und dann per Boot nach Alpnachstad. Vor allem außerhalb der Sommersaison sollten Sie den Fahrplan der Schiffe sorgfältig studieren. Alternativ erreichen Sie ihr Ziel auch mit der Bahn.

Wenn Sie aus Luzern kommen, beginnen Sie die Fahrt am besten in **Kriens**. Auf dem kostenpflichtigen Parkplatz mit Nachtparkverbot bei **GPS N 47°01‘45“, E 8°16‘43.25“** finden auch kompakte Wohnmobile einen Platz. Noch unkomplizierter starten Sie von der Talstation der Zahnradbahn in **Alpnachstadt** südlich von Luzern **GPS N 46°57‘20“, E 8°16‘42“** mit großen Parkflächen direkt an der Autobahn.

Edeltourismus der Belle Epoche Bürgenstock und Hammetschwandtlift

Ebenfalls ein attraktives Wanderziel ist der Bürgenstock genannte Bergrücken am südlichen Seeufer. Eine Reihe zerfallender Hotels aus der Belle Epoche erinnern an den Nobeltourismus des letzten Jahrhunderts. Zur Zeit wird restauriert und umgebaut. Auf dem Berg entsteht ein neues Resort der Luxusklasse. Ein weiteres Relikt aus dem letzten Jahrhundert ist der in die Steilwand gesprengte Felsenweg, der schon seit 1905 über den Bergrücken führt. Nach umfangreichen Instandsetzungen der Schäden, die der Sturm Lothar im Jahr 2001 auch hier hinterlassen hat, ist der Felsenweg seit 2013 wieder in seiner vollen Länge begehbar. Er

führt vom Bürgenstock zu einem weiteren spektakulären Baudenkmal: dem Hammetschwandlift. Ebenfalls seit 1905 in Betrieb ist er mit über 150 m noch heute der höchste Außenlift Europas. Seit seiner Sanierung im Jahr 1981 darf er sich auch wieder schnellster Außenlift nennen. Bei flotten 4 Metern pro Sekunde ist die aufregende Liftfahrt schnell vorbei.

Südlich des Vierwaldstätter Sees werden die Berge höher und wir nähern uns den ersten Viertausendern der Schweizer Alpen. Ganzjährig schneebedeckt überragt der **Große Titlis** alle Gipfel in seiner Nähe. Er ist unser nächstes Ziel. Über Stans fahren wir in Richtung **Engelberg**. Nach wenigen Kilometern finden Sie im Weiler **Grafenort** eine Möglichkeit zur freien Übernachtung. Weiter hinten im Tal auf dem Gemeindegebiet Engelberg besteht Nachtparkverbot für Womos. Dort bleibt Ihnen nur der Camping, der aber nicht die schlechteste Wahl ist.

(067) WOMO-Stellplatz: Grafenort

GPS: N 46°52'13", E 8°22'26", 570 m **max. WOMOs:** 1-2
Ausstattung / Lage: Ebener geschotterter Parkplatz oberhalb des Restaurants Grafenort.
Zufahrt: In Grafenort von der Kantonalstraße links hinauf.

(068) WOMO-Campingplatz-Tipp: Eienwäldli

GPS: N 46°48'35", E 8°25'24", 1031 m ganzjährig geöffnet
Ausstattung / Lage: komfortabler Camping mit parzellierten Stellplätzen. Sehr gepflegte Sanitäranlagen, Abenteuerspielplatz mit flachem See zum Spielen und Feuerstelle.
WOMO inkl. 2 Personen CHF 32.-, Strom CHF 3,00, Kurtaxe CHF 1,90, Telefon: +41 41 637 19 49, www.eienwaeldli.ch
Sonstiges: Wellnessanlage im benachbarten Hotel mit Felsenbad, Sauna und Massagen täglich von 10 - 21.30 Uhr, Tageskarte für Sauna und Bad CHF 30.-

Engelberg und der Große Titlis
Glescherspektakel mit Weltrang

In 16 Sprachen begrüßt man an der Talstation der Titlisseilbahn die Gäste, einige davon können wir nicht mal lesen. Oder sind ihnen japanische oder arabische Schriftzeichen geläufig? Die Besucher des Titlisgletschers kommen tatsächlich aus aller Welt. Wir fanden uns in der Gondel mitten in einer indischen Reisegruppe wieder und hatten echte Freude an den Fotoposen asiatischer Mitreisender vor den verschneiten Gipfeln. Oben am Titlis können Sie mit dem **Iceflyer**, einem hochmodernen Sessellift, über die Gletscherspalten fliegen und zur Saison 2013 wurde die gigantische Hängebrücke »**Titlis Cliff Walk**« über den Abgrund zwischen Gipfelstation und Iceflyer eingeweiht. Eine **Gletscherhöhle** und die üblichen Restaurants und Uhrengeschäfte runden das Angebot ab. Sie können sich aber auch ganz einfach auf dem gut präparierten **Fußweg** über den Gletscher bewegen und eintauchen in eine endlose Bergwelt aus Schluchten und schroffen Gipfeln. Der Weg führt in 30 min. zum **Aussichtspunkt Stotzig Egg**.

Der Weg auf den Titlis ist abwechslungsreich: eine kleine Gondel trägt uns bis zum Trübsee, dann geht es weiter mit der großen Luftseilbahn bis zum Stand. Dort steigen Sie um in den **Titlis Rotair**, der so heißt, weil er rotiert. Der Boden in der Kabine dreht sich, so dass die Aussicht während der Fahrt ständig wechselt. Aber keine Sorge, das Ganze passiert gemächlich, Sie begeben sich nicht auf eine Achterbahnfahrt. Auf dem Weg hinunter können Sie an der Zwischenstation **Trübsee** eine Runde um den See drehen (50 min.) und dabei im Alpstüble einkehren. Oder Sie leihen ein Ruderboot. Und wenn Sie die Seilbahn ins Tal schon an der Zwischenstation **Gerschnialp** verlassen, geht es die letzten Höhenmeter auf der Almstraße mit einem schicken **Trottinett** hinunter. Ihren Roller mieten Sie für CHF 7.- an der Bahnstation.

Der Walenpfad

Auch wenn es weniger Spektakel und mehr Berge sein sollen, werden Sie in Engelberg glücklich. Ursprüngliche Bergruhe finden Sie zum Beispiel an der Führenalp oder, wenn Sie bereits von Wolfenschiessen hinauffahren, auf dem 4-stündigen Höhenweg Walenpfad, der als einer der 12 schönsten Wanderwege der Schweiz prämiert wurde. Er führt vom Bannalpsee, der von Oberrickenbach mit der Bergbahn zu erreichen ist, nach Brunni oberhalb von Engelberg. Hinauf und hinab geht es mit der Bahn, so dass sich die Höhenunterschiede der Wanderung in Grenzen halten. Das Rundreiseticket mit Bergbahnen und Postbusretour kostet CHF 41.- pro Person.

Vier-Seen-Wanderung ins Melchtal

Eine beliebte Wanderung verbindet den Melchsee mit dem Trübsee am Fuße des Titlis. Vom Trübsee fährt man mit der Seilbahn auf den Jochpass und läuft hinunter ins Nachbartal, vorbei an Engstlensee und Tannensee zum Melchsee und mit dem Bus über Luzern zurück nach Engelberg. Ebenfalls sehr interessant ist der Ausflug in das Gebiet der drei Seen von der anderen Seite von der Engstlenalp (siehe Tour 6, Stellplatz 093)

Mit dem Womo ist der Weg ins **Melchtal** ein wenig weiter. Wir fahren zurück nach **Stans** und wählen die schöne Stecke auf der **nördlichen Seite des Alpnachsees**. Weiter geht es dann vor Sarnen links hinauf nach Kerns.

Ein Ausflug ins Melchtal
In Kerns biegen wir ab ins Melchtal. Am Ende der Straße trifft man auf die Seilbahnstation der **Melchseebahn**. Hier stehen Sie vor oder nach einer Bergfahrt wunderbar ruhig für die Nacht.

(069) WOMO-Wanderparkplatz: Stöckalp
GPS: N 46°48'15", E 8°16'43", 1080 m **max. WOMOs:** 4-5
Ausstattung / Lage: Großer ebener Parkplatz etwas unterhalb der Zufahrtsstraße, außerorts, am Waldrand, WC in der Seilbahnstation.
Zufahrt: Am Talende links der Straße.

Die beliebte Wanderung zwischen Engelberg und dem Melchsee haben wir bereits auf Seite 77 erwähnt. Da solche Aktionen in der Organisation immer etwas aufwändig sind, empfehlen wir am **Melchsee** auch einen netten Bergspaziergang um den See mit Abstecher zum romantischen **Blauseeli**. Sie können auch mit einem Minizug zum Tannensee fahren und von dort zurücklaufen. Auf der Hochebene am Melchsee gibt es außerdem einen Klettersteig, den **Fruttlisteig**. Klettersteigsets können gemietet werden. Anfänger sollten jedoch nur in Begleitung eines Bergführers losziehen. Die Berg- und Talfahrt zum Melchsee kostet CHF 30.- pro Person. www.melchsee-frutt.ch

Wir fahren durch das Tal zurück nach **Sarnen**, das als Ort wenig spektakulär ist, aber über einen Campingplatz am See verfügt.

(070) WOMO-Campingplatz-Tipp: Seefeldpark Sarnen

GPS: N 46°53'02", E 8°14'39" ganzjährig geöffnet

Ausstattung / Lage: Neu renovierter Camping auf großer schattenloser Wiese direkt am Seeufer und neben dem Strandbad. Das schicke Sanitärhaus ist an kühlen Tagen etwas zugig und bei voll besetztem Platz eher knapp geplant. V/E Anlage. WOMO inkl. 2 Personen CHF 42.- bis 54.-. Strom, Wifi und Schwimmbadeintritt sind dafür inklusive. Hunde in der Hochsaison verboten. Rezeption in der Nebensaison nur bis 17 Uhr (HS 20 Uhr). Quickstopp vor der Schranke 18.30 bis 9 Uhr, CHF 27.- bis 32.-, Kurtaxe 1,50, www.seefeldpark.ch

Zufahrt: Von Sarnen auf der östlichen Seeseite in Richtung Brüningpass fahren. Der Platz befindet sich südlich von Sarnen am Seeufer.

Ein Abstecher lohnt sich von Kerns zur schön platzierten **Wallfahrtskirche** von **Flühli-Ranft**. Der Parkplatz am Ortsrand unterhalb der Kapelle wäre auch als Übernachtungsplatz für maximal 1 Wohnmobil denkbar.

(071) Parkplatz an der Kapelle
GPS N 46°52'19", E 8°16'05".

Parkplatz an der Kapelle

Bruder Klaus und die Wallfahrtskirche von Flühli Ranft

Im Dorf Flüeli oberhalb von Sachseln steht das Geburtshaus des Schweizer Eremiten und Mystikers Niklaus von Flüe, der in der Schweiz unter dem Namen Bruder Klaus bekannt ist. Er lebte von 1417-1487. Die letzten 19 1/2 Jahre seines Lebens verbrachte er als Eremit in einer Klause über der Ranft, der Schlucht neben dem Dorf.

Er soll in dieser Zeit ohne Nahrung nur von Wasser gelebt haben. Die Kapelle und das Dorf sind heute ein Wallfahrtsort.

Immer am Seeufer entlang erreichen wir wenige Kilometer weiter **Giswil**, wo uns ein offizieller Platz für Wohnmobile erfreut.

(072) WOMO-Stellplatz: Giswil

GPS: N 46°49'57", E 8°10'45" **max. WOMOs:** 3
Ausstattung / Lage: offizieller Stellplatz, drei Plätze im Ortszentrum, kostenlos und reserviert für Womos. Direkt an der Passstraße und daher nicht ganz so ruhig.
Sonstiges: V/E kostenfrei am nahegelegenen Wertstoffhof. Vom Stellplatz über die Bachbrücke in Richtung Camping und gleich hinter der Brücke links. **GPS N 46°49'59", E 8°10'37".**
Zufahrt: Von der Kantonalstraße 4 am Kreisel rechts auf der Panoramastraße ins Zentrum von Giswil und in Richtung Glaubenbuelenpass. Die Stellplätze befinden sich im Zentrum rechts gegenüber der Kirche.

Darüber hinaus finden Sie in Giswil auch noch einen empfehlenswerten Campingplatz.

(073) WOMO-Campingplatz-Tipp: International Giswil

GPS: N 46°51'13", E 8°11'16" geöffnet von April bis Oktober
Ausstattung / Lage: direkt am See, schöne Plätze und gepflegtes Badeufer, Top-Sanitäranlagen, sehr engagiert geführt. V/E Anlage. WOMO inkl. 2 Personen CHF 42.-, Strom CHF 3.-, in der Nebensaison -20%, www.camping-international.ch
Zufahrt: Am südlichsten Zipfel des Sarner Sees. Zufahrt von Giswil beschildert. Von Sarnen einfach der westlichen Uferstraße folgen.

Wenn Sie vom Stellplatz der Panoramastraße in Richtung Berge folgen, sind Sie bereits auf dem richtigen Weg zu einer landschaftlich besonders attraktiven Runde ins **Entlebuch**, das auch gerne als der Wilde Westen von Luzern bezeichnet wird. Neben den landschaftlichen Reizen treffen Sie hier oben auf einige besonders attraktive Stellplätze.

Sarner See im Abendlicht

TOUR 5 (ca. 210 km / 2-4 Tage)

Luzerns wilder Westen –
Eine Runde durch das Entlebuch

Giswil – Glaubenbühlenpass – Sörenberg – Flühli Entlebuch – Glaubenbergpass – Sarnen – Lungern – Brünigpass – Meiringen – Innertkirchen

Freie Übernachtung:	Mörlialp, Glaubenbuelenpass, Sörenberg, Rossweid, Stellplatz Camping Rischli, Flühli, Heiligkreuz, Finsterwald, Glaubenbergpass, Sarnen, Ballenberg
Ver-/Entsorgung:	Giswil, Campingplätze
Campingplätze:	Lungern, Aaregg, Meiringen (2x)
Besichtigen:	Ballenberg, Aareschlucht
Wandern:	Gratweg am Rothorn, Emmeuferweg (2x), Brettlipfad Heiligkreuz

Von der UNESCO als schützenswerte Biosphäre anerkannt, ist das Entlebuch eine ländliche und nur sehr dünn besiedelte Region. Landschaftliche Höhepunkte sind das Ämmenmatt, die Auenlandschaft der Emme, und die rauen Berge zwischen dem Emmetal und den großen Seen bei Luzern. Unsere Runde führt über zwei kurvenreiche schmale Passstraßen und ist daher nur für kompakte Fahrzeuge geeignet.

Von Giswil über den Glaubenbülenpass
Die Auffahrt durch die Ausläufer des Ortes ist eng und an beiden Seiten mit Weidezäunen begrenzt. Entgegenkommenden Fahrzeugen kann man nur an den ausreichend vorhandenen Buchten ausweichen. Um die Begegnung von zwei großen Fahrzeugen zu vermeiden, ist für LKW und Busse die Fahrt von Giswil auf die ungeraden Stunden (ab 7, 9, 11... Uhr) eingeschränkt, von Sörenberg in Richtung Giswil gilt die Regelung umgekehrt: Mit einem größeren Wohnmobil wählen Sie die geraden Stunden. Nach den letzten Häusern am Hang wird die Straße wieder etwas breiter. Die Mörlialp ist eine erste Möglichkeit für einen Stopp.

(074) WOMO-Wanderparkplatz: Mörlialp
GPS: N 46°49'31", E 8°06'44" **max. WOMOs:** 2-3
Ausstattung / Lage: Großer Asphaltplatz, der sich von der Straße zur Alp mit Gasthof zieht. Spaziergang zum nahe gelegenen Merlisee möglich.
Zufahrt: rechts der Passstraße, Mörlialp ausgeschildert.

Nur wenige Kilometer weiter steht man auf der **Passhöhe** zwar nicht so geschützt, dafür aber mit weitem Blick hinüber ins Entlebuch. Wer sich die Beine vertreten will, läuft in einer knappen Viertelstunde den autofreien Fahrweg bis zur **Alp Glaubenbülen** mit schöner Gartenterrasse zur Einkehr.

Am Glaubenbülenpass

(075) WOMO-Wanderparkplatz: Glaubenbuelenpass
GPS: N 46°49'05", E 8°05'08", 1.570 m **max. WOMOs:** 2-3
Ausstattung / Lage: mit Bergblick auf der Passhöhe, außerorts
Zufahrt: an der Passhöhe

Kurvenreich geht es jetzt hinunter nach **Sörenberg** und schon bevor der Ort erreicht ist, finden wir an der Seilbahn Sörenberg, die ihre Fahrgäste auf das Rothorn transportiert, einen weiteren guten Übernachtungsplatz.

(076) WOMO-Wanderparkplatz: Rothornbahn Sörenberg
GPS: N 46°48'29", E 8°03'32" **max. WOMOs:** 3-4
Ausstattung / Lage: geschotterter ebener Platz an der Bergbahn, außerorts, WC während der Öffnungszeiten in der Station
Zufahrt: hinter der Passhöhe kurz vor Sörenberg

Wandern am Rothorn
Der Gratweg über den Arnihaggen

Die Luftseilbahn von Sörenberg ist sozusagen die Hintertür aufs Rothorn. Die meisten Gäste steuern den Gipfel von der anderen Seite an, wo die dampfbetriebene Zahnradbahn, die von Brienz heraufkommt, eine ganz

besondere Attraktion ist (siehe Tour 11 / Band 50 Schweiz West). Sörenberg bietet dafür eine auch für Wohnmobile entspannte Parkplatzsituation und eine deutlich preisgünstigere Bahnfahrt. Oben am Rothorn ist alles ziemlich steil, so dass sich kaum eine kurze Gipfelrunde anbietet. Wer richtig wandern will, ist hier jedoch genau richtig: Die Wanderung vom Rothorngipfel über den spektakulären Gratweg über den Arnihaggen, der einen grandiosen Blick über Thuner und Brienzer See bis hin zu den Bergriesen des Berner Oberlandes freigibt, ist eine der eindrücklichsten Touren der ganzen Region. Über die Hochgumme geht es dann weiter nach Schönbuel und von dort zurück nach Sörenberg. Für über 1100 Höhenmeter und 6,5 Wegstunden braucht es allerdings solide Erfahrung und eine gute Kondition sowie die passende Ausrüstung. Kürzer, aber nicht halb so interessant, ist der direkte Abstieg über Eisee und Emmensprung zur Talstation.

Wenig weiter unten könnte man auf den großen Parkflächen an der Seilbahn auf die Rossweid, die nur im Winter wirklich benötigt werden, erneut einen Stellplatz finden. Fährt man ganz bis hinten hinein, steht man weit von der Straße entfernt, aber nicht ganz so einsam wie an der Seilbahnstation.

(077) WOMO-Wanderparkplatz: Gondelbahn Rossweid

GPS: N 46°49'18", E 8°02'01"
max. WOMOs: 3-4
Ausstattung / Lage: riesiger ebener Parkplatz am Ortsrand
Sonstiges: An der Bergstation der Rossweid wartet der Moorwasserpark Mooraculum mit Moorrundwegen und Erlebnisstationen zum Riechen, Fühlen und Planschen auf junge Besucher. Im Family-Pass für CHF 50.- ist die Bergbahn und eine Fahrt mit der Sommerrodelbahn für alle Familienmitglieder enthalten.

Am Ortsende von **Sörenberg** treffen Sie dann noch auf einen offiziellen Stellplatz für Wohnmobile vor dem örtlichen Camping. Der Übernachtungspreis liegt bei CHF 6.- + CHF 3.- Kurtaxe pro Person. Es gibt schönere Plätze als diese Schotterfläche neben der Durchgangsstraße, dafür sind Sie zu Fuß in wenigen Minuten im Dorf **(078) WOMO-Stellplatz Camping Rischli, GPS N 46°49'32", E 8°01'32"**.

Wenige Kilometer weiter passieren Sie das Ortsschild von **Flühli.** Der Ort ist Ausgangpunkt für mehrere spannende Wanderungen. Unterkunft finden Sie auf dem örtlichen Camping – allerdings nur mit kleineren Womos. Für größere Fahrzeuge ist die kleine Campingwiese neben dem Spielplatz wenig geeignet. Eine Alternative bietet der Parkplatz an der Emme – als Startpunkt für eine der Wanderungen oder zum Übernachten nach der Einkehr im stilvollen Kurhotel Flühli.

(079) WOMO-Campingplatz-Tipp: Flühli

GPS: N 46°52'35", E 8°00'52" ganzjährig geöffnet
Ausstattung / Lage: Campingwiese neben einem Dauercamperplatz, zum Check-In muss man sich außerhalb der Saison telefonisch bei den Platzwarten Anton und Edith Distel-Stalder anmelden: 041 488 16 70
Zufahrt: Im Ort links, beschildert

(080) WOMO-Wanderparkplatz: Flühli

GPS: N 46°52'57", E 8°00'55" **max. WOMOs:** 1
Ausstattung / Lage: Ebener Parkplatz am Uferweg, kleiner Wasserspielplatz, Gasthof Kurhaus Flühli gegenüber, öffentliches WC an der Kirche, im Ort, Postbushaltestelle, Gasthof und Bäckerei ca. 100 m entfernt.

Zwischen Kuhglockenbimmeln und Emmerauschen Der Emme-Uferweg von Klussboden nach Flühli

2 Stunden mit Postbustransfer,
Abstecher zur Kneipp-Anlage zusätzlich 50 min Gehzeit

Zwischen Klussboden und Flühli frisst sich die Emme durch eine tiefe Schlucht, Lammschlucht genannt. Der Pfad an ihrer Seite verläuft weiter oben, so dass Sie auf der ersten Hälfte des Weges von der Emme nur ein Rauschen hören. Ab und zu senkt sich der Weg ab und gibt einen Blick hinunter zum Wasser frei, nur um gleich darauf mit vielen Stufen wieder auf höheres Niveau zurückzukehren. Ein Spaziergang ist die Sache also nicht... Wenn Sie sich aber von der Vorstellung eines Uferweges befreien, erwartet Sie ein schöner, abwechslungsreicher Pfad durch ein ungewöhnlich schönes Tal.

Der Weg: Von Flühli nehmen Sie den stündlich fahrenden Postbus (Abfahrtszeit 2013 immer 6 Minuten nach der vollen Stunde). Die Haltestelle befindet sich im Ortszentrum gleich vor der Bäckerei und der Post. 10 Minuten später steigen Sie an der Station Klussboden aus und laufen an der Straße gute 100 m zurück, bis links der markierte Emmeuferweg abzweigt. Dabei kommen Sie an der Entle-

bucher Spezialitäten-Käserei vorbei und wenn Sie vor dem Start auf einen Sprung in der Bäckerei waren, haben Sie jetzt Ihr Picknick für unterwegs beisammen. Links hinauf laufen wir auf einer schmalen Fahrstraße bis zur Kapelle neben dem Bauernhof Klusstalden. Wenig später verlässt der Wanderweg die Straße und es geht rechts hinunter. Ein schmaler Wiesenweg führt am Waldrand entlang über Kuhweiden, Brücken und Treppchen, mal näher am Fluss, der weit unten durch die Felsschlucht sprudelt, mal weiter weg. Am Ende der Schlucht laufen wir links hinunter, überqueren die Emmebrücke und steigen hinauf zur Straße. Auf der anderen Seite der Straße geht es weiter, jetzt entspannt eben und geradeaus in das Tal hinein. Links beeindrucken wilde Felsformationen, darunter schmücken schöne Höfe die Landschaft. Erst kurz vor Flühli wechselt der Weg die Flussseite. Am Parkplatz eines Autohändlers geht es wieder durch eine Kuhweide hindurch und kurz vor Flühli noch einmal steil hinauf. Wer mag, kann hier statt zurückzulaufen, auf den Kneipprundweg wechseln. Links hinauf sind wir in einer guten halben Stunde an der schönen Anlage mit Tretbecken im kleinen See, Barfußpfad und Sonnenliegen. Eintritt CHF 5.-, Kinder CHF 3.-. Folgt man dem Rundweg weiter, kann man kurz darauf den Rückweg abkürzen und auf einer schmalen Straße in 15 min zum Dorf zurückkehren.

Wenn Sie noch nicht dort vorbeigewandert sind, nutzen Sie die Gelegenheit, sich in der **Entlebucher Spezialitäten-Käserei** einen Vorrat für die nächsten Tage zuzulegen, bevor Sie von

Die Kneippanlage von Flühli nutzt das kühle Wasser eines kleinen Bergsees

Entlebuch über den **Glaubenbergpass** zurück zum Vierwaldstätter See gondeln. Schon wenige Kilometer weiter holt Sie in Schüpfheim die Zivilisation ein. Wenn Sie darauf noch gar keine Lust haben, verlassen Sie gleich dort die unromantische Kantonalstraße, um rechts zur **Wallfahrtskirche Heiligkreuz** hinauf zu fahren.

Gipfelblick vom Heiligkreuz
Eine Bergtour mit dem Wohnmobil

Eine schmale Straße windet sich zwischen Weiden und einzeln stehenden Häusern etwa 6 km den Berg hinauf bis zum Platz vor der großen weißen Kirche, die am perfekten Aussichtsplatz am Hang gebaut ist. Davor ein großer Parkplatz mit Spielplatz und ein Gasthof. Fährt man noch 200 m weiter, erlaubt eine zweite Parkfläche auch eine Übernachtung.

(081) WOMO-Wanderparkplatz: Heiligkreuz

GPS: N 46°56'51", E 8°02'59" **max. WOMOs:** 1-2
Ausstattung / Lage: ebener Parkplatz am Ortsrand, öffentliches WC am vorderen Parkplatz an der Kirche. Gasthof neben der Kirche
Zufahrt: Von Schüpfheim nach Heiligkreuz und an der Kirche rechts.

Waldmeditation auf dem Brettlipfad
Der Seelenweg von Heiligkreuz

Seelenpfad ca. 1h, Barfußweg + 45 min
Vorsicht! Bei Regen wird der Holzsteg gefährlich rutschig!
Läuft man an der Kirche vorbei wenige Meter die Straße zurück, markiert eine Tafel den Einstieg in zwei schöne Wege in der Nähe des Ortes. Eine Schnecke zeigt uns den Weg und das passende Tempo zum Seelenpfad, der sich durch den urwaldähnlichen Forst unterhalb des Ortes zieht. Ein durchgehender Holzsteg führt zu ruhigen Sitzplätzen zwischen grün bemoosten Stämmen, Farn und Blaubeeren und lädt ein

zur Besinnung. Verlassen Sie am Ende der Waldrunde den Steg und folgen dem Naturweg zum Gesundheitspfad, können Sie wenig später ihre Schuhe ablegen und barfuß durch den Wald laufen. Der Rückweg nach Heiligkreuz ist am Ende des Barfußweges markiert.

Zur Weiterfahrt geht es ein kurzes Stück auf bekanntem Weg wieder hinunter und dann in Richtung **Hasle**, wo wir auf der breiten Kantonalstraße landen. Gerade rechtzeitig für einen weiteren Stopp an der Kleinen Emme, der vor allem mitreisende Kinder erfreuen wird. Im Ort links in Richtung Station (Bahnhof) abbiegen und am Bahnhof vorbei hinunter zur Emmebrücke fahren bis zum Parkplatz bei **GPS N 46°58‘51“, E 8°02‘44“.** Von hier laufen sie ca. 5-10 min zum **Grill- und Spielplatz** mit Kiesufer am Fluss.

Kurz darauf erscheinen vor uns die ersten Häuser des Ortes **Entlebuch.** Auch dieser ist durch und durch unspektakulär, ist aber der Ausgangspunkt für eine schöne Wanderung am Ufer der Kleinen Emme. Ein Faltblatt mit der Wegbeschreibung bekommen Sie in der Bäckerei in der Ortsmitte, in der auch die örtliche Information untergebracht ist.

Wasserweg Kleine Emme

Der Emmeuferweg beginnt in Luzern und führt bis zu ihrer Quelle in der Nähe des Glaubenbuelenpasses. Der Lehrpfad Wasserweg Kleine Emme informiert zwischen Wolhusen und Hasle über Tiere, Pflanzen und Wasser im Fluss. Der Bereich zwischen Wolhusen und Entlebuch gilt als der schönste Teil

des Weges. Wenn Sie bereit sind, eine gute halbe Stunde auf der Straße durch **Wolhusen** und das vor dem Ort liegende Gewerbegebiet zu laufen, können Sie von Entlebuch aus mit dem Zug (fährt alle 30 min) nach Wolhusen fahren und von dort zum Womo, das so lange am Bahnhof in Entlebuch unterkommt, zurücklaufen. Dazu rechnen Sie eine Gehzeit von 2h 30 min. Den wirklich schönsten Teil des Weges finden Sie zwischen Entlebuch und der Chapellbodenbrücke, wo aber leider keine Bahn hält. Entweder Sie steigen an der Brücke in den Bus nach Wolhusen und dort in die Bahn, oder Sie kehren einfach um und sind dann auch 2,5 h zu Fuß unterwegs – und das nur in allerschönster Natur...

Der Emmeuferweg zwischen Entlebuch und der Chapellbodenbrücke

Am Bahnhof finden Sie eine Reihe kostenpflichtige Parkplätze (Tageskarte CHF 4.-), und nachdem Sie Ihre Platznummer am Automaten am Bahnhofsgebäude eingegeben und bezahlt haben, laufen Sie zurück zum unteren Parkplatzende. Hier führt der Wanderweg hinunter zur Emme. Es geht eine Treppe hinunter zum Fluss und dann direkt an der Felswand entlang. Kurz darauf stehen wir am ersten Grillplatz mit mehreren Picknicktischen, Feuerstelle und Holzlager. Mal direkt am Fluss, mal etwas

darüber geht es weiter – meist auf einem schmalen Pfad durch den Uferwald. Kurz vor einer Ansiedlung schlägt der Weg einen Bogen an einer Weide entlang und zu einem schön angelegten Biotop. Dahinter kommt der spannendste Wegabschnitt. Ein weiterer Feuerplatz am Ufer gibt Möglichkeit zur Rast und wenige Minuten weiter – dort wo eine Brücke über einen Zufluss mit kleinem Wasserfall führt, finden wir an dessen Mündung eine erste Stelle mit dicken Nagelfluhfelsen im Wasser. Ein zweiter noch etwas dramatischerer Platz befindet sich kurz vor der Brücke und hinter dem Zughäuserl, wo wir etwas zu trinken und Snacks kaufen können. Dort oder spätestens an der ersten Autobrücke kehren wir um. Neben der Brücke befindet sich auch eine Postbushaltestelle, der Bus fährt aber leider nicht nach Entlebuch.

Von Entlebuch über den Glaubenbergpass zum Sarner See
Auf schmaler, aber immer leicht von zwei Fahrzeugen passierbarer Route fahren wir erst nach **Finsterwald** hinauf, wo nach 6 km ein schöner Grillplatz ein gutes Nachtquartier bietet.

(082) WOMO-Picknickplatz: Bohrplatte Finsterwald
GPS: N 46°58'29", E 8°06'43" **max. WOMOs:** 3-4
Ausstattung / Lage: Riesiger asphaltierer Parkplatz mit Spielplatz und großer Grillstelle, Informationstafel über die Erdgasförderung im Entlebuch.
Zufahrt: Am Ortseingang von Finsterwald links dem Hinweis zum Parkplatz und zum Langlaufzentrum folgen.

Hinter Finsterwald ist die Straße ab dem ersten Schneefall gesperrt, im Sommer aber leicht passierbar. Kurve um Kurve geht es weiter in ein grünes Tal hinein. Um uns herum ragen Berge in allen Formen in den Himmel und wir warten gespannt, an welcher Stelle die Passstraße wohl aus dem Tal hinausführen wird. Auf dem **Weh** passieren wir den Gasthof Gfell und ca. 200 m weiter einen übernachtungstauglichen großen Schotterplatz neben der Straße **(083) GPS N 46°57'06", E 8°07'40".** Schöner stehen Sie noch ein paar Kilometer weiter an der Passhöhe. Das zugehörige Beizli ist aber nur bei Ausflugswetter geöffnet.

(084) WOMO-Wanderparkplatz: Glaubenbergpass
GPS: N 46°53'35", E 8° 6'26.32"**max. WOMOs:** 3-4
Ausstattung / Lage: ebene Parkfläche auf der Passhöhe, im Sommer WC-Wagen und Imbiss, markierte Wanderwege und toller Ausblick.
Zufahrt: auf der Passhöhe

Von hier geht es in großen Kehren zügig wieder hinunter. Am **Gasthof Langis** ermöglicht ein großer Parkplatz einen Übernachtungsstopp mit Einkehr. **GPS N 46°53'34", E 8°07'31".** Der Blick auf die Bergspitzen wird mit jeder Kehre besser und irgendwann sieht man dann auch den Sarner See weit unten im Tal glitzern. Damit auch die Fahrerin oder der Fahrer den Blick in Ruhe genießen kann, gibt es Plätze wie den bei **GPS N 46°52'47", E 8°08'47"**. Zwei Bänke und eine Parkbucht in einer Straßenkehre ermöglichen einen entspannten Halt.

Jetzt ist es nicht mehr weit zum See, und an der Ortseinfahrt von **Sarnen** begrüßt uns erst mal ein großer Parkplatz.

(085) WOMO-Stellplatz: Sarnen

GPS: N 46°53‘56.28“, E 8°14‘42.49“, 761 m , Schwanderstraße
max WOMOs: 2-3
Ausstattung / Lage: Am Parkplatzrand Plätze direkt am Fluss. Gebührenpflichtig. Am Ortsrand gelegen. Ort in Sichtweite. Parkzeit max. 48 h.
Zufahrt: Von Sarnen in Richtung Glaubenbergpass, Parkplatz am Stadtrand rechts der Schwanderstraße.

Von Sarnen ins Haslital

Am Ufer von Sarner und Lungernsee entlang wechseln wir über den Brünigpass ins bergige Berner Oberland. Hier haben Sie »Anschluss« an die Touren 10 und 11 des Bandes Schweiz West und treffen dann in Innertkirchen auf unsere Pässerunde (Tour 6)

Auf dem **Brünigpass** und am **Lungernsee** sind Übernachtungsplätze rar. Der Campingplatz in Lungern bietet das einzige Quartier weit und breit. Der See gilt als Anglerparadies und Lungern hat eine unbekannte, aber außergewöhnlich schöne Kirche. Die große touristische Aufmerksamkeit wird hier wohl auch in Zukunft vorbeirauschen. Dafür finden Sie hier einen ruhigen Platz am See, ein kleines Strandbad und eine Bergbahn, die Sie auf den Grat zwischen Brienzer Rothorn und Wilerhorn transportiert.

(086) WOMO-Campingplatz-Tipp: Obsee, Lungern

GPS: N 46°47‘06“, E 8°09‘07“ ganzjährig geöffnet
Ausstattung / Lage: Am Ortsrand und direkt am See. Viele Dauercamper, aber nette Wiese für Wohnmobile direkt am Seeufer. Restaurant Obsee am Platzeingang. Die Bergbahn zum Schönbuel befindet sich in Fußentfernung. V/E-Station mit Bodeneinlass für Grauwasser. WOMO inkl. 2 Personen CHF 30.- – 33.-, Strom CHF 3.-, Luxusplätze für Womos am See CHF 40.-, Wifi inkl., www.obsee.ch

Hinter dem Brünigpass führt unsere Route links nach Meiringen. Einen kurzen Abstecher in die andere Richtung lohnt hier das **Freilichtmuseum Ballenberg**.

Ein Tag in ländlicher Idylle

Auf dem ausgedehnten Museumsgelände von Ballenberg gruppieren sich authentisch eingerichtete Originalhäuser aus 6. Jahrhunderten zu lebendigen Grüppchen, in denen jeweils die typische Architektur einer Schweizer Region dargestellt wird. Ballenberg ist weit davon entfernt, ein langweiliges Museum zu sein, das komplette Gelände ist von Leben erfüllt: Es werden Würste gemacht und Brot gebacken, Kräuter und Getreide gepflanzt und verarbeitet und über den Wiesen liegt der Duft von frischem Heu. In den Pferchen suhlen sich Schweine, in den Ställen leben Hühner und Kaninchen und die Weiden werden von Schafen, Ziegen und Eseln bevölkert.

Öffnungszeiten: von Mitte April bis Ende Oktober täglich von 10 – 17 Uhr. Eintritt CHF 22.- pro Person, Familientarif (Eltern mit allen eigenen Kindern) CHF 50.-. Rechnen Sie mindestens einen halben Tag für den Besuch des riesigen Geländes. Parktarif CHF 5.-. Den Parkplatz Ballenberg West finden Sie bei **GPS: N 46°45'05", E 8°04'45".**

Einen sehr schönen komfortablen Campingplatz direkt am See gibt es ganz in der Nähe.

(089) WOMO-Campingplatz-Tipp: Camping Aaregg

GPS: N 46°44'52", E 8°02'58", 566 m geöffnet 1. April – 31. Oktober
Ausstattung / Lage: in Alleinlage auf schönem Gelände mit vielen Bäumen am oberen Ende des Brienzer Sees, 220 Plätze, davon 35 in grandioser Lage direkt am Seeufer, 5 Sterne-Ausstattung, Restaurant und Spielplatz, Womo inkl. 2 Personen auf 80 m² Standardparzelle CHF 29-44.- je nach Saison, für die Seeplätze berechnet man Preise zwischen CHF 35.- und 59.- (inkl. 2 Personen)
Zufahrt: Südlich von Kienholz auf einer Halbinsel im See. Abzweig von der Ortsdurchfahrt in Kienholz ausgeschildert.

Auch der nächste Ort **Meiringen** hält ein sehenswertes Ziel für Sie bereit. Die Schlucht der Aare zwischen Meiringen und Innertkirchen ist ein grandioses Schauspiel aus Wasser und Fels. Wollen Sie nicht in Meiringen übernachten, empfiehlt sich der untere Schluchtzugang im Ort. Dazu biegen Sie am Ortsende im Ortsteil mit dem schönen Namen Schattenhalb links ab. Die Straße führt am Aareufer entlang und endet

am Schluchteingang. Am Straßenrand sind quer zur Fahrtrichtung Parkplätze angeordnet **GPS N 46°43'13", E 8°12'10"** (Nachtparkverbot). Für Übernachtungsgäste bietet der Camping Aare-Schlucht (Stellplatz 091) den besten Zugang zur Schlucht.

Die Aareschlucht

Die Holzstege der Aareschlucht führen nahe am tosenden Wasser an der Felswand entlang und durch mehrere finstere Tunnel. Die Schlucht ist wirklich spektakulär und daher immer gut besucht. Am jeweils anderen Schluchtende drehen Sie um oder steigen zur Rückfahrt in den Zug. Da die Angelegenheit auch an Sonnentagen leicht feucht ist, empfiehlt sich eine Regenjacke. Der Ausflug in die Schlucht ist aber auch an weniger freundlichen Tagen ein Erlebnis. Nass werden Sie ja sowieso...

Das Kombiticket für Schlucht und Bahnfahrt kostet CHF 11.-. Gehzeit durch die Schlucht: einfach ca. 30-45 min. Geöffnet von April bis Ende Oktober 8 bis 17.30 Uhr. Eintritt CHF 7,50.
Von Mitte Juni bis Mitte Oktober wird die Schlucht abends beleuchtet, so dass Sie vom Eingang Meiringen bis 22 Uhr hinein können.

Das Ende eines Superhirns – Sherlock Holmes am Reichenbachfall

Ein weiteres sehenswertes Ziel in Meiringen ist der siebenstufige Reichenbachfall, der einen guten Teil seines besonderen Renommées dem Schriftsteller Arthur Conan Doyle zu verdanken hat. Dieser ließ nämlich an diesem Ort seinen Romanhelden Sherlock Holmes zur letzten Reise antreten. Beim Kampf mit einem Widersacher stürzen die Kontrahenten von der Aussichtsplattform mit dem Wasser ins Tal. Für schlappe CHF 10.- chauffiert Sie die nostalgische Standseilbahn an den Ort, der Doyle vor vielen Jahren so nachhaltig beeindruckt hat.

Biegen Sie in Schattenhalb statt rechts zur Aareschlucht links ab, landen Sie auf dem Parkplatz der Reichenbachfallbahn ***GPS N 46°43'13", E 8°11'16"****, die zwischen 9 und 17.45 Uhr alle 15 Minuten zur Bergfahrt startet (Mittagspause 11.45 bis 13.15 Uhr).*

Wer direkt in Meiringen einen Schlafplatz sucht, hat zwei große Campingplätze zur Auswahl. Auf allen Parkplätzen gilt Nachtparkverbot. Uns hat der Camping Balmweid besser gefallen. Der Alpencamping Meiringen ist auf einer baumfreien Wiesenfläche am Ortsrand platziert und zudem auch noch deutlich teurer.

(090) WOMO-Campingplatz-Tipp: Balmweid / Meiringen

GPS: N 46°43'33", E 8°10'14", 598 m **Öffnungszeiten:** ganzjährig
Ausstattung / Lage: etwas außerhalb von Meiringen im Grünen, schöne Plätze auf bunt bewachsenem Gelände, gepflegte Anlage mit Mini-Pool, Restaurant und Kiosk, Womo inkl. 2 Personen je nach Womogröße CHF 26 – 32.-, Strom 4,50, Telefon +41 33 971 51 15, www.camping-meiringen.ch
Zufahrt: Von Innertkirchen kommend auf der 6 an Meiringen vorbeifahren, am Kreisel am Ortsende links zum Camping.

Östlich von Meiringen am oberen Eingang der Schlucht finden Sie außerdem den bereits erwähnten Camping Aareschlucht.

(091) WOMO-Campingplatz-Tipp: Aareschlucht

GPS: N 46°42'33", E 8°12'53", 645 m ganzjährig geöffnet
Ausstattung / Lage: Wiesenplatz oberhalb der Aare, schöne Stellplätze, gute Sanitäranlagen und sehr freundliche Besitzer. 5 Minuten Fußweg zum östlichen Eingang der Aareschlucht. Wegen der oberhalb des Platzes vorbeiführenden Straße nicht ganz so ruhig. Womo inkl. 2 Personen CHF 24.-, Strom CHF 3.-, Kurtaxe CHF 1,80, Telefon +41(0)33 971 27 14, www.camping-aareschlucht.ch
Zufahrt: Zwischen Innertkirchen und Meiringen rechts der Kantonalstraße 6.

TOUR 6 (ca. 195 km / 2-4 Tage)

Über alle Berge
Fünf Alpenpässe im Zentrum der Schweiz

Sustenpass – Gotthardpass – Nufenenpass – Furkapass – Grimselpass

Freie Übernachtung:	Engstlenalm, Steingletscher, Sustenpass, Gotthardpass (3x), Airolo, All'Aqua, Nufenenpass, Gletsch, Furkaspass, Grimselpass (2x), Oberaarsee
Ver-/Entsorgung:	Campingplätze
Campingplätze:	Innertkirchen (2x), Gadmen, Ulrichen
Besichtigen:	Rhonegletscher und Eishöhle, Schaukraftwerk Grimsel
Wandern:	Engstelnalm, Triftgletscher, Gletscherpfad Steingletscher, Gotthardpass, Grimselpass, Oberaarsee
Erlebnis:	Bahnfahrt Furkapass

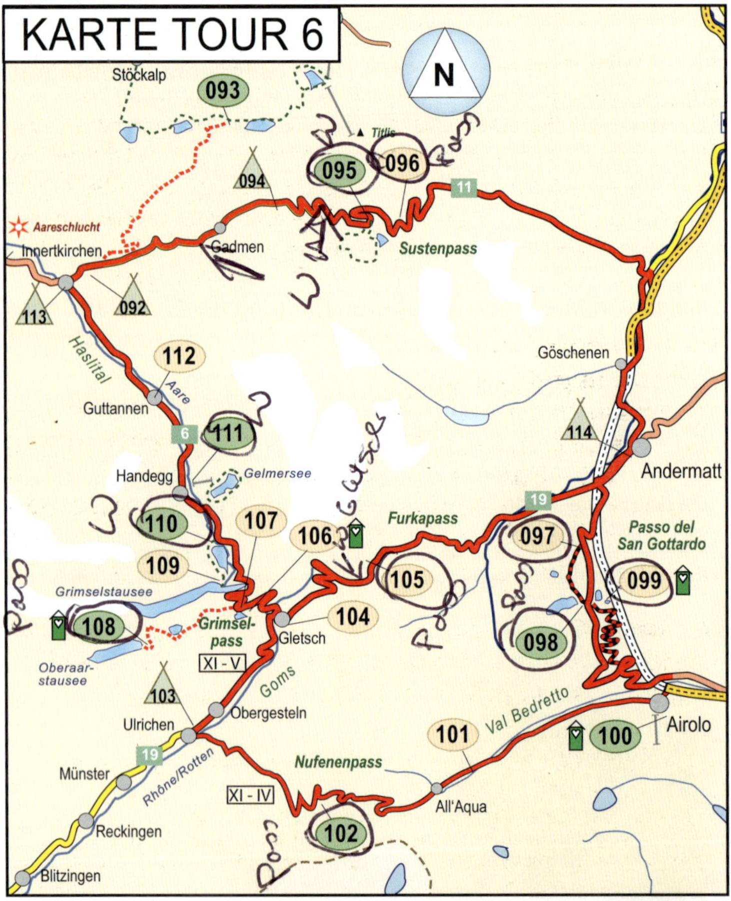

Das Zentrum der Schweiz ist bergig. So knäulen sich zwischen Berner Oberland, Wallis, Tessin und Zentralschweiz auf engstem Raum fünf der großen Schweizer Alpenpässe. Dieser Verkehrsknotenpunkt mitten im Land ist speziell: zwischen Spätherbst und Frühsommer bricht die Straßenverbindung im Zentrum des Landes ab. Der Oberalp- und der Furkapass sind dann nur noch mit auf dem Zug verstauten Auto passierbar und den Gotthard durchfahren die meisten sowieso im Tunnel. Die übrigen Strecken bleiben komplett gesperrt. Diese Tour funktioniert also nur im Sommer. Je nach Schneelage sind die meisten Pässe etwa ab Anfang Juni wieder befahrbar. Sie können diese Runde tatsächlich als Runde fahren und werden dann abends mit müden Armen und starken Eindrücken aus dem Womo klettern – besser zu verdauen sind die aufregenden Bergfahrten in etwas kleineren Portionen. Nutzen Sie den Verkehrsknotenpunkt als Verbindung zwischen den einzelnen Regionen und den verschiedenen Touren im Buch.

Über den Susten (2.224 m)
Fahrt durch grüne Berge

Die Straße über den Sustenpass ist eine der weniger frequentierten Strecken durch die Schweizer Berge, da sie diese nicht in Nord-Süd, sondern in Ost-West Richtung überquert. Landschaftlich ist die Strecke ausgesprochen schön. Gute Stellplätze und mehrere schöne Wanderungen machen sie zum nachhaltigen Erlebnis.

Von **Innertkirchen** kurven Sie in auf guter Straße hinauf zum Ortsteil Wyler, wo rechts der Straße auf einer Wiese die Stellplätze des Bauernhofcamping Wyler zu finden sind.

(092) WOMO-Campingplatz-Tipp: Bauernhof Wyler

GPS: N 46°42'26", E 8°14'29"
Lage: schattenlose Wiese mit Bergblick am Ortsrand, Gasthof gegenüber. WOMO inkl. 2 Personen CHF 26.- bis 28.-, Strom CHF 2.-
Zufahrt: Von Innertkirchen ca. 2 km in Richtung Sustenpass im Ortsteil Wyler.

Kurz hinter Wyler führt links eine enge Mautstraße hinauf zur Engstlenalm...

Ein Abstecher ins Gental

Nach den ersten Kehren auf der schmalen Straße im Wald kommen wir zum **Gasthof Wagenkehr,** wo eine Schranke quer über die Straße den Beginn der Mautstraße markiert. Hier zahlen wir eine Gebühr für die Passage (CHF 8.- bis 3,5 t, CHF15.- für schwerere Fahrzeuge), wenn Sie am gleichen Tag wieder hinunterfahren, und ca. CHF 15.-, wenn Sie am Parkplatz der Engstlenalm übernachten wollen. Ist das denn eine Frage? Natürlich wollen wir...

(093) WOMO-Wanderparkplatz: Engstlenalm

GPS: N 46°46'31", E 8°20'44", 1.842 m **max. WOMOs:** 5-6
Ausstattung / Lage: ebener geschotterter Parkplatz auf der Alp zwischen Schaukäserei, Hotel und der urigen Rossbodenhütte (siehe unten), WC in der Käserei.
Zufahrt: Der Mautstraße bis zum Ende folgen.

Ein Spaziergang zum Engstlensee und weiter...

Keine zehn Minuten laufen Sie vom Parkplatz zum idyllisch zwischen die Berge gebetteten **Engstlensee,** an dessen Ufer sich uralte Arven entschlossen in die Uferböschung krallen. Den See können Sie nicht nur zu Fuß, sondern auch mit dem Ruderboot erkunden. Oder Sie laufen am Ufer entlang hinauf zur Talstation der Jochbergbahn und lassen sich zügig zum Pass tragen, um auf der anderen Seite zum Trübsee und zum Titlisgletscher hinüberzuschauen. Eine schöne Runde über den **Jochpass** finden Sie z.B. bei den empfohlenen Genusswandertouren Berner Oberland (Tour 7). In der anderen Richtung geht es zum **Tannen- und zum Melchsee**. In einer guten Stunde laufen Sie hinauf zur Tannalp. Von dort könnten Sie auch mit dem Fruttli-Zug, einer schienenfreien Minibahn, zum Melchsee weiterfahren. Sie fährt im Sommer und Herbst zwischen 9 und 16 Uhr je nach Andrang im 1-2-Stundentakt und startet von der Tannalp ab 9.30 Uhr. (Einfache Fahrt CHF 10.-, retour CHF 15.-)

Nach dem Abstecher ins Gental fahren wir weiter in Richtung Sustenpass. Auf halbem Weg passieren wir die Station einer Seilbahn. Auf dem Parkplatz bei **GPS N 46°43'15", E 8°19'05"** gilt Nachtparkverbot, aber die Wanderung von der Bergstation zur Triftbrücke ist so interessant, dass sie hier trotzdem Erwähnung findet.

Die Nepalbrücke über dem Gletschersee

Die 170 Meter lange Hängebrücke über den Triftgletscher wurde 2004 als Zugang zur weiter oben in den Bergen gelegenen Trifthütte errichtet. Der abschmelzende Gletscher machte den Zugang immer schwieriger. Die Brücke schafft Abhilfe und ist zudem ein äußerst attraktives Wanderziel. Von der Bergstation der Trift-Seilbahn erreichen Sie die den Gletschersee in 1,5h (540 hm). Wenn Sie den Rückweg über die Windegghütte wählen, ist von Mitte Juni bis Mitte Oktober auch eine Einkehr möglich. Karte und Routenbeschreibung finden Sie unter **http://trift.ch** oder im empfohlenen Wanderbuch „Genusswandern Berner Oberland". Betriebszeiten der Bergbahn 9-17 Uhr, Ticket hin+ retour CHF 22.-. Um Wartezeiten vorzubeugen, können Sie die Karten bereits am Vortag in der Information in Innertkirchen erwerben. In die Gondel passen nur 8 Personen.

Die Fahrt geht weiter durch ein grünes Tal mit vielen Felsen, links unten plätschert ein Fluss, Häuser und Höfe werden weniger. Im Dörfchen **Gadmen** treffen wir auf einen besonders schön gelegenen einfachen Campingplatz.

(094) WOMO-Campingplatz-Tipp: Camping Gadmen

GPS: N 46°44'17", E 8°21'43"
geöffnet Mitte Mai - September
Ausstattung / Lage: Schöne Stellplätze am Hang unter alten Bäumen, Restaurant Wendenstübli mit Pizzeria am Platz, WOMO inkl. 2 Personen CHF 20.- bis 25.- (je nach Fahrzeuggröße), Anmeldung im Restaurant, keine V/E, Telefon +41 (0)33 975 12 30, www.camping-gadmen.ch
Zufahrt: Am Ortsende von Gadmen rechts der Straße.

Danach zieht sich die Straße in Kehren hinauf. Es gibt mehrere Aussichtspunkte, an denen man gut anhalten kann. Die Berge werden felsiger und sind mit Flechten bedeckt. Mitten in dieser urigen Berglandschaft steht das **Hotel Steingletscher** mit zugehöriger Käserei mit Direktverkauf und einem kurzen markierten Wanderpfad zum Gletschersee.

(095) WOMO-Wanderparkplatz Steingletscher

GPS: N 46°43‘53“, E 8°25‘33“ **max. WOMOs:** 3-4
Ausstattung / Lage: großer Parkplatz unterhalb des Hotel Restaurants Steingletscher, Käserei benachbart, außerorts, 1888 m
Zufahrt: an der Passstraße kurz vor der Passhöhe

Zwischen Gletscheraugen und Felsenmeer – der Gletscherpfad zum Steinsee

Gehzeit gut 2 h. Vom Parkplatz laufen Sie in einer guten Viertelstunde auf einem Fahrweg zum Steinsee und an dessen Ufer entlang zum Gletscher. Dort führt rechts ein schmaler Pfad hinauf zwischen die von Flechten gefärbten Felsen. Zwischen dicken Steinbrocken schimmern kleine und große Tümpel und der steinige Gletscherpfad windet sich zeitweise schwer erkennbar mitten hindurch. Uns zwang hier oben der Nebel zur Umkehr – die Markierungen waren kaum mehr erkennbar. Normalerweise führt der Weg aber im Bogen zurück zum Hotel. Für die komplette Runde auf dem Gletscherpfad mit 15 Informationspunkten sollten Sie ca. 2,5 h rechnen. Im Hotel bekommen Sie für CHF 5.- ein Heftchen mit der Beschreibung des Gletscherlehrpfades.
Bis zum Steinsee laufen Sie auf der Mautstraße, auf der man auch bis zum Fuß des Tierbergligletschers fahren kann. Vom Parkplatz am Straßenende führt eine anspruchsvolle Wanderung in gut 2 h hinauf zur Tierberglihütte. Auf allen Parkplätzen an der Mautstraße ist Camping verboten.

Vom Steingletscher zieht sich die Straße weiter hinauf, durchquert einige Felstunnel und gibt einen schönen Blick hinunter zum Gletschersee frei. An der **Passhöhe** haben Sie nicht mehr die ganz spektakuläre Aussicht, schön steht man auf dem großen ebenen Asphaltplatz aber allemal. Wer nicht selbst kochen möchte, fährt (nur mit kleinen Womos) oder läuft noch 200 m hinauf, wo man im urigen **Susten-Hospiz** sehr viel gemütlicher isst als im Self-Service an der Passstraße. Für Gäste wäre auch eine Übernachtung auf dem kleineren oberen Parkplatz möglich – hier ist es aber nicht nur für Womos recht eng.

(096) WOMO-Stellplatz: Sustenpass

GPS: N 46°43‘46“, E 8°26‘48“, 2225 m **max. WOMOs:** 3-4

Ausstattung / Lage: Parkplatz auf der Passhöhe gegenüber dem Restaurant.

Zufahrt: Passhöhe Sustenpass.

Über die Landschaft rechts und links der Passstraße hinunter nach Wassen kann ich Ihnen leider nicht viel sagen. Schon kurz hinter der Passhöhe verhinderte der von oben gesehen so malerische Wolkenteppich jeden Blick ins Tal. **Wassen** ist jedoch wieder recht nett ...

In Richtung Norden fahren Sie von Wassen zügig auf der Autobahn zum Vierwaldstätter See und stoßen bei Altdorf auf Tour 3. Rechts hinunter in Richtung Süden geht es weiter auf unserer Runde. Wir nähern uns jetzt dem Gotthardpass.

Der Weg in den Süden
Über den Gotthardpass ins Tessin

Grandiose Berglandschaft mit schönen Übernachtungsplätzen, eine leicht zu fahrende Passstraße und die aufregende Alternativstrecke auf der Trasse der alten Gotthardstraße machen den Verzicht auf die schnelle Fahrt durch den Tunnel reizvoll und beliebt.

Sollten Sie sich dem Gotthardpass auf der Autobahn nähern, verlassen Sie diese vor der Tunneleinfahrt und folgen der Strecke nach Andermatt. In **Andermatt** geht es rechts in Richtung Realp und kurz darauf auf gut ausgebauter Strecke bergan. Bereits nach 5,5 km zweigt rechts ein Arm der alten Passstraße ab (weißes Schild). Der Kopfsteinpflasterbelag täuscht, die Strecke ist gut zu fahren und eignet sich mit vielen Parkmöglichkeiten prima für eine Pause.

(097) WOMO-Stellplatz: Alte Passstraße

GPS: N 46°34'38", E 8°33'27"
max. WOMOs: je 1-2
Lage / Zufahrt: Rechts der Straße asphaltierte Zufahrt zu kleinem versteckten Parkplatz in einsamer Lage. Zwei weitere Plätze an der alten Passstrecke befinden sich links der Straße bei **GPS N 46°34'14", E 8°33'28"** auf der Höhe des Lago di Rodont und bei **GPS N 46°33'45", E 8°33'23"** noch etwas weiter oben.

(098) WOMO-Wanderparkplatz: Lago d'Orsino

GPS: N 46°33'38", E 8°33'28" **max. WOMOs:** 2-3
Lage / Ausstattung: Geschotterte Parkfläche in Sichtweite der Staumauer des Lago Lucendro und am optimalen Startpunkt der schönen Wanderung zu den drei Seen über dem Pass.
Zufahrt: Der alten Passstraße folgen und durch die Unterführung der Hauptstrecke zum Parkplatz. Rote Markierung.

Fünf Seen über dem Gotthardpass

Gehzeit: 4h 15 min., 400 Höhenmeter, Jahreszeit Juli-September

Von See zu See führt ein Pfad durch eine Felslandschaft von rauer Schönheit. Im Hochsommer laufen Sie durch ein Meer aus Wollgras, im frühen Sommer liegt an den Seen oft noch Schnee. Wenn das Wetter passt, haben Sie hier am Gotthardpass eine traumhaft schöne Wanderrunde mit mittlerem Anspruch direkt vor der Wohnmobiltür.

Auf der Fahrstraße laufen wir zum Staudamm des **Lago Lucedro** und in Serpentinen hinauf. Kurz bevor man den See erreicht, führt rechts ein schmaler Pfad hinunter. Parallel zur alten Passstraße geht es eben am Hang entlang. Dann schwenkt unser Pfad nach links, steigt an, überquert den Bach und steigt weiter, bis der erste See in Sicht kommt. Schrilles Pfeifen verrät, dass der Hang mit Murmeltierbauten durchsetzt ist. Halten Sie also die Augen offen und nehmen ein Fernglas mit auf die Wanderung. Der markierte Weg führt um den **Lago d'Orsino** herum. Hinter dem nächsten Bergkamm kommt ein zweiter namenloser See in Sicht, dann geht es steil hinauf zum Kamm über den **Laghi d'Orsirora**. Wir laufen am Ufer des Sees entlang, und steigen noch einmal auf zum kleinen und großen **Lago della Valetta**, bis es auf steilem Pfad wieder zum Lago Lucedro hinuntergeht.

Auch auf der Passhöhe an den Seen um die Gebäude des **St. Gotthard-Hospiz** werden parkende Wohnmobile toleriert. Gleich drei Gasthöfe sorgen für das Wohl der Reisenden und ein Museum informiert über die Geschichte des berühmtesten Passes der Schweiz.

(099) WOMO-Stellplatz: Gotthard-Hospiz

GPS: N 46°33'23"N, E 8°34'10" **max. WOMOs:** >5

Lage / Zufahrt: Großer asphaltierter Parkplatz an der Passhöhe, der sich am See vor dem Hospiz entlang zieht, oder kleinere Schotterbucht abseits des viel frequentierten Parkplatzes (GPS-Daten), WC am Self-Service-Restaurant.

Sonstiges: Wer gerne etwas abseits steht, findet an der Zufahrt zur alten Passstraße bei **GPS N 46°33'15", E 8°34'09"** ein weiteres ruhiges Plätzchen.

Zwischen Museum und Hotel beginnt die Trasse der **Alten Passstraße** nach Airolo. Obwohl fast durchgängig mit Kopfsteinpflaster versehen, ist die Straße in sehr gutem Zustand, so dass Sie die vielen Kurven auch mit einem kompakten Wohnmobil fahren können. Etwas zusätzliche Zeit müssen Sie allerdings schon einplanen. Auf halber Höhe stößt die alte auf die neue Passstraße und die Kurven werden weiter. Nach vielen Serpentinen treffen wir im Tal auf **Airolo,** wo der große Parkplatz der Bergbahn ein akzeptables Quartier bietet. Die Straßenschilder zeigen uns unmissverständlich: Wir sind jetzt im italienischen Sprachbereich der Schweiz.

(100) WOMO-Wanderparkplatz: Airolo Pesciüm Seilbahn

GPS: N 46°31'26", E 8°36'13"
max. WOMOs: 4-5
Ausstattung / Lage: Terrassierter Parkplatz mit Blick auf das Gewerbegebiet von Airolo / Am Stadtrand, WC an der Bergbahn.
Zufahrt: Von Airolo in Richtung Nufenenpass, links an der Ortsausfahrt.
Sonstiges: Die Seilbahn fährt zur Bergstation Pesciüm. Hier beginnt eine besonders interessante zweitägige Wanderung über den Cristallina-Pass zur Zampano Cristallina und dann hinunter ins Maggiatal. Allerdings stünde Ihr Wohnmobil dann fast 100 Straßenkilometer von Ihnen entfernt. Besser mit einer Wohnmobilreise kompatibel ist der Höhenweg zum Lago Tremorgio. Dort fahren Sie nach 4,5 h einfacher Wanderung mit der Seilbahn wieder ins Tal und mit dem Postbus zurück nach Airolo. Die Rundtour kostet CHF 24.- pro Person.

Der höchste Pass der Region: Reise über den Nufenen

Die schnellste Verbindung von Wallis ins Tessin führt über den fast 2.500 m hohen Nufenenpass. Auch diese Passstrecke liegt etwas abseits, wird aber an schönen Sommerwochenenden gerne von Wanderern besucht.

Eben und gerade führt die Straße durch das Tal, erst kurz nach dem Weiler **All'Aqua** beginnen die Kurven. Vorher treffen wir links der Straße auf einen Parkplatz.

(101) WOMO-Stellplatz: Sciovia Cioss Prato

GPS: N 46°29'25"N, E 8°29'6" **max. WOMOs:** 1-2
Ausstattung / Lage: Netter Parkplatz unter Bäumen in Flussnähe. Straße recht nahe / außerorts.
Zufahrt: Links der Passstraße kurz vor All'Aqua, gegenüber einem Skilift.

Kurz hinter den ersten Kurven liegen links der Straße einige Gebäude einer Alp. Davor fließt ein Bach durch die Wiesenlandschaft. Sind keine Kühe auf der Weide, ist die Bachwiese bei Einheimischen beliebt als Picknickplatz. Die Zufahrt ist manchmal durch einen einfachen Weidezaun versperrt. Außer-

halb der Weidesaison finden Sie hier einen tollen Pausenplatz: **GPS N 46°28'25", E 8°25'50".**

Die Straße wird jetzt kurvig und eng, aber bereits nach wenigen Kehren treffen Sie auf die Passhöhe.

(102) WOMO-Wanderparkplatz: Passhöhe Nufenen

GPS: N 46°28'38", E 8°23'18", 2.494 m **max. WOMOs:** 2-3

Ausstattung / Zufahrt: An der Passhöhe kleinere Parkflächen vor dem See und neben dem Restaurant. Toller Bergblick, aber nahe an der Passstraße.

Sonstiges: Ein unmarkierter, aber gut erkennbarer Wanderpfad führt auf das nördlich des Passes liegende Chilchhorn (250 hm).

Nicht weniger kurvig geht es auf der Westseite wieder hinunter und wir erreichen in **Ulrichen** das Goms, das bereits zum Wallis gehört. Von hier aus rückt der **Aletschgletscher** in greifbare Nähe und Sie haben Anschluss an Tour 10 des WOMO-Bandes 50 Schweiz West.

(103) WOMO-Campingplatz-Tipp: Nufenen / Ulrichen

GPS: N 46°30'15", E 8°18'40", 1.348 m geöffnet 1.6. - 30.9.

Ausstattung / Lage: Wiesenplätze in Rhônenähe an einem Bach am Ortsrand, Schattenplätze unter Bäumen, Kiosk, Womo inkl. 2 Personen CHF 26.-, Strom CHF 3,50, Telefon +41 (0) 27 973 1437, www.camping-nufenen.ch

Zufahrt: In Ulrichen rechts über die Rhône, beschildert

Furkapass und Rhônegletscher
Die spektakuläre Geburt der Rhône

Höhepunkt einer Reise über den Furkapass ist der Besuch am Rhônegletscher. Vom jährlich größer werdenden Gletschersee unterhalb des ewigen Eises stiebt das Wasser kraftvoll über die Felsen und beginnt am Fuß der Steilwand bei Gletsch sein Dasein als Fluss. In ihren ersten Kilometern wird die Rhône mit ihrem deutschen Namen Rotten bezeichnet, bevor sie das komplette Wallis durchfließt und hinter dem Genfer See die Schweiz verlässt, um viele Kilometer weiter südlich in der französischen Camargue ins Mittelmeer zu münden.

In Gletsch, zwischen Furka und Grimselpass gelegen, führt ein Lehrpfad an den ersten Flusskilometern entlang. Der Stellplatz an der Bahn gegenüber dem Hotel Glacier du Rhône bei **(104) GPS N 46°33‘43“, E 8°21‘42“** ermöglicht das Bleiben. Der Platz gehört zum Hotel. Die Übernachtungsgebühr beträgt CHF 25.-.

Aus dem Tal sehen wir hoch oben am Hang den Wasserfall unter dem Gletscher und das Hotel Bellevue. Auch diese Passstraße ist kurvig, aber ansonsten problemlos zu fahren. Oben am Hotel gibt es einen Zugang zum Gletscher, an dem jeden Sommer eine bis zu 100 m lange Höhle ins Eis geschlagen wird. Die Besichtigung kostet CHF 10.- pro Per-

son. Der Weg dorthin führt über einen Bergsteig auf das Eis. Gute Schuhe sind sinnvoll! Der Parkplatz am Hotel Bellevue ist immer belebt. Zum Übernachten sollten Sie daher noch ein Stückchen weiter bis zur Passhöhe fahren.

(105) WOMO-Stellplatz: Furkapass Passhöhe

GPS: N 46°34'19", E 8°24'53", 2418 m
max. WOMOs: 2-3
Ausstattung / Lage: geschotterte Parkfläche rechts der Straße, weitere Parkmöglichkeiten wenige Meter weiter links der Straße am Hotel Restaurant Furkablick mit spektakulär über dem Abhang schwebender Terrasse.
Zufahrt: Auf der Passhöhe

Mit weitem Talblick fahren wir hinunter nach **Realp** und weiter nach Andermatt, wo wir wieder auf den Gotthardpass treffen oder die Reise durch das Rheintal nach Graubünden fortsetzen können.

Qualmend über den Furkapass
Eine Bahnfahrt aus dem letzten Jahrhundert

Von Juli bis September fahren auf der historischen Bahnstrecke über den Furkapass zwei ebenso historische Züge. Die Strecke wurde ursprünglich 1982 mit der Fertigstellung des Furkabasistunnels, der eine ganzjährige Zugverbindung von Realp ins Wallis ermöglicht, stillgelegt. Eisenbahnfreunde sorgten für die Auferstehung der Verbindung: Ein Dampfzug und eine Diesellok mit offenen Aussichtswagen tuckern im Sommer jeweils am Freitag, Samstag und Sonntag auf der alten Zahnradstrecke über den Pass. Das Ticket von Oberwald nach Gletsch und retour kostet CHF 38.-. Für den Dampfzug wird ein »Dampfzuschlag« von CHF 10.- fällig. Alternativ ist auch die flottere Rückfahrt mit dem Postbus möglich. Platzreservierung unter www.dfb.ch/reisedienst

Grimselwelt und Grimselpass
Wasserenergie zum Anschauen

Die Fahrt von Gletsch über den Grimselpass ist unkompliziert. Oben auf dem Pass ist die Auswahl an schönen Stellplätzen groß. Die Passhöhe eignet sich auch gut als Ausgangspunkt für Wanderungen – vorausgesetzt das Wetter macht mit. Wie auf allen Pässen kann es am Grimsel selbst im Hochsommer empfindlich kalt werden.

Durchgängig recht breit und komfortabel schraubt sich die Straße auf 2165 m Höhe, die Sie am **Hotel Grimselblick** erreichen. Ein **Murmeltiergehege** und die **Kristallausstellung** lohnen hier einen Stopp.

(106) WOMO-Stellplatz: Hotel Grimselblick

GPS: N 46°33'39", E 8°20'41", 2.174 m **max. WOMOs:** 4-5
Austattung / Lage: Parkplatz links der Straße dem Wohnmobilsymbol folgen, die schönsten Plätze für wendige Mobile befinden sich am Ende des schmalen Zufahrtsweges. Mit größeren Fahrzeugen stehen Sie vorne an der Straße. WC und Anmeldung im Hotel. Übernachtungsgebühr CHF 10.-
Zufahrt: Auf der Passhöhe erstes Haus an der Straße. Parkplatz links vor dem Murmeltiergehege.
Sonstiges: Gasthof und Kristallausstellung im Hotel.

Nur wenige hundert Meter weiter erreichen wir beim Restaurant Alpenrösli weitläufige Parkflächen, auf denen man ebenfalls gegen einen Obolus von 10 Franken über Nacht bleiben darf.

(107) WOMO-Stellplatz: Hotel Alpenrösli

GPS: N 46°33'42", E 8°20'07", 2.192 m **max. WOMOs:** 4-5
Ausstattung / Lage: großer asphaltierter Parkplatz auf der Passhöhe. Den besten Blick hat man vom langgezogenen Platz links der Straße. An windigen Tagen steht man geschützter vorne auf dem kleinen Platz am Totensee. Übernachtung CHF 10.-, im Restaurant gegenüber anmelden. Gasthof abends nicht immer geöffnet.
Zufahrt: Passhöhe Grimselpass gegenüber dem Hotel Alpenrösli.

Um den Totensee

Vorbei am zweiten Murmeltiergehege auf dem Pass kann man vom Parkplatz am Totensee auf einem schmalen steinigen Pfad am Seeufer entlanglaufen. Im Wasser sorgen bis in den Sommer hinein Eisschollen für einen ungewöhnlichen Anblick. Man kann um den ganzen See herum gehen und erreicht dann an der Staumauer den Parkplatz des Hotel Grimselblick und die Straße. Die Wegspuren werden jedoch auf der zweiten Weghälfte am Ostufer undeutlich. Kletterei über Steine. Wanderschuhe sinnvoll!

Am Alpenrösli beginnt die Stichstraße zum **Oberaarsee** mit Gasthof und einem weiteren Übernachtungsplatz. Die Straße windet sich dramatisch um schroffe Felsen. Um gefährliche Begegnungen zu vermeiden, darf sie immer nur in eine Richtung befahren werden.

(108) WOMO-Wanderparkplatz: Oberaarstausee

GPS: N 46°32'53", E 8°16'35", 2.312 m **max WOMOs:** 4-5
Ausstattung / Lage: ebene Schotterfläche am Staudamm, mit WC. Gasthof oberhalb am Hang in 10 min. zu Fuß erreichbar.
Zufahrt: Die Auffahrt auf der Panoramastraße vom Alpenrösli ist ab der vollen Stunde für 10 Minuten freigegeben. Zurück geht es jeweils in den ersten 10 Minuten der zweiten Stundenhälfte. Von 22 Uhr bis 7 Uhr ist die Straße gesperrt. Wenn Sie nicht gerade unter Höhenangst leiden, können Sie diese Strecke auch mit etwas größeren Wohnmobilen angehen, denn Gegenverkehr ist ja ausgeschlossen.

Vom Staudamm zur Gletscherzunge

Gehzeit: einfach 1,25 h, ca. 100 hm
So parkt jetzt unser Wohnmobil direkt am Oberaarsee, der das Tauwasser des gleichnamigen Gletschers aufnimmt und es gut dosiert in den Flusslauf der hier beginnenden Aare entlässt. Das weithin sichtbare Gletschertor ist leicht zu erreichen. Vom Parkplatz laufen wir über die Staumauer und wechseln an deren Ende auf einen schmalen, aber gut ausgebauten Weg. Er führt immer am Ufer entlang bis zur hinteren Seespitze, wo der Oberaargletscher seine grauweiße Zunge zur milchig blauen Wasserfläche hinunter streckt. Bis kurz vor das Gletschertor ist der Weg gut ausgebaut und einfach zu gehen, in Gletschernähe wird es oft feucht und schmierig. Wanderschuhe unbedingt sinnvoll!

Nachdem wir am Morgen das richtige Zeitfenster abgepasst haben, geht es langsam die aufregende Panoramastraße zurück zum Grimselpass und weiter hinunter ins **Haslital.** Links der Straße lohnt das Hotel **Grimselhospiz** eine erste Pause, bevor der Motor überhaupt richtig in Schwung gekommen ist. Nachdem das alte Hospiz 1930 in den Fluten des neu aufgestauten Grimselsees versank, wurde es auf einem Felsen über dem See neu errichtet. Die Zufahrt führt über den Staudamm. Für Wohnmobile geeignete Parkplätze sind vor dem Hotel allerdings rar und in das Parkhaus unter dem Hospiz passen nur PKW. Mit Parkplatzglück könnten Sie im Hotel einkehren und anschließend auf dem Uferweg mit vielen Treppen über die Staumauer und ein Stück am See entlang laufen. Der Weg führt im stetigen Auf und Ab bis zum Seeende und dann hinauf zur 800 m höher gelegenen Lauteraarhütte (Gehzeit: 7 h).

Drei Kehren weiter unten finden Sie am Grimselkraftwerk einen ruhigen Parkplatz abseits der Straße. Wenn Ihnen der direkte Blick auf die Staumauer keine unangenehmen Träume verursacht, stehen Sie hier auch über Nacht recht gut.

(109) WOMO-Stellplatz: Grimselkraftwerk

GPS: N 46°34‘35“, E 8°20‘08“, 1.789 m
max WOMOs: 2-3
Lage: Schotterplatz am Abfluss des Stausees unterhalb der Staumauer
Zufahrt: vom Grimselhospiz einige Kehren hinunter und links dem Abzweig zum Schaukraftwerk folgen. Die schmale Straße entlang, einige hundert Meter bis zu zwei geschotterten Parkflächen.

Schaukraftwerk Grimsel

Das Kraftwerk Grimsel kann im Sommer besichtigt werden. Zwischen 9. Juni und 15. Oktober starten vom Parkplatz um 13 Uhr und 14.30 Führungen in den Berg, wo aus der unglaublichen Kraft des Wassers der Strom für ca. 12.000 schweizerische Familienhaushalte erzeugt wird. Die Führung dauert 1 h 15 Min. und kostet CHF 15.- pro Person. Eine Reservierung ist nicht nötig und nicht möglich. Treffpunkt ist der Parkplatz. Aktuelle Informationen finden Sie unter **www.grimselwelt.ch**

Zurück auf der Hauptstrecke fährt man am Ufer des **Räterichbodensees** entlang und trifft an dessen Ende an der Staumauer auf den nächsten übernachtungstauglichen Parkplatz, der zudem der Ausgangspunkt einer schönen Wanderung ist.

(110) WOMO-Wanderparkplatz: Räterichbodensee

GPS: N 46°35'25", E 8°19'34", 1.789 m **max. WOMOs:** 2-3
Ausstattung / Lage: Parkplatz an der Passstraße. Fährt man vom Asphaltplatz an der Straße durch die schmale Durchfahrt, kommt dahinter ein von der Straße nicht einsehbarer, ebener Schotterplatz. Den Platz bitte morgens zügig wieder frei geben oder platzsparend parken. An der Felswand hinter dem Räterichbodensee befindet sich eine beliebte Kletterwand, so dass der Parkplatz an schönen Tagen tagsüber gut besucht ist.
Zufahrt: an der Hauptstrecke direkt hinter der Staumauer des Sees links.

Auf dem Grimselkristallweg

Gehzeit ca. 1,5 h. Vom Parkplatz an der Staumauer des Räterichbodensees können Sie das Grimselhospiz auch zu Fuß besuchen. Der gut markierte Kristallweg, der auf den Spuren alter Saumpfade aus dem Tal heraufkommt, führt auf einem teilweise in den Fels gebohrten Uferweg am hinteren Ufer des Räterichbodensees zum Hospiz hinauf. Sie laufen über die Staumauer auf die Felswand zu und treffen am Ende des Staudammes auf einen gut ausgestatteten Grillplatz. Dann geht es links zwischen See und Kletterfelsen bis zum Ende des Sees, wo Sie entlang der jungen Aare zum Hospiz hinaufsteigen. Von dort können Sie dann mit dem Postbus wieder zum Parkplatz an der Staumauer hinunterfahren.

Der Grimselkristallweg beginnt bereits weiter unten im Tal beim Hotel Handegg. Wenn Sie hier in den Postbus zum Grimselhospiz steigen, können sie den kompletten Weg laufen. In ca. 4 Stunden steigen Sie auf schmalen Saumpfaden wieder zum Hotel Handegg hinunter.

Das **Familienhotel Handegg** links der Straße ist der nächste markante Punkt unserer Talfahrt. Einen Besuch lohnt hier die **Schaukäserei** mit Verkauf. Der Alpkäse wird auch heute noch im Kupferkessel über dem Feuer hergestellt, was Sie vormittags auch live erleben können. Gegenüber finden Sie die Talstation der **Gelmerbahn**, die mit einer Steigung von 106% als steilste Standseilbahn der Welt gehandelt wird. Der Parkplatz **(111) GPS N46°36'44", E8°18'32"** unterhalb der Straße wäre auch zur Übernachtung denkbar. Auf den schöneren Plätzen auf der anderen Brückenseite gilt Nachtparkverbot.

Achterbahnfahrt zum Gelmersee – Die steilste Standseilbahn der Welt

Wenn Sie gerne Achterbahn fahren, werden Sie auch an der Gelmerbahn Ihre Freude haben. Wenn Sie sich also in den offenen roten Wagon hinein trauen, werden Sie und 23 unerschrockene Mitreisende in 12 Minuten steil den Berg hinauf an den Gelmersee gezogen. **In etwa zwei Stunden spazieren Sie hier oben einmal um den See.** Und sollten Sie es vorziehen, den Rückweg auf eigenen Füßen anzutreten: der Abstieg auf gutem, anfangs allerdings recht steilem Weg, nimmt auch etwa 2 Stunden in Anspruch.

Die Bahn fährt von Juni bis Mitte Oktober täglich zwischen 9 und 16 Uhr, im Juli und August bis 17 Uhr. Einfache Fahrt CHF 17.-, hin und retour sind es CHF 27.-. Kinder 6-16 Jahre CHF 12.- bzw. 16.- Jedes zweite Kind einer Familie fährt kostenlos.

Wenn Sie nach dem Abstieg noch nicht genug Nervenkitzel hatten, laufen Sie doch anschließend über die **Hängebrücke**, die die Schlucht zwischen Bahnstation und Hotel überspannt und einen tollen Blick auf den **Handegg-Wasserfall** erlaubt, zur Einkehr in den Gasthof am Hotel hinüber...

Hinter Handegg wird das Tal belebter. **Guttannen** ist der erste richtige Ort nach dem Pass. Gleich an der Ortseinfahrt links treffen Sie auf einen Parkplatz, der auch für einen nächtlichen Stopp geeignet ist.

(112) WOMO-Stellplatz: Guttannen

GPS: N 46°39'15", E 8°17'25", 1.060 m **max. WOMOs:** 2-3
Ausstattung / Lage: Asphaltierter Parkplatz am Ortsrand. Gasthof Hotel Bären im Ort gegenüber der Kirche.
Zufahrt: An der Ortseinfahrt links direkt an der Grimselstraße.

Weiter an der breiter werdenden Aare entlang erreichen wir dann das **Haslital**. Als Feriengebiet liegt es am Rande der großen Aufmerksamkeit, hat aber einige landschaftlich sehr schöne Ecken zu bieten. Wohnmobile werden hier allerdings rigoros auf die reichlich vorhandenen Campingplätze verbannt. In **Innertkirchen** schließt sich unsere Pässerunde. Der Ort ist nicht weiter spektakulär, bietet aber drei kleine Campingplätze. Der Camping Grimselblick mit schönen Plätzen in Flussnähe liegt direkt im Ortszentrum. Mit einem größeren Mobil werden Sie aber schon an der engen Zufahrt scheitern. Fahren Sie erst gar nicht in die Straße hinein, es kostete uns einige Schweißtropfen, unbeschadet wieder hinauszurangieren. Daher empfehlen wir den zweiten Camping im Ort:

(113) WOMO-Campingplatz-Tipp: Camping Grund

GPS: N 46°42'8", E 8°13'38", 629 m
Ausstattung / Lage: Wiesenplätze am Ortsrand, wenig Schatten, moderne Sanitäranlagen, Womo inkl. 2 Personen CHF 19.- bis 29.-, Strom CHF 3.-, Telefon +41 (0) 33 971 4409, www.camping-grund.ch
Zufahrt: Im Ort an der zentralen Kreuzung die Aare überqueren und links den Schildern zum Camping folgen.
Sonstiges: Von Innertkirchen lohnt eine Tagesausflug ins Urbachtal, das Sie mit dem Wohnmobil aber abends wieder verlassen müssen.

Der dritte Platz im Bunde, der Bauernhofcamping Wyler, liegt an der Zufahrt zum Sustenpass am Anfang dieser Runde und trägt unsere Stellplatznummer (092).

KARTE TOUR 7

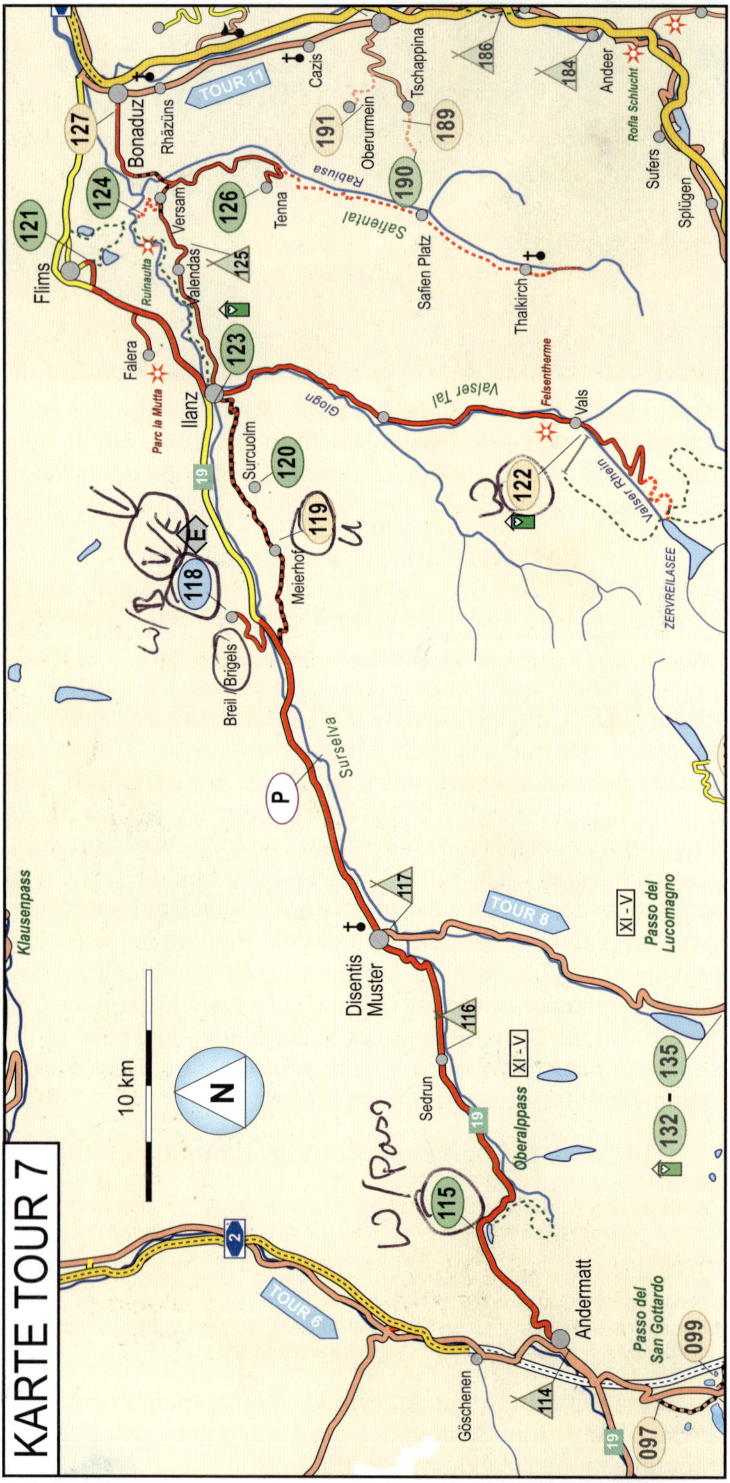

Flims
121
127
Bonaduz
Rhäzüns
TOUR 11
Cazis
Tschappina
186
184
Andeer
Rofla Schlucht
Sufers
Splügen
124
Versam
126
Tenna
191
Oberurmein
189
190
Rabiusa
Safiental
Safien Platz
Thalkirch
Ruinaulta
Valendas
125
123
Falera
Parc la Mutta
Ilanz
Glogn
Valser Tal
Felsentherme
Vals
122
Valser Rhein
Zervreilasee
Surcuolm
120
19
Meierhof
119
118
E
Breil / Brigels
Surselva
P
Klausenpass
117
TOUR 8
XI - V
Passo del Lucomagno
Disentis Muster
116
10 km
N
Sedrun
19
Oberalppass
132 - 135
115
2
TOUR 6
Andermatt
Passo del San Gottardo
099
Göschenen
114
097

TOUR 7 (ca. 188 km / 2-3 Tage)

Durch das Rheintal nach Graubünden

Andermatt – Oberalppass – Disentis – Brigels – Ilanz – Valser Tal – Rheinschlucht – Safiental – Bonaduz

Freie Übernachtung:	Oberalppass, Brigels, Meierhof, Surcuolm, Ilanz, Flims, Vals, Versam, Tenna, Bonaduz, Valendas
Ver-/Entsorgung:	Campingplätze, Brigels
Campingplätze:	Andermatt, Sedrun, Disentis, Valendas
Baden:	Bogn Sedrun, Caumasee
Besichtigen:	Kloster Disentis, Parc la Mutta
Wandern:	Lai da Tuma, Lag da Pigniu, Brigels, Caumasee, Drei-Seen-Weg Valsertal, Rheinschlucht, Tenner Chrüz

Auf den Spuren des Vorderrheines, der in Chur mit dem Hinterrhein zum Rhein zusammenfließt, durchqueren wir die stille Region des Surselva. Wenn Sie ruhige kleine Orte und Wanderungen abseits der Menschenmassen schätzen, sollten Sie sich hier ein wenig Zeit nehmen.

Im Zentrum von **Andermatt** versteckt sich ein schöner Ortskern mit Gasthöfen, Hotels und Cafés. Wer den Abend im Ort verbringen möchte, findet ein Quartier auf dem Gotthartcamping am Ortsrand. Der Platz ist zwar beispiellos hässlich, aber im Umkreis von Andermatt ohne Alternativen und findet daher trotzdem Berücksichtigung.

(114) WOMO-Campingplatz-Tipp: Gotthard-Camping

GPS: N 46°37‘55“, E 8°35‘29“ geöffnet Mai-September
Ausstattung / Lage: Topfebener Hartplatz und Zeltwiese ohne Baum und Strauch und direkt an der Durchfahrtsstraße. V/E Station. Kleiner Sanitärblock. WOMO inkl. 2 Personen CHF 27.-, Strom CHF 3.-, www.gotthard-camping.ch
Zufahrt: An der Ortsaufahrt in Richtung Furkapass rechts der Hauptstraße

Das schönste an Andermatt ist seine Lage im Kessel zwischen den Bergen. Kaum ist man vom Furkapass hinuntergerollt, geht es auf der anderen Seite zum **Oberalppass** hinauf. In acht engen Kehren gewinnen Sie gut 300 Meter Höhe und durchqueren das Tal der Oberalpreuss bis zum Stausee auf der Passhöhe. Rund um den See befinden sich auf einem alten Straßenabschnitt beliebte Wohnmobilübernachtungsplätze.

(115) WOMO-Wanderparkplatz: Oberalppass

GPS: N 46°39'42", E 8°40'18", 2055 m **max WOMOS:** >5
Ausstattung / Lage: Trasse der alten Straße mit einigen breiteren Parkbuchten, Gasthof auf der Passhöhe / außerorts.
Zufahrt: vor der Passhöhe links.
Sonstiges: Weitere ebene Parkflächen finden Sie am unteren Seeende bei GPS N 46°39'43", E 8°40'01".

Lai da Tuma – Eine Wanderung zur Quelle des Rheins

Gehzeit: 3 h, knapp 400 hm. Der Bergsee Lai da Tuma (Tomasee) ist die Quelle des Vorderrheins, dem wir in dieser Tour vom Oberalppass bis nach Chur folgen werden. Er ist vom Oberalppass auf einem schönen Bergsteig zu erreichen. Startpunkt ist der Parkplatz oben am Pass oder noch günstiger die Parkbucht neben der Straße etwa 600 m weiter in Richtung Disentis bei **GPS N 46°39'21", E 8°40'37"** am gelben Wanderwegweiser. Der Pfad ist gut markiert, schlängelt sich durch die Wiese mit vielen kleinen Bächen und Brücken und führt dann stetig ansteigend zum See.

Wohnmobilnachtparkverbot im Gemeindegebiet Tujetsch kündigt ein Schild auf der Ostseite des Oberalppasses an. Die schöne Parkbucht mit Ausblick bei **GPS N 46°39'04", E 8°41'3.49"** können wir Ihnen also nur für eine Picknickpause auf dem Pass empfehlen. Auch die großen Parkplätze der Bergbahn in Sedrun sind für Übernachtungen tabu. Die nächsten Übernachtungsplätze finden Sie in **Sedrun** und Disentis auf zwei Campingplätzen am Rheinufer.

(116) WOMO-Campingplatz-Tipp: Campadi Rein

GPS: N 46°40'21", E 8°45'13"
ganzjährig geöffnet
Ausstattung / Lage: Große Wiese unterhalb des Ortes in ruhiger Lage. Moderne Sanitäranlagen, V/E Station. WOMO inkl. 2 Personen CHF 30.-, Strom CHF 4.-, www.campadi-rein.ch
Zufahrt: Durch Rueras nach Zarcuns, dort rechts zum Kraftwerk Vorderrhein. Ca. 50 m vor der Brücke rechts zum Camping.

Bognsedrun – Badetag in Sedrun

Einen gemütlichen Regentag können Sie in Sedrun im Erlebnisbad verbringen. Das Bad befindet sich in der Via del Bogn und ist von 11-20 Uhr geöffnet (Montag geschlossen). Eintritt CHF 9,50, http://bognsedrun.ch

Einen Ort weiter in **Disentis** überragen die beiden Türme der über 300 Jahre alten Klosterkirche die Häuser. Im Hauptgebäude ist unter anderem auch der Klosterladen und ein Museum untergebracht, das über die Geschichte des Klosters informiert. In der naturgeschichtlichen Abteilung können Sie außerdem Kristalle und Mineralien betrachten. Die Öffnungszeiten verlangen allerdings gute Planung: von Juni bis Oktober: Dienstag, Donnerstag, Samstag 14.00–17.00 Uhr. Eintritt CHF 7.-. Ihr Wohnmobil können Sie zum Klosterbesuch auf dem kostenpflichtigen Parkplatz bei **GPS N 46°42'27", E 8°51'31"** abstellen. Eine Übernachtung wäre möglich, ist aber direkt an

der Straße wenig erfreulich. Unterhalb des Ortes treffen wir an der Zufahrt zum Lukmanierpass jedoch auf einen weiteren sehr schön gelegenen Camping.

(117) WOMO-Campingplatz-Tipp: TCS Fontanivas

GPS: N 46°41'51", E 8°51'12" geöffnet Mai-September
Ausstattung / Lage: Unterhalb des Ortes in einem Wäldchen am Rheinufer. Schöne Wiesenplätze auch mit Schatten und komfortable TCS Ausstattung. V/E-Station. Sehr ruhig gelegen. Mit Naturbadesee und großem, gut ausgestattetem Kinderspielplatz. WOMO inkl. 2 Personen CHF 40.- bis 50.-, Wifi und Strom inklusive, www.tcs.ch

Sie reisen mit Kindern? Dann haben wir zwischen Disentis und Sumvitg bei **Cumpadials** den passenden Platz für Sie. Ein großer **Spielplatz** am Waldrand mit **Grillstelle** und **Badeteich** sorgt bei **GPS N 46°43'16", E 8°54'53"** für eine entspannte Pause. Auch der nächste Stellplatz ist nicht mehr weit. An der Talstation der Bergbahn in **Brigels** sind Wohnmobile ganz offiziell willkommen. Sie stehen dort nicht nur am See, ein Strandbad ist außerdem direkt nebenan.

(118) WOMO-Badeplatz: Brigels

GPS: N 46°46'16", E 9°04'03"
max WOMOs: >10
Ausstattung / Lage: Offizieller Stellplatz an der Talstation einer Bergbahn. Geöffnet von April bis November. Direkt am See. Daneben kleinerer Badesee mit Strandbad, etwas weiter hinten am südlichen Ufer ein Spielplatz. Kein WC, daher nur für voll ausgestattete Mobile. V/E-Anlage Holiday Clean, CHF 7.-, Kurtaxe CHF 3.- pro Person, Strom CHF 3.-
Zufahrt: Von der Kantonalstraße 19 in Serpentinen hinauf nach Brigels und dort dem Wegweisern zur Bahn und dem Wohnmobilsymbol folgen.
Sonstiges: Die Berge oberhalb von Brigels sind ein außerordentlich interessantes Wandergebiet.

Wasserfälle am Lag da Pigniu

Mit moderatem Aufstieg von 400 Metern erobern Sie in 4,5 h vom Stellplatz aus den malerisch gelegenen Stausee Lag da Pigniu, an dessen steilen Ufern mehrere imposante Wasserfälle für nassen Nachschub im See sorgen. Ein ebener Rundweg führt einmal um den See und passiert dabei zwei schöne Feuerstellen. Sie beginnen die Wanderung vom Stellplatz am südlichen Seeufer und steigen über Andiast zum Lag da Pigniu hinauf. Der Weg ist markiert. Ein Infoblatt mit Karte und Wegbeschreibung können Sie auf der Seite www.surselva.info unter Wanderungen ausdrucken. Für Technikfreaks: Sie können dort auch GPS-Tracks zur Wanderung herunterladen. Alle anderen bekommen eine gedruckte Broschüre mit dieser und weiteren spannenden Wanderungen in allen Gästeinformationen des Surselva.

Eine schöne Stellplatzalternative bietet auf der anderen Talseite gegenüber von Brigels die Talstation des Skiliftes von **Meierhof**, dessen große Parkfläche im Sommer kaum genutzt wird. Der Ort befindet sich auf einer Hochebene rechts der Kantonalstraße. In Tavesana führt eine schmale Straße in engen Kurven auf die Höhe nach **Obersaxen.** Mit sehr großen Mobilen bleibt man besser unten auf der Hauptstrecke. Die Straßen auf der Hochebene sind schmal.

(119) WOMO-Stellplatz: Meierhof Skilift

GPS: N 46°44'57", E 9°06'19" **max. WOMOs:** 2-3

Ausstattung / Lage: Große Schotterfläche oberhalb des Ortes mit schönem Talblick. Unten an der Bahn ist der Platz schräg, weiter oben wird es ebener.

Anfahrt: In Meierhof rechts hinauf zum Skilift

Im nächsten Örtchen **Obersaxen Mundaun** wirbt ein neu angelegter **Freizeitpark** mit künstlichem Badesee und großem Spielplatz um Gäste. Wer im Hochsommer unterwegs ist, wird vielleicht eine kleine Erfrischung zu schätzen wissen. Den zugehörigen Parkplatz finden Sie bei **GPS N 46°45", E 9°07'12".** Für einen längeren Aufenthalt ist der **Rufalipark** bisher wenig attraktiv. Es sieht alles noch ein wenig nach Baustelle aus… Schöner und ruhiger steht man unterhalb der Seilbahn im nächsten Ort **Surcuolm**.

(120) WOMO-Wanderparkplatz: Surcuolm

GPS: N 46°45'45", E 9°08'19" **max. WOMOs:** 2-3
Ausstattung / Lage: An der Talstation der Bahn auf den Piz Mundaun. Erster Parkplatz links der Zufahrtstraße. Schotterfläche am Ortsrand mit tollem Ausblick. Oben an der Bahn Nachtparkverbot.
Zufahrt: In Surcuolm den Schildern zur Bergbahn folgen. Der Parkplatz ist als Nachtparkplatz markiert.
Sonstiges: Zwei Kehren weiter oben befindet sich ein kleiner Camping mit schönem Ausblick, der neben vielen Dauercampern auch noch ein paar freie Stellplätze zu vergeben hat.

Über Flond geht es dann hinunter ins lebhafte Städtchen **Ilanz** mit netter kleiner Altstadt und guter Infrastruktur. Am Samstag Vormittag findet auf einem Parkplatz am Rhein ein Markt statt. Am Marktplatz können Sie auch parken. Außerdem ist der Ort ein Verkehrsknotenpunkt. Wir fahren daher zuerst einmal durch Ilanz hindurch, um der Region um Flims einen Besuch abzustatten. Zwei Ziele sind der Grund für diesen Ausflug: unterhalb von Flims verbergen sich im Wald über dem Rhein drei Seen. Besonders der größte von Ihnen, der **Caumasee** lohnt einen Besuch. Ein zweites Ziel sind die Reste einer **steinzeitlichen Siedlung** rund um die ebenfalls sehenswerte Remigiuskirche von **Falera**. Kurz vor Flims fahren wir links hinauf bis zum Parkplatz am Ortseingang auf der linken Seite bei **GPS N 46°48'03", E 9°14'10"**. Leider gibt es hier ein Nachtparkverbot für Wohnmobile.

Parc la Mutta – 3500 Jahre Siedlungsgeschichte

Die 34 Megalithen auf dem Hügel über Falera sind ein Relikt eines antiken astronomischen Zentrums. Das Infoblatt, welches Sie an der Einfahrt zum Parkplatz entleihen können, bringt Licht in die Anordnung der Steingruppen. Auf den ersten Blick wirken

sie willkürlich auf dem Gelände verstreut. Im Zentrum der Anlage steht heute ein christliches Heiligtum. Teile der Kirche St. Remigius stammen aus dem 13. Jahrhundert. Sie wurde wohl mehrfach umgebaut und erweitert. Das Kirchengebäude ist von einer Friedhofsmauer in Form eines Schiffes umgeben. Bei der sorgfältigen Restaurierung der Kirche zwischen 1974 und 1982 wurden Details wieder in den Urzustand versetzt. Der Innenraum ist dann mit Bänken und einer Decke aus hellem Holz unerwartet modern. Hinter der Kirche erhebt sich die Mutta, ein bewaldeter Hügel, in dem man Spuren ehemaliger Besiedelung gefunden hat, die bis in die Bronzezeit zurückreichen. Für den Laien ist hier wenig zu erkennen, der knapp einstündige Rundweg um den Hügel belohnt jedoch mit grandiosem Ausblick in alle Richtungen. Sogar die weißen Felsabbrüche der Rheinschlucht sind deutlich zu sehen.

Nach dem Ausflug in die Kulturgeschichte der Schweiz bietet der Besuch im noblen Urlaubsort **Flims** Abwechslung. Je nach Jahreszeit lockt hier eine schöne Wanderrunde oder einfach ein Ausflug zum Badesee Lag da Cauma, der sich unterhalb des Ortsteiles Flims Waldhaus im Wald verbirgt. Ein guter Ausgangspunkt für den Besuch ist der zugehörige Parkplatz, von dem man den See in gut 15 Minuten erreicht.

(121) WOMO-Wanderparkplatz: Caumasee

GPS: N 46°49'32", E 9°17'26" **max. WOMOs:** 2
Ausstattung / Lage: Ebene umzäunte Schotterfläche mit enger Zufahrt oder Parkbuchten auf Asphalt am oberen Platzende. PKW-Plätze, daher nur für kleinere Mobile geeignet. Am Ortsrand von Flims. Brauereigasthof oben im Ort. Kostenpflichtig von 8-19 Uhr 1 CHF pro h, Tageskarte CHF 6.-
Sonstiges: 15 min Fußweg zum Caumalift, der Sie zum Badeufer transportiert. In Flims gibt es außerdem einen Campingplatz, der neben den vielen fest installierten Wohnwagen der Dauercamper auch ein paar Nischen für Touristen bereithält. Auch der Camping ist ein guter Ausgangspunkt für die Wanderunde zu den Seen.

Der Caumasee – Badeparadies im Flimser Wald

Der Caumasee schillert türkisblau. Dicke Felsbrocken und lauschige Buchten mit Liegewiesen reihen sich um das Ufer und rund um das Seerestaurant mit Selbstbedienung. Liegen stehen am Ufer verteilt und das glasklare Wasser lädt unwiderstehlich zum Bade. An schönen Tagen im Frühjahr und Herbst erfreut sich der Tretbootverleih großer Beliebtheit. Hinauf und hinunter bringt Sie – und das gibt es bestimmt nur in der Schweiz – ein flotter Zwitter zwischen Bergbahn und Aufzug...

Folgen Sie vom Parkplatz einfach dem Asphaltweg bis zur Bergstation des Liftes, der während der Öffnungszeiten des Restaurants kostenlos im Einsatz ist. Ist das Restaurant geschlossen, schaffen Sie es auch zu Fuß in 10 Minuten ans Seeufer.

Zwei Seen und ein Aussichtspunkt Eine Wanderrunde ab Flims

Läuft man vom Caumasee weiter in Richtung Conn, trifft man dort nach insgesamt einer Stunde nicht nur auf eine Almsiedlung, sondern auch auf den spektakulären Aussichtsturm Il Spir (Mauersegler) mit Blick in die Rheinschlucht. Von Conn läuft man weitere 1,5 h zum Lag da Cresta. Von dort steigen Sie entweder zur Straße hinauf und fahren mit dem Postbus zurück nach Flims, oder Sie wandern in einer guten Stunde zurück nach Flims. Komplette Runde: 3,5 h, 300 hm

Wir kehren zurück nach Ilanz und wählen diesmal die Route ins **Valsertal**. Bereits kurz hinter der Taleinfahrt weist ein Verbotsschild darauf hin, dass man im Tal nicht frei stehen darf. Dafür gibt es einen offiziellen Stellplatz an der Bergbahn Vals 3000 am Ortsrand von **Vals**. Wir fahren also bis zum Talende und erforschen das Valsertal von dort.

(122) WOMO-Stellplatz: Sportbahnen Vals

GPS: N 46°36'36", E 9°10'25" **max. WOMOs:** >5

Ausstattung / Lage: Schotterplatz am Bach an der Talstation der Bergbahn. Am Ortsrand. Offizieller Stellplatz. Anmeldung an der Kasse der Bergbahn oder in der Gästeinformation. CHF 10.- + Kurtaxe 2,60 pro Person. Gepflegtes WC in der Station. Zugang auch nachts möglich. Gasthöfe im Ortskern. Fußmarsch 10-15 min.

Zufahrt: Am Talende durch Vals hindurch fahren. Die Station der Bergbahn befindet sich am oberen Ortsende rechts.

Sonstiges: Sehr empfehlenswerte Käserei im Ortskern.

Hinter Vals führt ein Bergsträßchen weiter hinauf zum **Zervreila-Stausee**. Bis zum Gasthof Zervreila ist sie eng, aber gut befahrbar. Die letzten Kilometer zum Stausee führen über einen ansteigenden Fahrweg und sind Womos der Campingbusklasse vorbehalten. Am Straßenende trifft man auf einen engen Parkplatz mit Nachtparkverbot. Den Gasthof Zervreila erreicht man auch mit dem Postbus. Der Wanderbus Vals fährt sogar bis zum oberen Parkplatz an der Kapelle. Sinn macht die Fahrt hinauf vor allem zum Wandern. Am Zervreilastausee beginnt der Drei-Seen Weg – eine der schönsten Wanderrouten Graubündens.

Drei Seen über dem Valsertal
Ein Wandertag am Zervreilahorn

Gehzeit: 6,5 h. Aufstieg 761 m, Abstieg 942 m. Die offizielle Wegführung des Drei Seen-Weges geht von Vals mit dem Postbus oder dem roten Zervreil-Shuttle zum Zervreilasee und auf einem an der Kapelle am oberen Parkplatz beginnenden Bergsteig hinauf zum Guraletschsee. In leichtem Auf und Ab wandern wir weiter zum Ampervreila- und zum Selvasee. Alle drei Karseen liegen in Höhen über 2.200 Metern. Der Weg führt durch eine sehr beeindruckende, wild-karge Landschaft. Von Selvasee steigt die offizielle Variante ins Peiltal ab, wo im Sommer vom Kiosk Peil ein Wanderbus zurück nach Vals fährt. Für diesen Bus muss man sich vorher unter Telefon 081 935 16 49 anmelden. Alternativ können Sie von Selvasee direkt nach Vals absteigen. Karte und Wegbeschreibung gibt es unter www.vals.ch. Sie können sich die Tour auf der interaktiven Karte anzeigen lassen, ein Tourenblatt ausdrucken und sogar GPS-Daten herunterladen.

Eine leicht gekürzte Variante des 3-Seeweges als Rundweg wird im Rother Wanderführer Surselva beschrieben. Der Weg beginnt und endet am oberen Parkplatz. Dazu steigt man vom Amperfreilasee auf einem etwas undeutlichen Wiesenpfad in Richtung Amperfreila / Valé (Vals) hinab und läuft dann links auf einem Fahrweg zum Zervreilasee und zum geparkten Fahrzeug zurück. Die Gehzeit beträgt dann 4 h.

Mit Trottinett und Bergbahn

Wenn Sie mit der Bergbahn hinter ihrem Wohnmobil hinauffahren (die Gondeln fahren jeweils zur halben und zur vollen Stunde), können Sie von der Bergstation am Gasthof Gadastatt in zwei Stunden auf einem schönen Höhenweg zum Zervreilasee laufen. Zurück nach Vals kommen Sie vom Gasthof Zervreilasee mit dem Postbus – oder deutlich zünftiger – mit einem geliehenen Trottinett. Die Verleihstation befindet sich am Gasthof, Miete für eine Fahrt CHF 15.-

Stein, Wasser, Licht oder der mystische Aspekt des Badens – die Felsentherme in Vals

Die größte Attraktion des Valsertales ist, neben den schönen Wandermöglichkeiten, die heiße Quelle von Vals. Umbaut ist sie mit einer zeitlos modernen Therme. Die Wände bestehen aus großen Steinplatten. Das Material aller Wände ist dunkelgrauer Valser Quarzit, der gefeierte Architekt der Therme heißt Peter Zumthor. Außenbad, Innenbad, Feuerbad und Blütenbad, Quellgrotte und Trinkstein rufen zum sinnlichen Vergnügen. In der Saison sollten Sie ihr Ticket sicherheitshalber vorher reservieren, die Zahl der täglichen Gäste ist beschränkt. Telefon +41 81 926 89 61 oder über das Internet unter der Adresse www.therme-vals. Geöffnet täglich 11-20 Uhr, Tageskarte für Erwachsene CHF 40.-, Kinder 5-16 Jahre CHF 26.-, Kinder unter 5 Jahren haben keinen Zutritt.

Zurück aus dem Valsertal treffen wir ein drittes Mal auf den Ort **Ilanz**, der mit dem Namen „erste Stadt am Rhein" für sich wirbt. Seine Lage oberhalb der Rheinschlucht ist für uns besonders interessant. Der Weg durch die Schlucht führt von Ilanz nach Versam. Hier in Ilanz können Sie auch mit größeren Wohnmobilen unkompliziert parken, um einen Ausflug in das sehenswerte Ruinaulta zu machen. Ausgangspunkt der Wanderung ist unser Stellplatz oder die Parkplätze am Bahnhof. Von dort fahren Sie mit der Bahn nach Versam, wo unsere Wanderung beginnt. Mit kleineren Fahrzeugen können Sie auch direkt nach Versam fahren (siehe Stellplatz 124)

(123) WOMO-Wanderparkplatz: Marktplatz Ilanz

GPS: N 46°46'30", E 9°12'13"
max WOMOs: 3-4
Ausstattung / Lage: Am Marktplatz, Markt am Samstag vormittag. PKW- und Busparkplätze. Öffentliches WC am Platz. Gastronomie im Ort. Kostenpflichtig Mo-Sa zwischen 8 und 19 Uhr. Fahrzeuge bis 3,5 t CHF 0,8 pro h, über 3,5 t CHF 1,20 pro Stunde. Maximale Parkzeit 48 h.
Sonstiges: einen Ausweichplatz gibt's am Schwimmbad und den Sportplätzen am Stadtrand bei GPS N 46°46'07", E 9°12'22".

Die Rheinschlucht mit dem Wohnmobil

Zwischen Ilanz und Bonaduz führt südlich des Flusses eine schmale Straße über der spektakulären Schlucht entlang. Besonders kurvig und außerdem recht eng wird es ab **Versam**, wo Sie auch auf zwei Aussichtsplateaus an der Straße treffen. Mehr als ein flüchtiger Blick auf den grünblauen Fluss zwischen weißen Felsen ist aber von der Straße nicht möglich. Drei We-

Blick in die Rheinschlucht vom Aussichtspunkt an der Straße

ge bringen Sie näher ran: Die Schienen der Rhätischen Bahn führen direkt am Wasser entlang, daneben verläuft ein markierter Wanderweg und der dritte Weg ist der Fluss selbst. Von der Basis in **Versam** bieten zwei Kanuschulen Kanutouren für Geübte oder eine spritzige Fahrt im Raftingboot. Wir kombinieren für unseren Ausflug Wanderung und Bahnfahrt und beobachten dabei die Kanuten auf dem teilweise heftig sprudelnden Wasser.

Das Ruinaulta zwischen Versam und Valendas – Eine Schluchtwanderung

Am interessantesten ist die Schlucht zwischen den Bahnstationen Valendas und Versam. Beginnt man die Wanderung in Versam, führt der Weg zuerst hoch über dem Fluss am Hang entlang und wird dann zu einem Waldpfad. Nach ca. 45 min treffen wir auf einen ersten gut ausgestatteten Grillplatz mit Tisch, Grill, Feuerholz und Brunnen. Dann, am Zufluss des Carrerabaches, führt der Weg zum Fluss hinunter und verläuft auf dem letzten Kilometer am Wasser entlang. Ein weiterer sehr schöner Grillplatz an einer Kiesbank befindet sich direkt am Wegrand. Kurz darauf erreichen wir nach 1 h 30 min die Bahnstation von Valendas. Der Zug fährt im Stundenrhythmus, ein Fahrplan hängt aus.

Wer ein kompaktes Womo fährt, kann die Wanderung vom Parkplatz an der Station Versam **(124) GPS N 46°48'26", E 9°18'39"** beginnen. Für größere Mobile ist die Stichstraße vom Dorf zum Rheinufer und der Bahnstation zu eng. Parken Sie ihr Fahrzeug besser in Ilanz (Stellplatz 123) und nehmen Sie den Zug nach Versam. Auf dem Rückweg steigen Sie in Valendas wieder in die roten Waggons der Rhätischen Bahn oder Sie folgen dem Talwanderweg weiter und sind nach einem Fußmarsch von insgesamt 3 h 30 min wieder in Ilanz.

(125) WOMO-Campingplatz-Tipp: Carrera

GPS: N 46°47'13", E 9°17'50"
Ausstattung / Lage: Schöner kleiner Camping im Grünen und am Dorfrand. Stellplätze für 15 Wohnmobile auf Terrassen am Hang. Fußweg in die Rheinschlucht. Feuerstellen und kleiner Shop. WOMO inkl. 2 Personen CHF 27.- bis 31.-, Strom CHF 4.-
Zufahrt: Zwischen Valendas und Versam oberhalb des Örtchens Carrera.

Von Versam führt ein weiterer Abstecher ins ursprüngliche Safiental. Bis zum Abzweig nach **Tenna** ist die Straße gut befahrbar. Dahinter wird sie sehr schmal und ist über lange Strecken nicht asphaltiert. Stellplätze sind an der Strecke rar. Wer sich dennoch auf den Weg macht, sollte Spaß am Abenteuer haben und – natürlich – ein kompaktes Fahrzeug steuern. Die offizielle Begrenzung liegt bei einer Breite von 2,30 m.

Die Kirche von Versam

Einen schönen Blick ins Tal und einen Übernachtungsplatz am Ortsrand verspricht der kurze Abstecher nach **Tenna**. Auf gut ausgebauter Straße durchquert man zwei Tunnel. Dann geht es in Serpentinen rechts hinauf. Vorbei am Gasthof Alpenblick mit blickreichen Gartenplätzen fahren Sie rechts zu zwei kleinen Parkplätzen.

(126) WOMO-Wanderparkplatz: Tenna

GPS: N 46°44'53", E 9°20'28" **max. WOMOs:** 1-2
Ausstattung / Lage: Kleiner Parkplatz neben der wenig befahrenen Straße, am Ortsrand, Naturboden, eignet sich besonders als Schlafplatz nach einer abendlichen Einkehr im Gasthof. Enge Zufahrt, daher nur für kompakte WOMOs.
Zufahrt: Am Gasthof rechts den Parkplatzschildern folgen. Vorbei an der Kirche bis zur zweiten Parkbucht vor einer Baumreihe rechts unterhalb der Straße.

Zum Aussichtspunkt am Tenner Chrüz

Von der Dorfkirche steigen Sie in 2 Stunden hinauf (440 Höhenmeter) zum grandiosen Aussichtspunkt auf dem Tenner Chrüz. Weitere 25 Wanderungen sind in einer Wanderbroschüre beschrieben, die Sie im Gasthof Alpenblick oder im örtlichen Volg-Laden für CHF 6.- erwerben können.

Abenteuer Safiental

Die Weiterfahrt durch das Safiental ist ein Ausflug für Abenteuerlustige. Die Bergstraße ins Tal ist teilweise sehr schmal und dazu auf lange Strecken nicht asphaltiert. Die 20 km bis zum Talende ziehen sich endlos. In Thalkirch kurz vor dem Talschluss lohnt eine kleine Kirche in toller Lage einen Stopp und am Ende der Straße wartet der nette **Berggasthof Turrahus** mit einfachen Gerichten und wunderbarer Sonnenterrasse. Der Gasthof erlaubt nach Einkehr und auf Nachfrage auch die Übernachtung. Platz ist für maximal 2-3 kleinere Womos. **GPS N 46°37'29", E 9°16'35"E**. Die einzige Parkplatzalternative bietet eine größere Schotterfläche neben der Straße kurz vor Thalkirch **GPS N 46°38'29", E 9°16'48"**. Das Tal wird auch mit dem Postbus angefahren.

Naturpark Beverin

Das Safiental ist der westliche Zugang zum Naturpark Beverin, dem wir auf der anderen Bergseite bei Thusis noch einmal begegnen werden. In der Region um den Piz Beverin lebt Steinwild. Man zählt etwa 350 Tiere. So heißt auch der Rundweg durch den Park Via Capricorn (rätoromanisch für Steinbock). Den Weg läuft man in drei Tagesetappen. Ein Spaziergang führt Sie vom Turrahus an der Rabiusa entlang ins Tal hinein bis zum Bodenälpli, wo der steile Steig zum Safierberg beginnt.

Vor **Versam** fahren wir in Richtung Bonaduz und passieren jetzt den aufregendsten Teil der Straße über der Rheinschlucht. Es wird eng und kurvig. An zwei parallelen Brücken erlaubt ein Parkplatz einen ersten Blick in die Schlucht. Noch besser sieht man vom Aussichtspunkt bei **GPS N 46°48‘35“, E 9°20‘46“.** Kurz vor **Bonaduz** treffen wir auf den offiziellen Stellplatz der Stadt.

(127) WOMO-Stellplatz: Bonaduz

GPS: N 46°48‘47“, E 9°22‘43“ **max.WOMOs:** 8-10

Ausstattung / Lage: Ebener geschotterter Parkplatz neben der Straße. Dahinter Wald und Weiden. Kostenloser, offizieller Nachtcamping für Womos. Nachts ruhig. Das Ganze wäre eine tolle Sache, wäre nicht das Umspannwerk auf der gegenüberliegenden Straßenseite. Ein Teil des Platzes befindet sich leider unter der rauschenden Leitung. Ist man nicht zu empfindlich passt es trotzdem / außerorts.

Zufahrt: 1 km vor Bonaduz links der Straße. Mit Parkplatzschild markiert.

Blick vom Aussichtspunkt zur Flimser Hochebene

TOUR 8 (ca. 145 km / 2-4 Tage)

Viele Wege führen ins Tessin – Valle Leventina und Valle di Blenio

Airolo – Faido – Giornico – Biasca – Lukmanierpass – Valle di Blenio – Bellinzona - Tenero

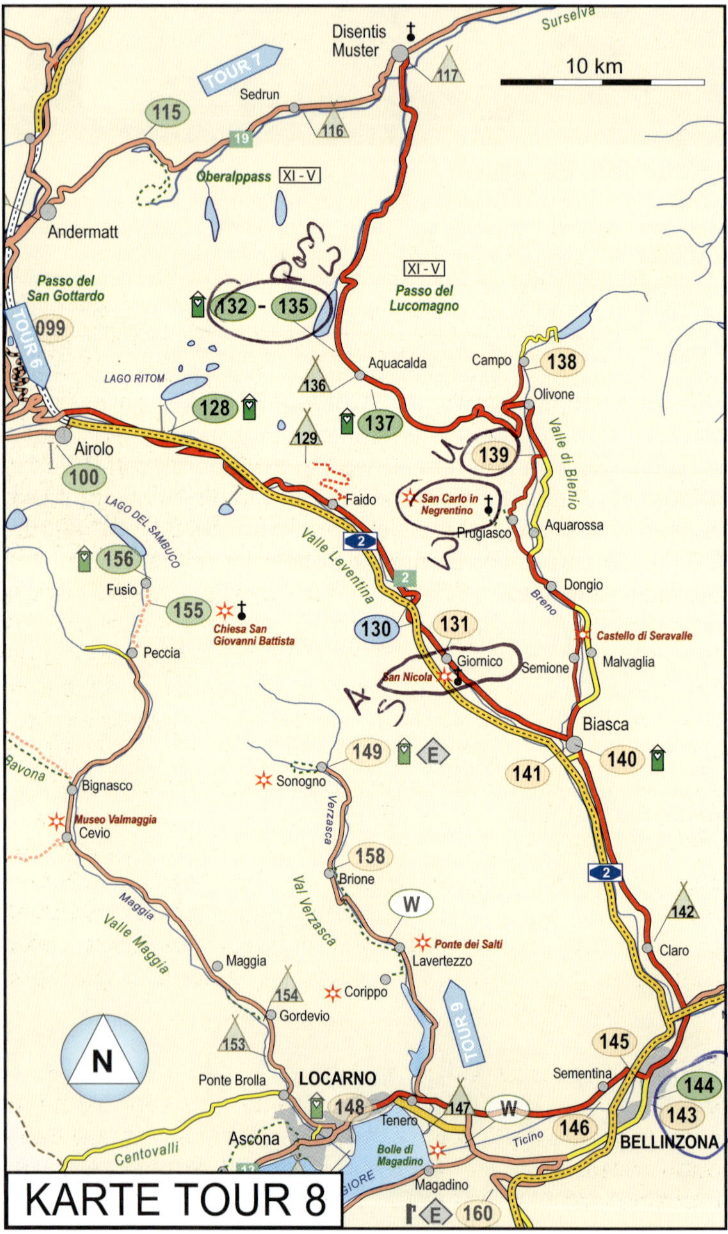

KARTE TOUR 8

Freie Übernachtung:	Bergbahn Ritom, Ticino, Giornico, Lukmanierpass (4x), Campo, Aquila, Biasca 2x), Bellinzona (3x), Sementina
Ver-/Entsorgung:	Bellinzona, Camping Claro
Campingplätze:	Faido, Aquacalda, Claro
Baden:	Ticino bei Giornico
Besichtigen:	Giornico, San Carlo in Negrentino, Castello Sferavalle, Castelli in Bellinzona
Wandern:	Lago Ritom, Lukmanier, Sentieri storici Aquarossa, Bellinzona

Sie wollen ins Tessin? An den Lago Maggiore mit palmengesäumten Ufer, wo auch an Ostern schon die Sonne wärmt? Wenn Sie zwischen Juni und Oktober unterwegs sind, haben Sie die Wahl zwischen zwei schönen Routen. Die erste führt über den Gotthardpass mit vielen schönen Stellplätzen und der anschließenden Fahrt durch das Valle Leventina. Die zweite längere Route steigt über den ruhigeren Lukmanierpass in das schöne Valle di Blenio. Nach Bellinzona und weiter ins sonnige Tessin führen beide Routen. Die dritte Strecke über den San Bernardino haben wir uns für die Rückfahrt aufgehoben. Sie finden Sie bei Tour 11. Wenn Sie allerdings tatsächlich schon an Ostern unterwegs sind, liegt auf den Pässen noch Schnee und Sie müssen auf einen der beiden langweiligen Tunnel ausweichen.

Von Airolo durchs Valle Leventina

Von Airolo verläuft die Landstraße parallel zur Autobahn und schon im nächsten Ort Piotta treffen Sie an der Station der Bergbahn zum Lago Ritom auf einen ersten Übernachtungsplatz und einen lohnenswerten Bergausflug.

(128) WOMO-Wanderparkplatz: Lago Ritom

GPS: N 46°31'01", E 8°40'27" **max WOMOs:** 4-5
Ausstattung / Lage: Parkplatz im Grünen an der Standseilbahn. Kiosk. WC an der Seilbahn. Die Autobahn ist hörbar, aber nicht zu sehen. Übernachtung toleriert.
Zufahrt: In Piotta links hinauf und dann gleich wieder rechts den Wegweisern zur Bergbahn folgen

Um den Lago Ritom

Gehzeit 4 h. 200 hm. Der erste Eindruck an der Bergstation sorgt nicht für Jubel und trotzdem wartet hier oben eine schöne, einfache Wanderung auf Sie. Den ersten Kilometer laufen Sie allerdings auf der schmalen Fahrstraße bis zum Gasthof an der Staumauer. Hier oben parken viele Autos, aber keines ist höher als 2 Meter und das hat einen Grund... Ihr Wohnmobil muss also unten auf dem Parkplatz bleiben. Unser Weg führt jetzt rechts über die Staumauer und auf einem schönem Pfad am Seeufer entlang bis zum unteren Seeende. Kurz vor der Seespitze führt ein Weg vom See hinauf zur Campana Cadagno. Die urige Steinhütte wurde im Sommer 2013 durch eine neue Hütte ersetzt und ist ab Juni 2014 wieder geöffnet. Von der Hütte aus umrunden wir den kleineren Lago Cadagno an der Bergseite und steigen am Seeende hinauf zum dritten See, dem idyllischen Lago di Tom mit kleinem Sandstrand. An der Alp Tom steigen wir ab zum Lago Ritom und auf der Fahrstraße geht es zurück zur Station der Seilbahn.

Wer abkürzen will, lässt die Campanna Cadagno aus, läuft am Ufer des Lago Ritom weiter und steigt erst hinter dem Seezufluss mit Wasserfall den steilen Pfad zum Lago Cadagno hinauf. Statt den See zu umrunden, läuft man vorne am Gasthof vorbei und steigt dann direkt hinauf zum Lago Tom (ca. 3 h Gehzeit). Die Seilbahn zum See fährt von Juni bis Oktober täglich zwischen 8.30 und 18.30. Das Retourticket kostet CHF 22.-

(129) WOMO-Campingplatz-Tipp: Piantett / Faido

GPS: N 46°28'59", E 8°48'01"
Ausstattung / Lage: Schöne Terrassen in der Einsamkeit einer Waldlichtung. Absolut ruhig. Einfache Sanitärausstattung. 2 Pers. + Womo CHF 31.-
Zufahrt: Von Faido dem Campingschild 3 km den Berg hinauf folgen. Im Ort Primadengo links. **Durchfahrt neben der Kirche ca. 2,20 m**. Danach 500 m Zufahrt über schmalen Waldweg, daher nur für kleine Mobile möglich!

Durchfährt man das **Valle Leventina** auf der Landstraße, ist die Autobahn niemals weit entfernt, dazu ist das Tal einfach zu schmal. Erstaunlicherweise vergisst man diese Tatsache immer wieder, so lange man die Trasse nicht sieht. Kurz vor **Giornico** verschwindet die vierspurige Strecke in einem Tunnel, um dann gleich darauf weit oben auf einer Brücke den Ticino zu überqueren. Unterhalb der Brücke treffen wir auf nette Plätzchen am Fluss. Rechts vor der Brücke in einer Straßenkurve verbirgt sich eine Parkbucht rechts der Straße schattig unter Bäumen, aber nahe der Straße **GPS N 46°25'19", E 8°51'25"**. Der Fluss liegt unterhalb. Noch besser steht man am gegenüberliegenden Ufer.

(130) WOMO-Badeplatz: Ticino

GPS: N 46°25'13", E 8°51'31" **max. WOMOs:** 1-2
Ausstattung / Lage: Links kleiner Kiesplatz, rechts zwei schattige Kiesbuchten. Feuerstelle. Zugang zu einer Kiesbank. An schönen Wochenenden gut besucht.
Zufahrt: Einen knappen Kilometer hinter der Autobahnbrücke rechts in die schmale Straße abbiegen. Sie führt auf einer Brücke über den Ticino. Vor und hinter der Brücke Parkmöglichkeit am Straßenrand. **GPS N 46°25'00", E 8°51'42"**. Folgt man der schmaler werdenden aber durchgängig asphaltierten Straße rechts bis zum Ende, kommt man durch eine schmale Unterführung der Bahnlinie (ca. 2,50 m breit, Höhe 2,85 m war kein Problem) zum Straßenende.

Dann erreichen wir **Giornico**. Erbaut um ein Inselchen im Ticino, mit zwei alten Steinbrücken, die die nebeneinander fließende Arme des Flusses überspannen und gleich drei attraktiven Kirchen ist Giornico der interessanteste Ort im Tal. Parkplätze gibt es gleich an der Ortseinfahrt rechts neben der Straße oder dann wieder an der Ortsausfahrt rechts. Sind Sie zu Essenszeiten im Dorf, empfehlen wir wärmstens eine Pause im **Grotto due Ponti** auf dem Inselchen im Dorfzentrum. Wie der Name schon sagt: auf der Terrasse im Schatten von wildem Wein sitzt man zwischen beiden Brücken, der Blick streift über den Fluss zu den Kirchtürmen von **San Nicola** und **San Michele**, deren Besuch sie keinesfalls versäumen sollten.

Himmel und Hölle – das romanische Kunstwerk San Nicola

Während Sie hinter dem Portal der linken größeren Kirche **San Michele** das gepflegte, gut restaurierte Innere einer regelmäßig genutzen Pfarrkirche entdecken, ist **San Nicola** eine Überraschung. Die Kirche ist romanisch und vermutlich in den ersten Jahrzehnten des 12. Jahrhunderts errichtet. Die naiven, ausdrucksstarken Figuren am Hauptportal wachsen förmlich aus dem Stein. Zwei Löwen wachen über den Eingang. Betritt man das spärlich beleuchtete Gebäude, steht man in einem schmucklosen gemauerten Raum. An den Wänden sind Reste von Fresken zu entdecken. Dort wo man den Altar erwartet, führt eine bogenförmige Treppe über eine von Säulen getragene Krypta und teilt den Raum in Himmel und Hölle. Besonders eindrucksvoll sind die mit Figuren geschmückten Kapitelle der Säulen in der finsteren Unterwelt. Hier taucht das Löwenmotiv vom Eingang wieder auf. Über der Krypta und auch hoch über den Sitzreihen der Gemeinde öffnet sich ein kuppelförmiger Raum. Die Wände sind mit farbenfrohen Fresken geschmückt und Licht fällt freundlich durch die Bogenfenster. Die Malereien in der Decke der Apsis sind mit Nicola Seregnio signiert und stammen aus dem Jahr 1478. San Nicola gilt als bedeutendstes romanisches Bauwerk im Tessin.

Aber damit nicht genug. Eine dritte Kirche streckt auf einem Hügel oberhalb des Dorfes ihren Glockenturm in den Himmel: **Santa Maria di Castello** gehörte wohl ursprünglich zu einer Burganlage und stammt ebenfalls aus dem 11. Jahrhundert, wurde aber seitdem mehrfach umgebaut. Die Kirche befindet sich am oberen Ortsrand. Parken kann man zu Ihren Füßen an Schule und Sportplatz. Bei unserem Besuch war sie jedoch verschlossen.

(131) WOMO-Stellplatz: Giornico Sportzentrum

GPS: N 46°24'08", E 8°52'14" **max. WOMOs:** 1-2
Ausstattung / Lage: Ruhiger Platz am Ortsrand an der Schule. Daher vorzugsweise am Wochenende und in den Ferien nutzbar. Am Fuß der Kirche Santa Maria di Castello.
Sonstiges: Ausweichplatz am Ortsende rechts der Via Kantonale bei **GPS N 46°23'58", E 8°52'51"**, am Fluss.

Aber auch im Dorfzentrum haben Sie noch nicht alles gesehen: Auf der Straßenseite des Ticino sammelt sich eine Gruppe alter, teilweise mit Fresken geschmückter Häuser. Die Casa Stanga, in der das **Museo di Leventina** untergebracht ist,

wurde 2013 renoviert und soll im Frühjahr 2014 neu eröffnet werden. Thema der Ausstellung ist Architektur und Geschichte des Valle Leventina und der Gotthardstraße, die seit ihrer Eröffnung zu Beginn des 12. Jahrhunderts die Entwicklung der Region prägte.

Die letzte Sehenswürdigkeit des kleinen Ortes könnte kaum einen größeren Kontrast zur alten romanischen Kirche und dem mittelalterlich wirkenden Dorfkern bilden: Auf einer Wiese am Ticino steht ein kastenförmiger Betonklotz ohne Fenster. Er beherbergt das **Museum La Congiunta** mit Werken des Bildhauers Hans Josephsohn. Der Architekt Peter Märkli erhielt 1995 für das Gebäude den ersten Preis des Wettbewerbes »Neues Bauen in den Alpen«. Wer die Reliefs des Künstlers sehen möchte, holt den Schlüssel zum Museum in der Osteria-Bar Giornico im Dorf. Das Museum finden Sie bei **GPS N 46°24'20", E 8°52'13"**. Die Zufahrtsstraße ist sehr schmal. Parken kann man nur auf einer Wiese am Fluss. Sollten Sie ein größeres Fahrzeug fahren, gehen Sie den Weg besser zu Fuß.

Giornico ist der letzte Ort im Valle Leventina. In der Kleinstadt **Biasca** treffen wir auf unsere Alternativroute, die hier vom Passo Lucomagno herunterkommt.

Der Passo di Lucomagno und das Valle di Blenio

Von Disentis, das bereits auf Seite 119 bei Tour 7 Erwähnung fand, fahren wir vorbei am **Camping Fontanivas (Stellplatz 117)** in die enge Höllenschlucht und folgen dem Bach Rein da Medels durch den Berg. Am Schluchtende wird die Straße deutlich undramatischer und wir reisen durch Weideland mit Alpsiedlungen bis zur Staumauer des Lai da Sontga Maria , wo

dann die **Passhöhe des Lukmanier** erreicht ist. Am hinteren Seeende treffen wir auf ein modernes Restaurant mit verglaster Sonnenterrasse und einen Parkplatz. Läuft man vom Parkplatz knappe 500 m auf dem von der Straße abzweigenden geschotterten Fahrweg nach Süden hinauf, kommt man zur Alpe Croce mit Käseverkauf direkt ab Alpkäserei. Unser persönlicher Käsetest fiel sehr positiv aus…

(132) WOMO-Wanderparkplatz: Passhöhe Lukmanier
GPS: N 46°33'47", E 8°48'02" **max. WOMOs:** 2-3
Ausstattung/ Lage: Ebener Parkplatz auf der Passhöhe neben dem Restaurant. Die unteren Plätze haben Seeblick. Ruhiger steht man jedoch auf den nächsten Plätzen auf der Hochebene Cassacia.
Zufahrt: Am südlichen Ende des Stausees auf der Passhöhe

Auf der Hochebene südlich des Lukmanierpasses sömmern etwa 350 Kühe. Außerdem ist das landschaftlich besonders attraktive Moorgebiet der Alpe eine beliebte Wanderregion. Sieben gut markierte Wege ermöglichen auch weniger Ortskundigen Wanderungen verschiedener Länge. Ein Faltblatt mit dem Verlauf der Wege erhalten Sie im I**nformationszentrum Casaccia** kurz hinter der Passhöhe. Um den Wandertourismus zu regeln, sind auf der Hochebene vier Parkplätze markiert. Ein Tagesparkschein kostet an allen Plätzen CHF 5.-. Verbotsschilder mit rot umkringeltem Wohnmobil sind nirgendwo zu sehen. In **Aquacalda** gibt es außerdem einen schönen kleinen Campingplatz. Den ersten Parkplatz P 4 erreichen Sie bereits vor dem Informationszentrum. Er ist der optimale Ausgangspunkt für die schöne Wanderrunde zur Brennoquelle, die wir Ihnen gerne vorstellen möchten.

(133) WOMO-Wanderparkplatz: Lukmanier P4

GPS: N 46°33'03"N, E 8°48'36" **max. WOMOs:** 2-3
Ausstattung / Lage: Parkbucht neben der Straße und mit schönem Talblick, guter Startpunkt für die Wanderung zur Brennoquelle. Tagesparkschein CHF 5.-
Zufahrt: gut 2 km hinter dem Stausee, direkt rechts vor der Einfahrt in einen kurzen Tunnel.

Zauberhafte Moorlandschaft am Giro Sorgente del Brenno

Gehzeit: 2 h, ca.300 hm. Vom P 4 folgen Sie der der Wegmarkierung der Runde 3 hinunter zum Brenno. Der Bach mit glasklarem Wasser windet sich bis zur Alpe am Talende, wo Sie unter einem dicken Felsblock die gesuchte Quelle (Sorgente) entdecken. Der Weg geht rechts vorbei in eine kleine Schlucht und steigt dann steil zur Straße an. Leicht unterhalb der Passstraße laufen wir durch Kuhweiden bis zur Passhöhe. Vor dem Passrestaurant biegen wir links ab zu Alpe mit Käseverkauf. Empfehlen können wir sowohl die kleinen frischen Formaggini, als auch den Alpkäse. Leicht ansteigend geht es jetzt auf dem Bergrücken oberhalb der Straße zurück und wir befinden uns plötzlich ganz weit weg von Autos und Asphalt. Ein Pfad schlängelt sich zwischen dicken Felsbrocken, Alpenrosen und kleinen Schluchten durch schönste

Berglandschaft. Viel zu schnell steigen wir wieder hinunter, überqueren den Brenno auf einer Brücke und erreichen schöne Schattenplätze am Flussufer. Von hier schlägt der Weg einen Bogen zur Straße und von dort zum Parkplatz zurück.

Weitere Sentieri naturalistici di Lucomagno

Ebenfalls sehr empfehlenswert ist die 2-stündige Runde mit der Nummer 1. Sie führt durch einen zauberhaften Arvenwald und wird am besten vom Camping in Aquacalda gelaufen. Wer sich Zeit für eine richtig lange Wanderung nehmen möchte, dringt mit der Runde 6 weit in die Bergwelt abseits der Straße vor. Sie führt über die Pässe Colombo und Sole und stellt mit 4 Stunden Gehzeit und ca. 800 Höhenmetern etwas mehr Ansprüche an die Kondition. Der Weg beginnt am Informationszentrum Casaccia.

(134) WOMO-Wanderparkplatz: Infozentrum Casaccia

GPS: 46°32'46", 8°49"6", 1818 m **max. WOMOs:** 2-3
Ausstattung / Lage: Ebene Parkfläche an der Straße, WC, Picknicktische, Kiosk
Sonstiges: Im Infozentrum bekommen Sie Wanderkarten und eine kostenlose Skizze der 7 Themenwege.

(135) WOMO Wanderparkplatz: P 2

GPS: N 46°32'29", E 8°49'19", 1801 m
max. WOMOs: 2-3
Ausstattung / Lage: Zwei Parkterrassen rechts unterhalb der Passstraße mit Blick ins Grüne. Tagesticket CHF 5.-, Toi Toi WC
Zufahrt: Zwischen dem Infozentrum und Aquacalda

Kurz nach dem P 2 treffen wir in **Aquacalda** auf das Pro Natura Zentrum mit Hotel und Campingplatz. Der Camping mit 20 Plätzen ist vor allem für Zelte gedacht. Es werden aber auch Campingbusse und kleinere WOMOs aufgenommen, wenn ausreichend Platz vorhanden ist. Im Zentrum gibt es auch ein Restaurant mit toller Terrasse und frischer Küche aus lokalen Produkten.

(136) WOMO-Campingplatz-Tipp: Aquacalda

GPS: N 46°32'15", E 8°50'1.70", 1761 m
Ausstattung / Lage: naturbelassener Wiesenplatz unterhalb des Pro Natura Zentrums Aquacalda. Terrassen für kleine Womos, Wanderwege direkt vom Platz.
Zufahrt: Rechts der Straße vor dem Hotel.

Etwas verborgen an der Zufahrt zu einer Alpe mit Käseverkauf liegt der P 1 bereits außerhalb der beliebtesten Wanderrouten. Hier stehen Sie ruhig und etwas abseits der Straße.

(137) WOMO-Wanderparkplatz: Lukmanier P 1

GPS: N 46°31'45", E 8°50'53"
max. WOMOs: 2-3
Ausstattung / Lage: Ebener großer Parkplatz etwas abseits der Passstraße, ruhig, am Bach, Dixi-Klo, Tagesparkschein CHF 5.-, Mülleimer. Almsiedlung in Sichtweite, schöner Bergblick, kein Schatten
Zufahrt: kurz hinter Aquacalda der Zufahrt zur Alpe Pian Segno folgen.

Die Passstraße führt jetzt zügig hinunter in unser erstes Alpental südlich der Berge. Doch bevor wir die sonnigen Täler des Tessin erreichen, haben wir an der Stichstraße nach Campo einen weiteren Stellplatz zu bieten. Statt durch die enge Schlucht führt die Straße nach **Campo** durch einen langen Tunnel und kommt erst im grünen Talkessel des beliebten Skigebietes wieder ans Licht.

(138) WOMO-Stellplatz: Campo

GPS: N 46°33'25", E 8°56'22" **max WOMOs:** 2-3
Ausstattung / Lage: Am Fluss, geschotterter Parkplatz des Skiliftes, unterhalb des Ortes, Wertstoffhof, dort manchmal abgestelllte Baugeräte
Zufahrt: hinter der Tunnelausfahrt rechts hinunter zur Flussbrücke

Dann rollen wir weiter in den unteren Teil des **Valle di Blenio**, der schon ganz deutlich nach Süden riecht. Im Dorf **Aquila** wechseln wir nach rechts auf die schmalere Straße an der rechten Flussseite. Eine in die Landschaft platzierte römische Brücke, die wohl einmal über den Brenno führte, weckt Neugier und das Schild **Ponte Romano** führt uns zu einem schönen Plätzchen an dem Brückenrest, der auf das 12. oder 13. Jahrhundert datiert wird...

(139) WOMO-Stellplatz: Ponte Romano

GPS: N 46°30'07", E 8°56'39" **max. WOMOs:** 1-2

Ausstattung / Lage: Wiesenplatz neben der Brücke am Fluss. Der Ort Aquila liegt gegenüber.

Zufahrt: Direkt hinter der Bachbrücke am Ortsrand von Aquila rechts. Beschildert mit Ponte Romano.

Durch die Orte Ponte Valentino und Castro steuern wir unser Wohnmobil nach **Prugiasco** und halten gleich am Ortseingang an dem geschotterten Parkplatz bei **GPS N 46°27'48", E 8°55'49"** rechts der Straße. 230 Höhenmeter und 4 Serpentinen trennen uns jetzt noch von der Wiese, auf der die berühmte Kirche **San Carlo in Negrentino** steht. Der Wanderwegweiser steht am Parkplatz.

San Carlo in Negrentino

Das erste, was wir als kunsthistorische Laien bemerken: die kleine, aus Naturstein gemauerte Kirche ist schön und sie steht an einem bemerkenswerten Ort. Von der Bank neben dem wuchtigen Glockenturm schaut man weit ins Tal hinein, alles ist friedlich und still.

San Carlo wurde im letzten Drittel des 11. Jahrhunderts errichtet und liegt am Saumpfad zum Narapass, der nach Faido im Valle Levantino hinüberführt und früher ein wichtiger Verbindungsweg war. Ebenfalls bemerkenswert ist das Innere der Kirche. Sie ist reich mit alten Fresken geschmückt. Am ältesten ist das Gemälde von Jesus mit seinen Apos-

teln, das einem unbekannten lombardischen Meister des frühen 12. Jahrhunderts zugeschrieben wird. In der Hauptapsis und an der Nordwand begegnen wir erneut den Seregnesi, deren Werke wir bereits in San Nicola in Giornico bewundern konnten. Das Fresko an der Südwand stammt dagegen aus der Werkstatt eines Antonio da Tradate aus dem frühen 16. Jahrhundert. Das Innere der Kirche bekommen Sie allerdings nur zu Gesicht, wenn Sie vorher den Schlüssel holen. Er liegt bei Blenio Turismo in Olivone, den Restaurants ValSole, Stazione und Rubino in Acquarossa oder Blenio Rustici ebenfalls in Acquarossa.

Eine lange Hängebrücke führt von der Kirche über die benachbarte Schlucht nach **Leontica**. Sind Sie schlecht zu Fuß, erreichen Sie San Carlo auch von dort aus. Dazu folgen Sie in Leontica den Wegweisern zur Seilbahn und von deren Parkplatz den Wegweisern zur Kirche. Die Fahrt hinauf ist allerdings eine ziemliche Kurverei, die Ortsdurchfahrt extrem eng und über Nacht parken ist an der Seilbahn verboten. Das intensivere Erlebnis ist in jedem Fall der Fußweg von Prugiasco.

Kulturwanderung im Valle di Blenio Unterwegs auf den Sentieri storici

Wem die 40 min. Fußweg von Prugiasco nicht reichen, der kann San Carlo auch auf einer Rundwanderung besuchen. Der Sentiero Storico di Negrentino mit der Wegnummer 2 ist einer von mehreren markierten historischen Rundwegen und führt von Acquarossa nach Prugiasco, von dort hinauf zur Kirche San Carlo in Negrentino und über Leontica zurück nach Acquarossa. Auf der 2-stündigen Tour überwinden sie gut 300 Höhenmeter und besichtigen drei weitere Kirchen.

Etwas länger ist der *Sentiero Storico della bassa e media Valle di Blenio* mit der Nummer 1. Auch er beginnt und endet in Acquarossa. Die fünfstündige Rundwanderung führt mit 11 Zwischenzielen zu sehenswerten Kirchen und Grotti im Tal von Acquarossa bis Semione und auf einem Höhenweg zurück nach Acquarossa. Auch das Castello Serravalle, das wir am nächsten Stopp besichtigen werden, liegt an der Strecke.
Karte und Wegbeschreibung zu den Themenwegen finden Sie unter www.blenio.com unter Escursionismo oder als Broschüre in den Gästeinformationen.

Kurz vor **Dongio** mündet unsere Nebenstrecke wieder auf die Kantonalstraße und wir folgen dieser bis zum Dörfchen Motto. Auch in **Motto** steht eine kleine romanische Kirche aus dem 13. Jahrhundert. Die Fresken in ihrem Inneren sind nicht so alt wie die der Kirche San Carlo in Negrentino. Ein Blick hinter das Kirchenportal lohnt sich trotzdem. In Motto überqueren wir erneut den Brenno und fahren nach Ludiano und **Semione**, wo mit der Burgruine von Serravalle mehr Kultur auf uns wartet. Kurz vor Semione platzieren wir unser rollendes Haus bei **GPS 46°24'43"N, E 8°58'16"** an einer Parkbucht rechts der Straße. Zur Festung läuft man von hier aus 5-10 Minuten. Unterwegs kommen Sie an einem schönen Brunnen vorbei.

Castello di Serravalle

Auf den Grundmauern einer älteren Burg errichtet, diente Serravalle als herrschaftlicher Wohnsitz und Verwaltungsresidenz. Die Festung war durch ihre Lage an der Straße zum Lukmanierpass neben den gewaltigen Festungen von Bellinzona eine der bedeutendsten Burganlagen der Region Sopraceneri. Die unterhalb der Burg liegende Kirche Santa Maria del Castello wurde in ihrem jetzigen Zustand zwischen dem 16. und 18. Jahrhundert erbaut, ist aber auch bereits im 14. Jahrhundert urkundlich erwähnt. Die Burg wurde 1402 bei einem Volksaufstand gegen das aus Bologna stammende und als Herrscher im Bleniotal eingesetzte Adelsgeschlecht der Pepoli zerstört und nicht wieder aufgebaut. Die Reste der Anlage wurden zwischen 1928 und 1930 ausgegraben und sind immer noch sehr eindrucksvoll.

Dort, wo Valle Leventina und Valle di Blenio zusammentreffen, liegt die Kleinstadt **Biasca**. Dringt man durch die Außenbezirke ins Zentrum vor, ist es ein Ensemble aus zwei Kirchen, das die Besichtigung lohnt. Auf den ersten Blick auffälliger ist die gut 100 Jahre alte Pfarrkirche **San Carlo**. Interessanter ist **San Pietro et Paolo.** Der Bau aus dem 11. bis 12. Jahrhundert mit Fresken aus dem 13. Jahrhundert ergänzt die Gruppe romanischer Kirchen, die wir schon gesehen haben. Die Kirchen und die Altstadt sind bereits vom zentralen Parkplatz sichtbar und nicht zu verfehlen.

(140) WOMO-Stellplatz: Biasca

GPS: 46°21'35", 8°58'4", Via San Gottardo **max. WOMOs:** 2-3
Ausstattung / Lage: Ebener, großzügig angelegter Parkplatz mit PKW-Buchten, nahe zum Zentrum und der Chiesa San Pietro, Eisdiele in der Altstadt, zu den Grotti ca. 15 min Fußweg, WC am Platz, Tagesgebühr CHF 7.-, Stunde CHF 1.-, max. 10 Tage, Stellplätze 1-20 nur 2 h
Zufahrt: Aus dem Valle di Blenio kommend auf der Via Parallela in Richtung Zentrum fahren. An der Kreuzung mit der Via San Gottardo befindet sich auf der rechten Seite der Parkplatz.

Nach soviel historischer Kunst und Kultur begegnen wir in **Biasca** aber auch einem eher neuzeitlichen Tessiner Phänomen: dem Grotto. Ein **Grotto** ist eine Mischung zwischen Bar und Gasthaus, das in seiner ursprünglichen Form in einem der alten, in den Fels gebauten Tessiner Häuser eingerichtet ist. Typisch für ein Grotto sind urige, kleine Räume und eine rustikale Einrichtung. Sie können einfache Tessiner Speisen wie die allgegenwärtige Polenta sowie Wein und andere Alkoholika

bestellen. Am Stadtrand von Biasca gibt es eine ganze Straße mit Grotti – ein gemütlicher Tessiner Abend ist also gesichert. An den Grotti stehen eine Hand voll Parkplätze zur Verfügung. Zur Besichtigung der Altstadt und der Kirche parken Sie besser auf dem zentral gelegenen kostenpflichtigen Parkplatz.

(141) WOMO-Stellplatz: Via dei Grotti

GPS: N 46°22'0"N, E 8°58'31" **max. WOMOs:** 1-2
Ausstattung / Lage: kleiner, schattiger Parkplatz am Grotto Lino, weitere Plätze etwas weiter unten am Grotto Pino und oberhalb in der Via Sass Ronchett. Nur zur Übernachtung nach dem abendlichen Bummel durch die Grotti!
Zufahrt: An der Ortseinfahrt dem Wegweiser Grotti in die Via ai Grotti folgen. Die Straße nicht bis zum Ende fahren, sondern an den Wegweisern zu mehreren Grotti links hinauf abbiegen. Eine erste kleine Parkbucht rechts der Straße, kurz darauf vor dem Grotto Lino ein größerer Platz mit Schatten. Ist hier kein Platz, bleibt nur der Parkplatz im Zentrum.

Von Biasca fahren wir westlich der Autobahn weiter bis **Claro**, wo ein schöner Camping Übernachtungsplätze bietet.

(142) WOMO Campingplatz-Tipp: Campeggio Al Censo

GPS: N 46°15'56", E 9°01'11" geöffnet April - Oktober
Ausstattung/ Lage: Gepflegter, außerordentlich schön bepflanzter Platz am Ortsrand, schattige und sonnige Plätze, im Sommer großer Pool, in der Nebensaison Whirlpool, WOMO inkl. 2 Personen CHF 34.- bis 40.-, Strom 4,50
Zufahrt: In Claro beschildert.

Jetzt nähern wir uns zügig **Bellinzona**. Wenn Sie sich für Burgen begeistern, sollten Sie die Stadt keinesfalls links liegen lassen. Die Reste der alten Festungsanlage und der Mauer, die einstmals das Tal abriegelte, suchen tatsächlich ihresgleichen. Wer zügig weiter möchte, umfährt die Stadt am besten westlich des Ticino oder auf der Autobahn. In Bellinzona finden Sie in wenig erfreulicher Lage unter der Brücke einer Schnellstraße einen offiziellen Stellplatz mit topmoderner Entsorgungsanlage und zwei schöne Parkplätze über der Stadt und direkt an zwei der drei Burgen.

(143) WOMO-Stellplatz: Sasso Corbaro

GPS: N 46°11'17", E 9°01'43" **max. WOMOs:** 2

Ausstattung / Lage: Ebener Platz, Rasengitter, unterhalb der Burg Sasso Corbaro. Weiter Blick über Bellinzona, Brunnen und Container für Sacchi ufficiali, weitere Parkplätze weiter auf P 3, bevorzugter Parkplatz für die Osteria, daher belebter.

Sonstiges: Das Museum in der Burg ist von 10 - 18 Uhr geöffnet. Ankunft daher möglichst erst nach 18.00 Uhr. Der Burghof ist auch abends frei zugänglich. Sie laufen einen steilen Felsenweg oder die Straße hinauf zur Burg mit gefeierter Osteria. Das Ambiente im Schlosshof ist unvergleichlich und das Essen soll sehr gut sein. Für ein Menü rechnen Sie CHF 82.- pro Person, Reservierung empfohlen.

Zufahrt: Auf der Via San Gotthardo ins Zentrum. Rechts hinauf zu den Burgen Montebello und Sasse Corbaro auf der Via Daro. Parkplatz P 1

(144) WOMO-Wanderparkplatz: Montebello

GPS: N 46°11'30"N, E 9°01'39"" **max. WOMOs:** 2

Ausstattung / Lage: Leicht schräger Platz, asphaltiert, übernachtungstauglich nur mit Keilen. Großer Spielplatz mit Tischen und Grill. Brunnen. Direkt am Eingang zur Burganlage. Burg geöffnet 8 Uhr bis 20 Uhr, Museum 10-18 Uhr. Startpunkt zur Wanderung durch die Altstadt zum Castelgrande und zur alten Wehrmauer Murata.

Zufahrt: Auf der Via San Gotthardo ins Zentrum. Rechts hinauf zu den Burgen Montebello und Sasso Corbaro auf der Via Daro.

Von Burg zu Burg durch die Altstadt von Bellinzona

Fußweg ca. 1 h + Aufenthalt in Montebello und Castelgrande

Nachdem wir im Infozentrum unseren Eintritt von CHF 5.- bezahlt haben, steht uns nicht nur die Burganlage offen, sondern auch das zugehörige Museum. Wer alle drei Burgen mit Ausstellungen besuchen möchte, wählt den Cultura-Pass für CHF 15.-. Der Außenbereich von Castelgrande mit der Murata ist frei zugänglich.

Von den Mauern von Montebello hat man freien Blick auf die beiden Nachbarburgen. Oberhalb auf einem Hügel thront Sasso Corbaro, gegenüber ragen die Festungsmauern von Castell Grande Torre Bianco und Torre Nero über die Stadt. Beide Türme kann man zur perfekten Stadtsicht über viele Stufen erklimmen – bei passenden Wetter sieht man bis zum Lago Maggiore hinüber.

Dazu müssen wir aber erstmal hinüber zum nächsten Castello. Auf einem extrem malerischen **Pfad mit groben Steinstufen** steigen wir am unteren Ende der Burgmauer in die Altstadt hinab. Links des Weges sind Reste der alten Wehrmauer zu sehen, die einst von Burg zu Burg durch das Tal führte. Die **Altstadt** erreicht man an der Piazza Collegiata. Links neben dem o.k. Kiosk führt der Weg wieder hinauf zum **Castelgrande** (beschildert). Vorbei am hochmodernen Grotto trifft man im Innenhof auf ein Restaurant und auf der Wiese verteilte moderne Kunst. Während Montebello in möglichst ursprünglichen Zustand gehalten wurde, können wir in Castelgrande eine gelungene Verschmelzung von Moderne und antiken Mauern betrachten. Im Hauptgebäude der Burg zeigt das **Burgmuseum** 6500 Jahre Geschichte um den Burgfelsen und die **Murata**, die im 15. Jahrhundert das Tal komplett abriegelte und in die Liste des UNESCO Weltkulturerbes aufgenommen wurde. Verlässt man den Innenhof von Castelgrande durch das Metalltor neben dem linken Torre, steht man auf den gut erhaltenen Resten der alten Wehrmauer von Bellinzona: Sie können nicht nur auf der breiten Mauer hinunter in die Altstadt spazieren, auch der finstere Gang im Inneren ist heute noch begehbar.

Laufen wir also von Castelgrande oberirdisch oder unterirdisch bis zur modernen Brücke (Holz mit roten Details). Hier führt eine Tür aus dem Tunnel hinaus auf die belebte Straße. Links hinter der Brücke führt uns die Via Orico zurück zwischen die stattlichen Häuser mit bröckelndem Putz in der charmanten **Altstadt**, wo wir auf bekanntem Weg die vielen Stufen zurück zum **Castello Montebello** vor uns haben. Oben angekommen laden die steinernen Picknicktische auf der Burgwiese zur Pause ein.

Nach unserem Ausflug in die historische Altstadt führt uns die Suche nach dem offiziellen Stellplatz in den modernen Teil von Bellinzona. Er befindet sich an der Sportanlage am nordöstlichen Stadtrand und am Ticino.

(145) WOMO-Stellplatz: Bellinzona

GPS: N 46°12'04"N, E 9° 01' 02" , Via Brunari **max. WOMOs:** 7
Ausstattung / Lage: Offizieller Stellplatz in Bellinzona, V/E-Station, 7 große Stellplätze, unter einer Straßenbrücke und daher nicht sehr gemütlich, 1 km in die historische Altstadt, Entsorgung kostenlos, Frischwasser 1 CHF, Übernachtung 16 h CHF 18.-, 24 h CHF 20.-, 48 h CHF 35.- Maximal 48 h. Mit kleineren Mobilen kann man gut auf die ruhigeren Plätze vor der Sportanlage ausweichen.
Zufahrt: Von der Durchfahrtsstraße Via Henri Guisan, die am Castelgrande vorbei führt, in die Vialle Guiseppe Motta abbiegen und der Wohnmobilmarkierung folgen.

Am Stellplatz überqueren wir den Ticino und fahren auf der Landstraße mit der Nummer 13 über **Tenero** nach **Locarno**. Unterwegs haben wir noch einen ruhigen Übernachtungsplatz an einer Sportanlage entdeckt.

(146) WOMO-Stellplatz: Sementina

GPS: N 46°10'47", E 8°58'41" **max. WOMOs:** 2-3
Ausstattung / Lage: Zwischen Gewächshäusern und einem begrünten Wall, der den Platz von den Sportplätzen abschottet. Mülleimer, an einem Wäldchen gelegen.
Zufahrt: hinter Sementina links der Kantonalstraße.

Bei Tenero erreichen wir dann den **Lago Maggiore**. Hier bieten fünf Campingplätze Quartier, die zu den teuersten der Schweiz gehören. Im Hochsommer müssen Sie trotzdem reservieren, um hier einen Platz zu bekommen. Wer am Schweizer Ufer des Lago Maggiore baden möchte, kommt um Tenero kaum herum und wer es ruhiger mag, biegt hier ab ins idyllische Valle Verzasca. Die Details dazu finden Sie bei Tour 9.

TOUR 9 (ca. 277 km / 3-6 Tage)

Zwischen Sommertrubel und Bergeinsamkeit: Der Lago Maggiore und seine Bergtäler

Locarno – Ascona – Cannobio – Valle Maggia – Val Bavona – Bosco Gurin – Val Verzasca – Bolle di Magadino – Maccagno – Luino – Ponte Tresa

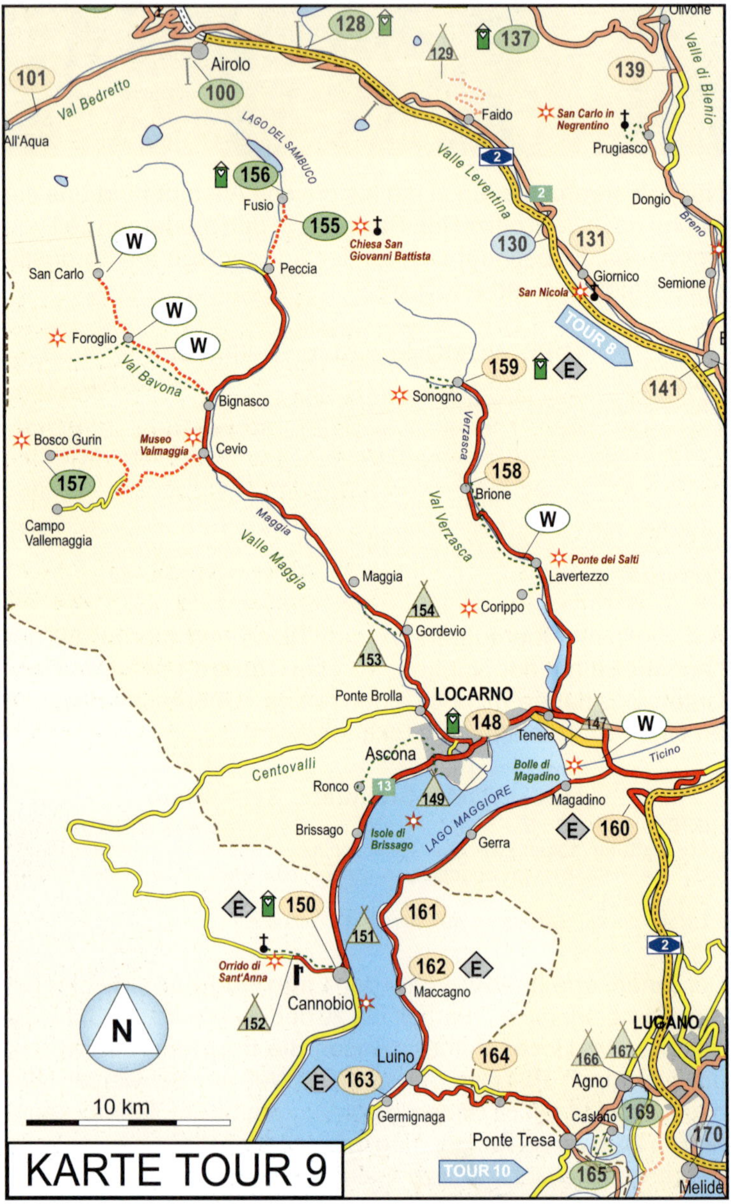

KARTE TOUR 9

Freie Übernachtung:	Locarno, Cannobio, Mogno, Fusio, Bosco Gurin, Brione, Sonogno, Monte Céneri, Lago Maggiore Ost, Maccagno, Germignana, Luino
Ver-/Entsorgung:	Cannobio, Sonogno, Monte Céneri, Germignana und Campingplätze
Campingplätze:	Tenero, Locarno, Cannobio (2x) Avengo, Gordevio, Maccagno
Baden:	Tenero, Locarno, Cannobio, Ponte Brolla, Lavertezzo
Besichtigen:	Kameliengarten, Locarno, Isole Brissago, Ascona, Monte Vérita, Museum Cevio, Walserhaus Bosco Gurin, Kirche in Mogno, Sonogno
Wandern:	Ascona, Orrido Sant'Anna, Gordevio, Sentiero dei Grotti, Val Calneggia, Lago Robiei, Bosco Gurin, Kunstweg Lavertezzo, Sonogno, Bolle di Magadino

Der Schweizer Teil des Lago Maggiore ist legendär. Villen säumen die Steilhänge am Ufer und in Ascona und Locarno trafen sich zu Beginn des letzten Jahrhunderts Vertreter der europäischen Avantgarde. Locarno mit seiner prunkvollen Piazza Grande und Ascona mit der bunten Uferfassade haben bereits südländisches Flair. Am Nordzipfel des Sees, an der Mündung des Ticino, dominiert der Camping- und Badetourismus und die Täler der Maggia und der Verzasca im Hinterland des Logo Maggiore sind ein echtes Wander- und Naturparadies.

Das Westufer des Lago Maggiore

Am Westufer des Lago Maggiore rücken die Berge nahe an den See heran. Auf engem Raum staffeln sich prunkvolle Villen zwischen Palmen und üppigem Blumenschmuck hoch über dem tiefblauen See. Locarno gilt als sonnigste Stadt der Schweiz – das Klima am See ähnelt dem am Mittelmeer, und so ist Ascona auch heute noch ein bevorzugtes Quartier der Reichen und Schönen.

Wir beginnen unsere Runde am Lago Maggiore im Camperparadies **Tenero**. Fünf Campingplätze – einer direkt neben dem anderen – teilen sich den langen Sandstrand zwischen Locarno und der Mündung des Fiume Ticino. Allesamt haben vier bis fünf Sterne und in der Hauptsaison beinahe schwindelerregende Preise. Für einen Seeplatz zahlen Sie bis zu CHF 85.- pro Nacht – und das schon zu zweit! Die Zufahrt erfolgt durch das Gewerbegebiet von Tenero. Zwischen dem Camping Tamaro und dem Camping Miralago gibt es ein öffentliches Strandbad mit einer engen für Womos gesperrten Zufahrt. Wer am Lago einen Badetag einlegen will, kommt also an den Strandcampings kaum vorbei. Außerhalb der Hochsaison fallen die Preise auf ein halbwegs ziviles Niveau.

(147) WOMO-Campingplatz-Tipp: Campofelice / Tenero
GPS: N 46°10'07", E 8°51'20"
Ausstattung / Lage: großer, sehr gepflegter Platz direkt an der Mündung des Ticino mit 400 m langem Sandstrand. Großer Spielplatz und viele Kinder. WOMO inkl. 2 Personen CHF 39.- bis 58.-, Seeplatz 44.- bis 68.-
Zufahrt: der Campofelice ist am weitesten von Locarno entfernt und teilt sich die Zufahrt mit dem Camping Lago Maggiore. An der Autobahnausfahrt Tenero ausgeschildert.

An der Zufahrt zu den Campingplätzen Campofelice und Lago Maggiore befindet sich das **Centro Tenero**, ein großes Einkaufszentrum mit Supermarkt, einigen kleinen Läden, einem Baumarkt, der auch Campingartikel führt und einem Coop-Restaurant. Da PKWs in der Tiefgarage unterkommen, gibt es hinter dem Markt eine Reihe speziell markierter Wohnmobilparkplätze.

Locarno – die sonnige Stadt am Lago Maggiore
Wenn Sie nur einen kurzen Bummel durch Locarnos Altstadt planen, könnten Sie in der Via della Morettina am Stadtrand

in Richtung Ascona Parkplatz-Glück haben. Von dort laufen sie nur wenige Minuten die Straße hinauf zum merkwürdig anmutenden **Rondell**, das eine Ausgrabung beherbergt und zum **Castello,** hinter dem die Altstadt beginnt. Für längere Besuche empfiehlt es sich, den offiziellen Wohnmobilstellplatz in der Nähe des Strandbades aufzusuchen.

(148) WOMO-Stellplatz: Locarno

GPS: N 46°09'38", E 8°48'07" **max. WOMOs:** >30

Ausstattung / Lage: Großer Schotterplatz oder Parkstreifen am Straßenrand vor einer Parkanlage, kein Strom, keine V/E, einfaches öffentliches WC ca. 100 m entfernt (Richtung See). Zu Fuß ca. 20-25 min. ins Zentrum von Locarno. max 24 h, CHF 20.-, kürzere Parkzeiten möglich, Minimum CHF 6.- für 4 h

Sonstiges: Schwimmbad Lido Locarno mit Seeblick und wilden Wasserrutschen gleich gegenüber, 500 m rechts in Richtung Camping befindet sich der Kameliengarten.

Zufahrt: Am Delta der Maggia 500 m vor dem Camping Locarno gelegen. Der Ausschilderung zum Camping folgen.

Termali Salini & Spa

Ebenfalls im Gebäude des Lido Locarno gibt es außer dem Familienbad auch eine edle Wellnesstherme mit Sauna und Natursole-Badelandschaft. Tageskarte CHF 35.-, geöffnet 9-21.30 Uhr, Dienstag ist Frauentag.

Blütenzauber zu Ostern
Ein Spaziergang durch den Parco delle Camelie

Die Gartenanlage direkt am Ufer des Lago Maggiore ist zu jeder Jahreszeit einen Spaziergang wert. Am schönsten ist die Anlage jedoch Ende März, wenn sich die allerersten Blüten öffnen, während rundherum noch alles kahl und braun ist. Bewundern können Sie im Park fast 1000 Kamelienarten. Eintritt frei, geöffnet 9-18 Uhr, zwischen Stellplatz und Campingplatz am Seeufer.

(149) WOMO-Campingplatz-Tipp: Delta

GPS: N 46°09'24", E 8°48'03" geöffnet März bis Oktober
Ausstattung / Lage: Der schönste Platz am Schweizer Lago Maggiore. Gepflegt und komfortabel. Neben dem Kameliengarten an der Mündung der Maggia in den See. Die schönsten Plätze gruppieren sich um eine tief eingeschnittene Bucht des Lago, die mit Bootsanlegern und Badeplattform das Zentrum des Campings bildet. Viele sehr schöne, großzügig bemessene Plätze. Aufschlag für Stellplätze direkt am Wasser, Sanitäranlagen top – Preise leider auch. WOMO inkl. 2 Personen CHF 47.- bis 87.-. Vorsicht, auch Ostern ist hier Hochsaison! Telefon: +41 (0) 91 751 60 81, www.campingdelta.com
Zufahrt: Am südlichen Stadtrand von Locarno an der Ticinomündung. Ab dem Stadtzentrum beschildert.

Stadtspaziergang in Locarno

Die **Piazza Grande** ist das Zentrum von Locarno. Hier, wo im August auch das berühmte Filmfest seinen Mittelpunkt hat, findet jeden Donnerstag von 9-17 Uhr ein großer Markt statt. Zwischen den Häusern zweigen die ersten engen Gassen der Altstadt ab und führen hinauf zur ebenfalls stimmungsvollen **Piazza Antonio** mit der Kirche Antonio Abbati. Am westlichen Rand des alten Stadtzentrums können Sie im **Castello Visconteo** das **Stadtmuseum von Locarno** besuchen. Dazwischen laden in den autofreien Gassen viele gemütliche Cafés zum Nichtstun ein.

Madonna del Sasso

Die schönste Kirche von Locarno liegt hoch über der Stadt auf dem Sacro Monte – dem heiligen Berg. Von der Chiesa Madonna del Sasso hat man einen eindrucksvollen Blick über den See und die Stadt. Ein Fußweg führt aus der Stadt hinauf, alternativ könnten Sie aber auch einfach die Seilbahn nehmen. Die Kirche ist von 6.30 bis 18 Uhr geöffnet, die Seilbahn fährt zwischen 7 und 20 Uhr.

Falconeria Locarno

Zwischen Stellplatz und Altstadt befindet sich in der Via delle Scuole 12 eine Falknerei. Falken, Adler, Eulen und andere Greife werden hier zwischen März und Oktober täglich zweimal um 11.00 und um 15.00 Uhr im freien Flug vorgestellt (Im Winter nur Mi-So jeweils um 14.00 Uhr), Eintritt CHF 20.-, Familien CHF 55.- oder Ticino Card

Ascona und der Monte Veritá

Luxushotels und schicke Läden in der schönen Altstadt: Ascona ist auch heute noch der nobelste Ort am Seeufer und jedes Jahr im Juni zieht das Jazz-Festival Tausende von Fans an den Lago Maggiore. Ein Bummel durch die bunten Altstadtgassen und über die Seepromenade ist dagegen jederzeit ein attraktives Reiseprogramm. Noch reizvoller ist die Wanderung, die von Ascona hinauf zum **Monte Verità** und auf einem **Höhenweg nach Ronco** führt. Von Ronco können Sie mit einem Zwischenstopp am botanischen Garten der Isola Brissago per Boot nach Ascona zurückfahren. Aber egal was Sie jetzt vorhaben: Zuerst einmal brauchen Sie einen Parkplatz für ihr Wohnmobil.

Parken in Ascona

Zum Stadtspaziergang oder zur Wanderung parken Sie Ihr Fahrzeug am Stadtrand – auf den stadtnäheren Plätzen erwartet Sie ein Womoparkverbot. Am zentralsten liegt der kostenpflichtige **Parkplatz am Friedhof** bei **GPS N 46°09'36", E 8°46'27".** Für 4 h zahlen Sie hier CHF 5,50, für jede weitere kommt 1 Franken hinzu. Maximale Parkzeit sind 24 h. Zur Altstadt laufen Sie etwa 600 m die Vialle Monte Verità hinunter. Kostenlos parken Sie weiter außerhalb bei **GPS N 46°09'22", E 8°46'38"**. Der Weg zum See führt über die Via Stefano Franscini, rechts die Via Muraccio hinunter bis zum Kreisel und dann links auf der Via Circonvallatione zum See.

Monte Verità oder der Berg der Wahrheit

Oberhalb der Stadt hat zu Beginn des letzten Jahrhunderts eine Kommune von idealistischen Weltverbesserern Geschichte geschrieben. Gegründet durch den deutsch-österreichischen Künstler Gusto Gräser und den belgischen Fabrikantensohn Henri Oedenkoven entwickelte sich aus der im Herbst 1900 als »vegetabile Cooperative« gegründeten Kolonie auf dem Monte Verità ein Treffpunkt der intellektuellen Elite aus Kunst und Literatur. Kleinster gemeinsamer Nenner der Gemeinschaft war die Ablehnung der bürgerlichen Welt. Ansonsten sammelten sich hier Aussteiger, Revolutionäre und Lebenskünstler jeglicher Couleur. Hermann Hesse, Hans und Sophie Arp, Franziska Gräfin zu Reventlow, Paul Klee, Marianne von Werefkin, Erich Maria Remarque, Else Lasker-Schüler, der Psychoanalytiker C. G. Jung – das sind nur einige bekannte Namen, die mit dem Monte Verità in Verbindung gebracht werden. Die Ideen der Aussteiger waren revolutionär und drehten sich um Frieden, freie Sexualität und Naturheilkunde. Die Kolonie scheiterte 1920 an mangelnder Rentabilität. 1926 erwarb der deutsche Bankier Eduard von der Heydt den Berg und errichtete ein Hotel im Bauhausstil. Der Berg erlebte eine zweite Blüte, die erst mit dem zweiten Weltkrieg ein Ende nahm. Heute gehört der Monte Verità dem Kanton Tessin. Im renovierten Bauhausgebäude ist ein Seminar- und Tagungszentrum mit Restaurant untergebracht. Die Parkanlage mit Teehaus (geöffnet Mi-So 13.30 - 18.00 Uhr) ist frei zugänglich, das Museum über die Geschichte der Kolonie ist zur Zeit wegen Renovierung der Casa Anatta geschlossen und wird voraussichtlich in neuer Form 2015 wieder eröffnet. Zugänglich ist zur Zeit nur eine kleine Ausstellung in der Casa Selma – einer der Licht-Luft-Hütten der alten Kolonie. Die russische Malerin Marianne von Werefkin, die bis zu ihrem Tod im Jahr 1938 in Ascona lebte, vermachte viele ihrer Bilder der Stadt Ascona. Sie sind heute das Herzstück der Ausstellung des Museo Communale d'Arte Moderna am Fuße des Monte Verità in der Via Borgo 34. Einen Parkplatz, auf den auch Wohnmobile passen, finden Sie unterhalb der Anlage neben bei **GPS N 46° 9'33", E 8°45'39"**. Am schönsten erkunden Sie den Berg aber im Rahmen einer Rundwanderung von Ascona.

Von Bank zu Bank am Lago Maggiore – Über den Monte Verità zu den Brissago-Inseln

Gehzeit 2 h, ca. 200 Höhenmeter. Nachdem Sie Ihr Wohnmobil am Stadtrand von Ascona gut untergebracht haben, laufen Sie vom oberen Ende der Seepromenade die Via Borgo entlang (vom See weg). Nach etwa 50 m zweigt links der mit dem Wegweiser Monte Verità markierte Treppenweg Scalinata della Riga ab. Er mündet unterhalb der Casa Anatta auf der Via Collina, der wir nach links folgen. Vor Ihnen auf dem Hügel liegen die Parkanlagen des Monte Verità. Unsere Wanderung führt auf der Via Collina zum Parco Parsifal. An der Straßenkreuzung unweit der Casa Anatta wählen wir den halblinks abzweigenden Sentiero romano in Richtung Ronco. Der asphaltierte Weg führt mit weitem Seeblick über dem Lago Maggiore durch den Wald. Unendlich viele Bänke bieten die Möglichkeit, den Seeblick ausführlich zu genießen. Der Weg ist gut markiert. Folgen Sie einfach den Wegweisern nach Ronco, wel-

ches Sie nach etwa 1,5 Stunden Gehzeit erreichen. Hier können Sie vom zauberhaften Platz vor der kleinen weißen Kirche noch ein letztes Mal den unvergleichlichen Ausblick genießen, bevor Sie abermals endlos viele Stufen zum See hinuntersteigen. Der Treppenweg endet am Anleger der Fährboote zur Isola di Brissago. Die Boote fahren etwa im Stundentakt mit einer Mittagspause zwischen 12.30 und 14.00 Uhr. Einen aktuellen Fahrplan finden Sie unter www.navigazionelaghi.it. Vom botanischen Garten der Insel fahren Sie dann nach Ascona zurück. Das Kombi-Ticket und die entsprechenden Fahrplaninformationen bekommen Sie am Anleger in Ronco.

Der botanische Garten auf den Isole di Brissago

Im bezaubernden Garten um die in den 30er Jahren erbaute Villa Emden wachsen ca. 1.700 Pflanzenarten, die ansonsten nur im Mittelmeerraum und in den Subtropen gedeihen. Sie bummeln vom Kakteengarten zum Bambushain und zum Nymphenbrunnen. Die Gartenanlage wurde um 1880 von den Besitzern der Insel als privater Garten angelegt. Seit 1950 ist der Botanische Garten auf der Insel öffentlich zugänglich. Die Villa wird für Tagungen und Hochzeiten angeboten, das zugehörige Restaurant ist für Besucher geöffnet. Eintritt CHF 8.-, den Fahrplan der Boote finden Sie unter http://www.navigazionelaghi.it

Cannobio – ein Ausflug über die Grenze

Zwischen Ascona und **Brissago** klemmt die Straße zwischen See und Hang, was zwar für tollen Seeblick, aber wenig Möglichkeiten für einen Stopp sorgt. Für einen Badeaufenthalt und eine Nase voll italienischer Luft lohnt sich hier ein kurzer Hopser über die Grenze nach **Cannobio**, wo der schöne Ortskern, ein offizieller Wohnmobilstellplatz und eine Reihe Campingplätze direkt am Seeufer für einen angenehmen Aufenthalt sorgen.

Altstadt und Seepromenade

An der breiten **Seepromenade** Cannobios reihen sich Cafés, Restaurants und Eisdielen. Einen Abendspaziergang am Lago, ein echtes italienisches Gelato an der Gelateria-Bar am See oder ein Gläschen Wein an den einladenden Tischen der beliebten Weinstube Ciciarada-Bar (Piazza Vittorio Emanuele, ebenfalls an der Seepromenade) sollten sie unbedingt einplanen. In den Gassen des historischen Ortszentrums kann man sich aber auch sehr angenehm zum Abendessen niederlassen.

(150) WOMO-Stellplatz: Cannobio

GPS: N 46°03'42", E 8°41'32", 216 m, Via al Fiume **max. WOMOs:** 30
Ausstattung / Lage: Plätze mit Blick auf den Fluss, V/E-Station, einfaches WC. Die Übernachtungsgebühr von € 18.- für 24 h werden am Automaten bezahlt. In der Saison ist der Platz oft schon am frühen Nachmittag komplett belegt.
Zufahrt: An der Ortsdurchfahrt ausgeschildert.

Auch zum Baden am Lago Maggiore ist Cannobio eine alternative Adresse zu den noblen Campings in Tenero. Den langen **Kiesstrand am Lido** teilen sich die Campingplätze Campagna, Paradies und Riviera. Unsere Empfehlung ist der am nächsten an der Stadt gelegene Camping Riviera.

(151) WOMO-Campingplatz-Tipp: Riviera

GPS: N 46°04'07", E 8°41'41" geöffnet April bis Mitte Oktober
Ausstattung / Lage: Tolle Plätze am Seeufer und eine dschungelartige Vegetation, gepflegte Sanitäranlagen und nette Rezeption. WOMO inkl. 2 Personen € 28.- bis 34.-, Strom € 4,50, www.riviera-valleromantica.com
Zufahrt: An der Durchgangsstraße gleich an der Ortseinfahrt vor der Flussbrücke links.

Fast ebenso schön, in abgeschiedener Ruhe des Flusstales und direkt am Cannobino übernachtet man auf dem Camping Valle Romantica im Hinterland von Cannobio.

(152) WOMO-Campingplatz-Tipp: Valle Romantica

GPS: N 46°03'26", E 8°40'44" geöffnet April bis Mitte Oktober

Ausstattung / Lage: Üppig bepflanzter Platz am Ufer des Cannobino, Badestelle am Fluss, gute Osteria am Platzeingang, WOMO inkl. 2 Personen € 28.- – 34.-, Strom 4,50, www.riviera-valleromantica.com

Zufahrt: von Cannobio ins Valle Cannobino. 1 km vom Ortszentrum entfernt.

Das **Tal des Cannobino** ist auch zu Fuß von Cannobio zu erreichen. Lohnenswerte Ziele sind dabei die **Hängebrücke Ponte Ballerina**, mehrere Badegumpen im Fluss und die kleine **Kirche St. Anna**, die in fotogenster Lage auf dem Felsen über einem großen Flussbassin thront. Vom Stellplatz laufen Sie ein kurzes Stück am Fluss stadteinwärts, überqueren die Hängebrücke und folgen dem Uferweg bis zur Kirche. Gehzeit einfach ca. 45 Minuten. Eine gekürzte Version der Wanderung startet an der Quelle Fonte Carlina im Cannobinotal:

Die Fonte Carlina und der Spaziergang zum Orrido St. Anna

Fahren Sie von Cannobio auf der SS 631 ins Flusstal hinein, treffen Sie zunächst links der Straße auf die **Mineralwasserquelle Fonte Carlina,** an der Sie bequem Tank und Wasserflaschen füllen können. Schräg gegenüber bietet eine **Parkbucht an der Brücke** über den Fluss **GPS 46°03'28", E 8°40'46"** die Möglichkeit, einen **Spaziergang zum Orrido di Sant'Anna** zu machen, der

nur noch einen knappen Kilometer entfernt ist, oder sich bei einem Sprung in den Cannobino ein wenig abzukühlen. Die direkte Zufahrt zum Parkplatz an der Kirche bleibt Campingbussen bis 2 m Breite vorbehalten. Wer bleiben will, findet auf dem Camping Valle Romantica das passende Quartier.

Valle Cannobino und Centovalli

Das Centovalli ist eines der meistbesuchten Täler des Tessins und entsprechend viel Verkehr ist auf der schmalen Straße. Auf den Parkplätzen treffen Sie auf viele Wohnmobilverbote – am sehenswerten Dom von Ré dürften Sie eigentlich nicht einmal zur Kirchenbesichtigung parken. Die Verbindung von Cannobio ins Centovalli führt kurvenreich durch das enge Flusstal des Cannobino und ansonsten durch viel Wald. Wir fanden die Tour anstrengend und nicht allzu spannend und empfehlen daher die Rückkehr in die Schweiz auf der Uferstraße. Wenn Sie die Runde trotzdem fahren wollen: Auf der Passhöhe im Cannobinotal treffen Sie auf einen schönen Rastplatz mit mehreren Tümpeln und im Centovalli gibt es kurz vor der Schweizer Grenze bei Isella links der Straße eine offizielle **Area di Sosta** für Wohnmobile mit Picknicktischen und Wasser: **GPS: N 46°08'15", E 8°34'26".**

Sie mögen **das italienische Ufer des Lago Maggiore**? **Mit WOMO-Band 73 »Mit dem Wohnmobil durchs Piemont«** haben Sie die richtige Literatur für das italienische Ufer des Sees im Gepäck, an dem Sie sehr viele schöne Stellplätze finden werden.

Wir kehren jetzt nach Ascona zurück und wenden uns den Tessiner Bergen zu. Zwischen Ascona und Locarno geht es über Ponte Brolla ins Tal der Maggia.

Valle Maggia

Das Maggiatal ist in der Nähe von Locarno vergleichsweise dicht besiedelt. Je weiter Sie aber ins Tal vordringen, desto wilder und ursprünglicher wird die Landschaft. Bis Cevio sind die Straßen unkompliziert. Wer dann die Seitentäler erforschen will, sollte ein kompaktes Mobil fahren. Die Strecken nach Bosco Gurin, Campo oder hinauf ins Val Lavizzara nach Fusio sind eng und sehr kurvig. Die Fahrzeuglänge ist offiziell auf 10 m begrenzt, aber auch mit deutlich kürzeren Fahrzeugmodellen werden Sie sich in den engen Kurven schwer tun. Weniger dramatisch steigt die Straße ins bildschöne Valle Bavona, hier sind es eher die Engpässe der Ortsdurchfahrten, die eine Fahrzeugbreite über 2,30 m nicht empfehlenswert machen.

Der Weg ins Tal beginnt bei **Ponte Brolla**. Der Ort ist schon beinahe berühmt für seine Badebecken und seine steilen Felstürme, die im Sommer wagemutige Klippenspringer anziehen. Auch das Bad in der Maggia ist wegen unberechenbarer Strömungen nicht ganz ungefährlich. Unfälle gibt es jedes Jahr. Parkplätze für das Bad im Fluss finden Sie am Straßenrand der Zufahrtsstraße ins Maggiatal, zum Beispiel gegenüber der rostigen Eisenbrücke bei **GPS N 46°11‘24“, E 8°45‘24“**. Auf der anderen Brückenseite wartet übrigens das urige Grotto Amerika und der Zugang zu einer beliebten Kletterwand. Der Parkplatz am Grotto ist meist von Kletterern belegt, wäre aber sonst als Stellplatz nicht zu verachten...

Im Maggiatal ist das freie Übernachten im Wohnmobil verboten und wird auch zeitweise mit hohen Strafen geahndet. Schilder verbieten an vielen Stellen sogar tagsüber das Parken eines Womos. Die einzigen offiziell zugelassenen Plätze sind zur Zeit die beiden **Campingplätze in Avegno und Gordevio** im unteren Bereich des Maggiatales. Die Einrichtung von Wohnmobilstellplätzen ist aber laut Tourismusinformation in Planung.

(153) WOMO-Campingplatz-Tipp: Piccolo Paradiso

GPS: N 46°12'02", E 8°44'35", 286 m geöffnet März bis Oktober
Ausstattung / Lage: Stellplätze oberhalb der Maggia, Badestelle am Fluss, Durchgangsstraße in hörbarer Nähe, gute Sanitäranlagen, WOMO Inkl. 2 Personen CHF 32.- bis 44.-, Strom CHF 4.-, /www.camping-piccoloparadiso.com
Zufahrt: In Avegno, links zwischen Straße und Fluss, im Ort beschildert.

(154) WOMO-Campingplatz-Tipp: Bellariva TCS

GPS: N 46°13'16", E 8°44'31"
geöffnet April bis Mitte Oktober
Ausstattung / Lage: Wiesengelände, teilweise schattig, mit grasbewachsenem Deich vom Fluss getrennt, dahinter breite Kiesbank, Pool, gut sortierter Laden auch in der Vorsaison. Sehr gute an Ostern auch beheizte Sanitäranlagen. WOMO inkl. 2 Personen CHF 45.- bis 64.-, Wifi und Strom inkl., www.tcs.ch
Zufahrt: In Gordevio links zum Fluss, Zufahrt ausgeschildert.

Durch den Auwald bei Gordevio

Vom Camping Bellariva laufen Sie auf der Kiesbank vor dem Camping weiter ins Tal hinein, bis Sie am Ufer auf den schmalen Pfad treffen, der durch den dichten Auwald bis zur Hängebrücke über die Maggia führt. Einfach ca. 35 min. Unterwegs schöne Plätze an der Maggia.

Auf guter Straße fahren wir weiter nach **Cevio**, wo das **Museo di Valle Maggia** und der interessante **Grotti-Weg** einen guten Einblick in die typische Architektur und althergebrachte Lebensweise in den Tessiner Tälern oberhalb des Lago Maggiore gibt. Parkmöglichkeit für kleine Mobile auf dem Platz vor der Schule bei **GPS N 46°19'12", E 8°36'09"**, größere Womos parken Sie wenige Meter weiter gegenüber der Kirche rechts der Straße bei **GPS N 46°19'21", E 8°36'10"**. An der Schule gibt es einen großen Spielplatz.

Das Museo di Valmaggia und der Sentiero ai Grotti.

Das Museum Valmaggia besteht aus zwei Häusern im Dorf, die nicht direkt nebeneinander liegen. Das älteste Haus, der Palazzo Franzoni, beherbergt eine Dauerausstellung über Natur, geschichtliche Entwicklung und Lebenswelten des Valle Maggia, im zweiten Haus, der Casa Respini Moretti, die man einige Straßen weiter im Dorf findet, werden Wechselausstellungen gezeigt. Besonders spannend fanden wir aber den Rundweg, der hinter dem Palazzo Franzoni beginnt und zu sieben Grotti in verschiedenen Entwicklungsstufen zwischen Höhle, Keller und Haus führt. Alle sind in natürliche Höhlungen der Felsen gebaut. Für den Rundweg brauchen Sie etwa 30-60 Minuten und gute Schuhe mit rutschfesten Sohlen. Auch Kinder lassen sich leicht für den urigen Ort begeistern. *Das Museum ist von Di - Sa jeweils von 10-12 und 14-18 Uhr geöffnet, sonntags nur am Nachmittag, Montag geschlossen, der Grotti-Weg ist jederzeit frei zugänglich. Eintritt CHF 6.-, Familien CHF 12.-*

Wandern im Valle Maggia

Mehrere Themenwege ziehen sich kreuz und quer durch die Täler um die Maggia. Zu jedem bekommen Sie in der Information in Maggia ein eigenes Faltblatt mit der Wegbeschreibung. Es gibt die Blätter auch in deutscher Sprache.

Hinter Cevio wird die Straße schmaler. Bevor Sie sich aber den Serpentinen ins **Val Lavizzara** widmen, lockt im nächsten Ort **Peccia** der Abstecher zum **Grotto Pozzacs**, das unterhalb des Ortes in grandioser Lage an einer großen Flussgumpe steht. Bei **GPS N 46°24'33", E 8°38'33"** gibt es einen Parkplatz unten am Fluss, die Zufahrt ist allerdings nicht asphaltiert. Wer ein großes Womo fährt oder keine Lust auf Stress hat, parkt oben in Peccia an der Straße, die ins Seitental abbiegt **GPS N 46°24'29", E 8°38'50"** und geht die letzten 800 m zu Fuß. In der Seitenstraße geht es nach 50 m vor dem Steinlager der Bildhauerschule links und an der nächsten Kreuzung wieder rechts hinunter zum Fluss. Das Grotto ist ausgeschildert.

Das Dorf Fusio am Ende der kurvigen Straße ins Val Lavizzara

Hinauf ins Val Lavizzara

Ab Peccia wird die Straßenführung dramatisch. Serpentine reiht sich an Serpentine, wobei jedesmal ein Richtungswechsel von rund 180° erfolgt. Offiziell liegt die Begrenzung der Fahrzeuglänge bei 10 m, unsere Schätzung für rangierfreie Kurven läge, obwohl im letzten Jahr die engsten Stellen verbreitert wurden, bei 6,50 -7 m. Ein lohnendes Besichtigungsziel kündigt der Parkplatz auf der linken Straßenseite an.

(155) WOMO-Wanderparkplatz: Mogno

GPS: N 46°25'59", E 8°39'45" **max WOMOs:** 1
Ausstattung / Lage: Eine Reihe Plätze neben der Straße nach Fusio, groß genug für kompakte Womos, 5 min. Fußweg zur Chiesa Giovanni Battista, kein Verbotsschild
Zufahrt: links der Straße am Abzweig nach Mogno

San Giovanni Battista oder die Schraube von Mogno

Die umstrittene Johannes dem Täufer geweihte Kirche wurde 1998 nach einem Entwurf des Tessiner Stararchitekten Mario Botta auf den Resten der alten, von einer Lawine zerstörten Dorfkirche errichtet. An dem modernen Bauwerk im Zebramuster, das durch den Materialwechsel zwischen weißem Marmor aus Peccia und dem dunkelgrauen Maggiatal-Granit entsteht, scheiden sich die Geister. Wir waren tief beeindruckt. Aber schauen Sie selbst. Es erwartet Sie in der Abgeschiedenheit der Tessiner Berge ein ganz und gar ungewöhnliches Bauwerk.

Anschließend lohnt unbedingt ein Spaziergang zwischen den wenigen Häusern von Mogno. Ein weiterer Tessiner Architekt hat hier seine Spuren hinterlassen. Der in Locarno ansässige Luigi Dazio hat einem guten Teil der alten Rustici und Speicherhäuser im Dorf umgebaut. Nicht Altes unverändert erhalten, sondern eine Architektur, die auf der Basis der traditionellen Form aus alter Bausubstanz Neues schafft, so könnte man den Ansatz Dazios umschreiben. Tafeln erklären die Geschichte der Gebäude, von denen einige zum Verkauf stehen. Weitere umgebaute Rustici finden Sie ganz oben in Fusio.

(156) WOMO-Wanderparkplatz: Fusio

GPS: N 46°26'38", E 8°39'53" **max WOMOs:** 2

Ausstattung / Lage: In Fusio selbst ist nur Anliegerverkehr gestattet. Gäste parken auf dem Parkplatz unterhalb des Ortes und laufen die knapp 100 m zurück zum Ort, der neben der sehr empfehlenswerten Antica Osteria Dazio schmale Gassen mit alten Häusern und eine beeindruckende Sammlung an alten Kornspeichern zu bieten hat. In der mit WC, Telefon und Mülltonne gut ausgestatteten Parkbucht neben der abends wenig befahrenen Straße wäre nach einem Besuch in der Osteria auch eine Übernachtung denkbar. Wohnmobile stehen am besten auf den längeren Buchten ganz hinten.

Die Straße führt hinter Fusio weiter hinauf zum **Lago di Sambuco**. Dort am Parkplatz mit Kiosk kann man auch Elektro-Bikes (CHF 18.- für 1 h, 5 h CHF 40,-) mieten und auf der für Wohnmobile zu schmalen Straße am Ufer des Stausees entlang zum 900 m höher gelegenen Lago di Naret fahren. Ansonsten ist am Kioskparkplatz Wohnmobilverbot. Sie können sich die Weiterfahrt von Fusio also sparen.

Val Bavona – Das Tal der dicken Steine

Das Val Bavona ist nur im Sommer bewohnt. Während es früher die Hirten waren, die im Sommer mit ihren Herden ins Tal zogen, sind es heute großteils Schweizer aus den Städten, die nur in den Ferien die urigen, gut renovierten Rustici in den 12 Weilern des Tales bewohnen, die bis heute nicht mit dem öffentlichen Stromnetz verbunden sind. Kleine Häuser aus dunklem Stein zwischen riesigen bemoosten Felsbrocken, Kühe auf der Weide und im Talgrund ein munter plätschernder Fluss – romantischer als das Val Bavona kann ein Tal kaum sein. Am intensivsten erleben Sie das alles zu Fuß, zum Beispiel auf dem Sentiero di Transhumanza.

Kurve um Kurve fahren wir wieder hinunter ins Tal, bis wir in **Bignasco** auf die Zufahrt zum **Val Bavona** treffen. Wir schlängeln uns zwischen den Häusern hindurch und rollen wenig später an einem unerfreulichen Schild vorbei: Ein roter Kreis und darin befinden sich Wohnmobil, Feuer und Zelt. Um die Interpretation nicht dem Zufall zu überlassen, haben wir bei der Fondazione Val Bavona nachgefragt. Das Ergebnis: das Schild meint ein **Nachtparkverbot**. Tagsüber dürfen Sie durchfahren und auch an allen Parkplätzen anhalten und parken. In Bignasco am Schwimmbad und in San Carlo an der Seilbahn sind Stellplätze im frühen Stadium der Planung. Auf einen Zeitpunkt legt man sich nicht fest. Fragen Sie ruhig mal freundlich nach, wenn Sie dort sind. Es schadet nie, auf den Bedarf hinzuweisen... Bis zu diesen besseren Zeiten müssen Sie das Val Bavona abends wieder verlassen!

Trotzdem lohnt sich ein Tagesausflug, der auch mit dem Postbus möglich wäre.

Val Bavona und Valle Calneggia
Der Themenweg der Transhumanza

Gehzeit: 3-6 h. Von Bignasco ins Valle Bavona führt der Weg auf den Spuren der Transhumanz. Der 2,5-stündige Abschnitt zwischen Bignaso und dem Weiler Foroglio ist verhältnismäßig eben und einfach zu laufen.

Ab Foroglio beginnt der interessantere Teil der Route. Vorbei am Wasserfall führt der Wanderpfad in das Val Calneggia, ein unbewohntes Tal, durch das in früheren Zeiten die Kühe auf die höher gelegenen Alpen an den Laghi della Crosa getrieben wurden. Der Weg führt über steinerne Treppen, eine uralte Bogenbrücke und vorbei an den Splui genannten Unterkünften, die die Hirten als Wetterschutz in den Nischen zwischen den Felsen bauten. Der Weg bis zu den Seen ist lang und steil und im oberen Teil anspruchsvoll. Wir begnügen uns daher mit den Steinhütten von Gerra als Tagesziel und laufen von dort nach Foroglio (Foroglio-Gerra einfach ca. 1,5 h und 350 Höhenmeter) zurück, um in den Postbus nach Bignasco zu steigen. Alternativ lässt sich die Wanderung auch teilen. Sie wählen entweder den Weg vom Parkplatz Foroglio ins Valle Calneggia oder die einfache Wanderung von Bignasco nach Foroglio.

Bei einem Besuch des Tales mit dem Wohnmobil lohnt ein erster Stopp bereits an der doppelten **Bogenbrücke**, die bei **GPS N 46°21'33", E 8°34'43"** links der Straße über die Bavona führt. 200 Meter weiter steht der **Grotto di Baloi** an einem zauberhaften Platz. Einen weiteren schönen Pausenplatz im Grünen hat es am Dorf **Sabbione** oder schräg gegenüber an der

kleinen **Parkbucht mit Hängebrücke** bei **GPS N 46°22'04", E 8°33'45".** Ein weiteres Grotto, eines der schönsten Dörfer des Tales und ein Wasserfall erwarten Sie noch ein Stückchen weiter bei **Foroglio** mit Parkplatz vor dem Dorf bei **GPS N 46°22'24", E 8°32'55"**.

Foroglio und das Grotto la Froda

Hinter Foroglio entfernt sich die Straße vom Fluss. Das nächste interessante Ziel im Tal ist **San Carlo**. Hier fährt eine Seilbahn hinauf zum **Stausee von Robiei** und bietet einen einfachen Zugang zum hochalpinen Seengebiet zwischen dem Valle Maggia und dem Valle Levantina.

Wandern am Lago Robiei

Zehn Bergseen befinden sich im erreichbaren Umfeld der 1900 Meter hohen Bergstation am Stausee von Robiei. Ein schöne Runde für Wanderer mit durchschnittlicher Kondition führt in gut 4 Stunden hinauf zum Lago Bianco, weiter zum größeren Lago Cavagnoli und über die Alpe Arzo zurück zum Lago Robiei. Der Höhenunterschied beträgt 400 m. Wanderer mit guter Kondition steigen vom Lago Bianco weiter hinauf zum Lago Sfundau und zur Campanna Cristallina. Von hier führen Wege ins benachbarte Valle Levantina hinunter. Für den Aufstieg von gut 600 Höhenmetern rechnet man etwa 2,5 h. Alle Wege sind gut markiert. Eine Übersichtskarte bekommen Sie an der Bergbahn. Auch in allen Wanderführern der Region ist das Seengebiet über Robiei mit mindestens einer Tour vertreten.

Im Valle di Bosco – Walserdomizil auf 1500 Metern

Die Zufahrt ist steil und kurvig – das Ziel ist ein kleines Dorf am Ende der Welt. 50-60 Einwohner, eine Hand voll Häuser und eine Alp. Hier lebten die Menschen jahrhundertelang mit wenig Kontakten zur weit entfernten Welt. Und so scheint auch heute im Bergdorf Bosco Gurin, das fast die Hälfte des Jahres der Winter fest im Griff hat, die Zeit keine Rolle zu spielen.

Den Ausflug ins Valle di Bosco beginnen wir in **Cevio** im Valle Maggia. Bosco Gurin, der Ort am Ende der kurvigen Straße, ist eines von mehreren Walserdörfern in der Schweiz. Der alemannische Volksstamm der Walser verbreitete sich im Mittelalter aus dem Wallis kommend im Alpengebiet. Die Bewohner von **Bosco Gurin** sind im 13. Jahrhundert vom italienischen Val Formazza über die Alpen in das 1500 Meter hoch gelegene Tal gewandert. Die Geschichte dazu, Details über das Leben im abgeschiedenen Tal und den hier gesprochenen Dialekt des Walserdeutschen erfahren Sie im spannenden Museum des Dorfes. Ihr Wohnmobil parken Sie so lange auf dem Parkplatz vor dem Ort oder unten an der Station der Seilbahn.

(157) WOMO-Wanderparkplatz: Bosco Gurin

GPS: N 46°18'53", E 8°29'20"
max WOMOs: 2-3
Ausstattung / Lage: Großer Schotterplatz am Skilift unterhalb des Ortes.
Zufahrt: Vor dem großen Parkplatz am Ortseingang rechts hinunter.
Sonstiges: sehr gute Bäckerei, kleiner Lebensmittelladen und zwei Gasthöfe im Dorf. Bitte versorgen Sie sich möglichst vor Ort, um an diesem abgelegenen Platz die Akzeptanz von Wohnmobilen zu stärken!

Das Walserhaus – ein lebendiges Museum

Das Museum besteht aus einem originalgetreu eingerichteten alten Walserhaus. Kleidung, Möbel und Gerätschaften illustrieren die Geschichten vom Leben der Menschen und ihrer Tiere zwischen dem Dorf und den großen Weideflächen der Grossalp. Das Museum ist von Ostern bis Ende Oktober geöffnet.

Öffnungszeiten: Dienstag - Samstag 10.00-11.30 und 13.30-17.00, Sonntag 13.30 - 17.00, Montag geschlossen

Auf den Almweiden Bosco Gurins – Besuch auf der Grossalp

Nach dem Museumsbesuch sieht man das Dorf und seine schönen alten Häuser mit anderen Augen. Der einstündige Marsch auf die Grossalp, den die Jugend des Dorfes im Sommer 2 x mal täglich zum Melken lief, gehört dann schon fast zur Ortsbesichtigung. Nur dass Sie heute dort oben keine ungeduldig wartenden Kühe, sondern eine gemütliche Bergwirtschaft erwartet. Zwischen Mitte Juli und Ende August können Sie auch mit dem Sessellift hinauffahren, der ansonsten nur in der Skisaison im Einsatz ist.

Das Val Verzasca
Die blauen Gumpen der Verzasca bei Lavertezzo gehören zu den beliebtesten Fotomotiven des Tessin. Neben dem Fluss mit seinen Badebecken sind es idyllische Orte wie Sonogno oder Corippo, die Besucher ins Tal locken.

Neue Regeln für Wohnmobile im Val Verzasca!

Im Val Verzasca gibt es seit August 2013 eine neue Regelung für Wohnmobile. Auf dem **Parkplatz von Sonogno,** auf dem man schon bisher ein Wohnmobiltagesticket für CHF 10.- ziehen konnte, wird neu ein Stellplatz mit V/E-Station gebaut. Auch der bereits eingeführte einfachere Stellplatz in **Brione** bleibt erhalten. Auf allen anderen Parkplätzen im Tal ist in Zukunft das nächtliche Parken eines Wohnmobiles verboten! Neu ist auch die Verzasca Campercard, die ab 2014 gelten wird.

Verzasca Campercard

Die neue Karte kostet CHF 20.-, und berechtigt zur Übernachtung in Brione oder Sonogno und gilt am folgenden Tag als Parkingcard, mit der man auf allen neu mit dem Parkingcard-Symbol markierten Plätzen zwischen 8 und 19 Uhr parken darf. Zwischen Lavertezzo und Brione wurden dazu einige neue Parkbuchten in Flussnähe angelegt. Die Karte bekommt man nur an den Automaten der beiden Stellplätze oder in der Gästeinformation in der Via ai Giardini in Tenero. Für Tagesbesucher, die an einem Parkplatz stehen bleiben (z.B. zum Wandern) oder Kurzbesuche ist es alternativ möglich, an den Plätzen ein Stundenticket zu lösen. Dabei zahlt man auf allen Plätzen pro h CHF 1.-

Viele Kehren führen von Tenero hinauf zum Stausee der Verzasca. Die weitere Fahrt ist dann, bis auf die eine oder andere enge Ortsdurchfahrt, unkompliziert.

Der Badeplatz an der Ponte dei Salti
Am Ortsende von **Lavertezzo** wartet eine der bekanntesten Attraktionen des Tales – die doppelte **Bogenbrücke Ponte dei Salti** und ein tiefes türkisblaues Badebecken darunter. Hier wird nicht nur geschwommen und geplanscht, auch Tauchern ist die

Gumpe in der Verzasca ein Begriff. Doch trotz aller Prominenz des Badeplatzes – wie die Maggia hat auch die Verzasca ihre Tücken. Gefährliche Strömungen und Strudel führen immer wieder zu tödlichen Unfällen. Man sollte also mit Vorsicht in die blauen Gumpen steigen. Einen Parkplatz finden Sie am Straßenrand vor der Brücke in Lavertezzo. 500 m weiter bietet ein Wanderparkplatz die Möglichkeit eines längeren Aufenthalts.

Wanderparkplatz Lavertezzo Bolla

GPS: N 46°15‘44“, 8°49‘50“

Lage: Fußweg zum Fluss über eine Ziegenweide. Zum Weg der Kunst zurück zur Ponte dei Salti, an der der Weg beginnt. CHF 1.- pro h oder Campercard.

Der Weg der Kunst von Lavertezzo nach Brione

Gehzeit 2 h 15 min mit Bustransfer

Türkisblaue Wasserbecken und rundgeschliffene Steine machen den Lauf der Verzasca ganz besonders attraktiv. Der Abschnitt zwischen Lavertezzo und Brione bietet weitere Abwechslung fürs Auge: Rechts und links des Weges sind Kunstwerke in der Natur verteilt. Nicht dass das wirklich nötig wäre, auch ohne Kunst am Wegesrand erwartet Sie eine abwechslungsreiche Wanderung auf einem attraktiven, steinigen Pfad oberhalb der schönsten Plätze am Fluss. Wanderschuhe sind durchaus angemessen. Ein Picknick und im Sommer Badesachen nicht vergessen.

Die Wanderung kann sowohl von Brione als auch von Lavertezzo gelaufen werden. Da der Postbus nur etwa 5-6 x täglich fährt, empfehlen wir, nach Studium des Fahrplanes, zuerst in den Bus zu steigen und dann, unbeindruckt von Zeit und Uhr, zum Ausgangspunkt zurückzuwandern.

Am Stellplatz in Brione befindet sich der Bushalt an der Platzeinfahrt. Von Lavertezzo nach Brione läuft man insgesamt bergauf, die Höhenunterschiede sind jedoch moderat. Der Weg beginnt an der Ponte dei Salti, dort hält auch der Bus. Sie überqueren die Brücke und folgen dann den Markierungen des Weges der Kunst taleinwärts. Unterwegs treffen Sie auf viele schöne Plätze am Fluss – zum Sonnenbaden, Füße kühlen oder picknicken. Am Ende des »Weges der Kunst« trifft der Pfad auf die Straße. Wir laufen weiter bis Brione. Dazu geht es die Straße hinauf, über die Brücke und weiter auf einem ansteigenden Pfad am rechten Flussufer. Anschließend steigen wir durch ein felsiges Tal mit Wasserfällen ebenso steil hinunter zum Fluss. Hinter der Brücke folgen wir der Straße nach rechts durch den Ort zurück zum Stellplatz von Brione.

Zu Fuß nach Corippo

Eine zweite lohnende Wanderung führt von der Ponte dei Salti in die andere Richtung. In einer guten Stunde steigen wir zum eng verschachtelten Bergort Corippo hinauf, das zu den attraktivsten Dörfern im Tal gehört. Die Straße dorthin ist leider für Wohnmobile nicht geeignet. Kürzer aber nicht halb so schön ist der Weg auf der Straße vom Parkplatz an der Kantonalstraße bei **GPS N 46°14‘26“, E 8°50‘40“.**

Kurz hinter Lavertezzo finden Sie an einem umzäunten Parkplatz einen **Badeplatz für Besitzer einer Campercard GPS N 46°16‘40“, E 8°48‘22“.** Zugang rechts hinunter mit ein wenig Kraxelei zu schönen Badestellen an der Verzasca. Brunnen an der Einfahrt. Weitere Parkflächen mit Zugang zum Fluss folgen im Verlauf der Straße bis **Brione**, wo der erste offizielle Übernachtungsplatz auf Sie wartet.

(158) WOMO-Stellplatz: Brione

GPS: N 46°17‘39“, E 8°47‘35“ max. WOMOs: 8-10
Ausstattung / Lage: Schotterplatz leicht unterhalb der Straße an einer Brücke und am Wertstoffhof, Brunnen, WC in Planung. Neu: Campercard am Automaten für CHF 20.-, gilt von 18 -8 Uhr in Brione oder Sonogno, tagsüber auch auf allen Parkplätzen mit Parkingcard-Symbol im Tal. Rechts 400 m die Straße entlang zum schnuckeligen Ortszentrum mit Kirche, Spielplatz, kleinem Laden und öffentlichem WC.
Sonstiges: auf der anderen Seite der Brücke vor dem Sportplatz schöne Badestelle im Fluss.

Oberhalb von Brione ist das Tal weniger interessant und wir fahren zügig durch zum zweiten Kleinod des Verzascatales. In **Sonogno** gruppieren sich alte Häuser um die Kirche aus grauem Stein. Das Grotto Redorta und die zugehörige Enoteca sorgen für gemütliche Sitzplätze und in der Straße Mora di dendro, die vom Ortskern zu den Parkplätzen führt, verkauft eine Dame aus dem Ort in ihrem Straßenstand köstliches hausgebackenes Brot. Unterhalb des Dorfes befindet sich der größere der beiden Stellplätze des Tales.

(159) WOMO-Stellplatz: Sonogno

GPS: N 46°21'05", E 8°47'21" **max WOMOs:** 15
Ausstattung / Lage: Großer Parkplatz am Ende der Straße und vor dem Ort Sonogno rechts. Parkbuchten unter Bäumen, kleine Information mit freundlicher, hilfsbereiter Beratung, WC, Wertstoffhof. Neu: Campercard am Automaten für CHF 20.-, gilt von 18 - 8 Uhr in Brione oder Sonogno, tagsüber auch auf allen Parkplätzen mit Parkingcard-Symbol im Tal. Ver- und Entsorgung geplant für die Saison 2014.
Zufahrt: Am Straßenende vor dem Dorf rechts auf den Parkplatz.

Rechts und links von Sonogno bieten die Täler der Flüsse Redorta und Vorgonesso markierte Wanderwege. Eine schöne Miniwanderung führt zum nahen Wasserfall im Redortatal.

Sentiero di Froda – der Weg zum Wasserfall

Unterhalb des Ortes laufen Sie bis zum Sportplatz, wo ein schöner Spielplatz am Ufer der Redorta und im Schatten alter Bäume liegt. Über die Brücke folgen wir dem Wegweiser Froda nach rechts. Immer am Flussufer entlang geht es in einer halben Stunde zum Wasserfall, der aus stattlicher Höhe in ein türkisblaues Becken stürzt. Kurz vor dem Ziel erzwingt ein Aussichtspunkt mit Sitzbank und Liege eine längere Pause. Von hier klettern wir dann hinunter zum Fuß der Kaskade. Über eine schmale Holzbrücke geht es anschließend hinunter zum Fluss. Auf dem Fahrweg laufen wir rechts zurück zum Dorf. Auf halbem Weg lädt das Grotto Esra zur Einkehr auf seiner schattigen Terrasse.

Seewechsel – Vom Lago Maggiore zum Lago di Lugano

Nach der Rückkehr aus dem Verzascatal fahren wir von Tenero am östlichen Seeufer zum Lago di Lugano. Auf dem Weg dorthin lockt im **Mündungsdelta des Ticino** ein Spaziergang. Das ausgedehnte Feuchtgebiet, die Bolle di Magadino, ist ein Reservat für Tiere. Im Frühjahr und Herbst pausieren hier viele Singvögel vom anstrengenden Flug über die Alpen.

Vogelkonzert zu Ostern – Spaziergang durch die Bolle di Magadino

Die einzigen für Wohnmobile zugänglichen Parkplätze am Naturschutzgebiet befinden sich an den beiden Enden der Brücke, die hinter Tenero über den Ticino führt. Größer ist der erste Parkplatz bei **GPS: N 46° 9‘34“, E 8°53‘15“** (Vorsicht, hoppelige Zufahrt, besser links der Straße hinunter fahren).
Dann überqueren Sie auf der Brücke den Fluss. An der Zufahrt hinter der Brücke be-

ginnt ein Waldweg, auf dem Sie bis zu einer Wegkreuzung und dann rechts zur Mündung des Ticino spazieren können. Hier halten sich besonders viele Vögel auf. Beim Rückweg laufen wir nicht zurück zur Kreuzung, sondern bleiben bis zur Brücke auf dem Pfad am Flussufer.

Bevor Sie sich jetzt ins stellplatzfreie Gebiet am Lago Lugano begeben, bietet die Camper-Area Monte Tamaro noch einmal die Gelegenheit zur Ver- und Entsorgung. Der offizielle Stellplatz ist am einfachsten von der Autobahn erreichbar. Um von Locarno dorthin zu kommen, müssen Sie einen kleinen Umweg in Kauf nehmen.

(160) WOMO-Stellplatz: Monte Tamaro

GPS: N 46°08'19", E 8°54'26" **max. WOMOs:** 80

Ausstattung / Lage: Am Eingang asphaltierter Bereich und V/E-Anlage, weiter unten Stellplätze auf der Wiese, teilweise auch mit Bäumen und Büschen. Nicht alle Plätze sind eben. Weder WC noch Dusche vorhanden. Direkt neben der viel befahrenen Schnellstraße. Wifi inklusive und unkompliziert zugänglich. Nachtparktarif von 18 - 10 Uhr CHF 18.-, 24 h CHF 24.-. Strom inklusive. Nur Entsorgung und Wasser CHF 5.- (max. 1 h) Zahlung am Automaten.
Zufahrt: 500 m von der Autobahnausfahrt Rivera entfernt. Zufahrt von Locarno über Cadenazzo auf die Kantonalstraße Nummer 2.

Das jetzt folgende Schweizer **Ostufer des Lago Maggiore** können Sie mit dem Wohnmobil nur zügig durchfahren. Zwischen Magadino und der italienischen Grenze lassen sich maximal Mobile in PKW-Größe parken. Alle für Wohnmobile geeigneten Plätze sind mit Verbotschild verziert. Familien, die einen VW-Bus mit Aufstelldach fahren und die Höhenschranke passieren können, finden bei **GPS N 46°08'56", E 8°51'40** einen schönen Platz am See, einen tollen großen **Spielplatz** und einen kürzeren **Zugang zum Feuchtgebiet der Bolle di Magadino**. Wenn ihr vierrädriges Haus auf einen PWK-Parkplatz passt, könnten Sie bei **GPS N 46°08'34", E 8°51'40** an einem Badeplatz stoppen. Im Dörfchen Gerra lohnt sich der Bummel zum Seeufer. Fahrer normaler Wohnmobile fahren zügig weiter nach Italien, wo man ihnen direkt hinter der Grenze einen warmen Empfang bereitet. Gleich drei Area Sosta Camper reihen sich am unbebauten Seeufer. Die schönste und größte wäre auch für eine Übernachtung denkbar.

(161) WOMO-Stellplatz: Lago Maggiore Ost

GPS: N 46°03'23", E 8°43'55" **max. WOMOs:** 3-4
Ausstattung / Lage: asphaltierte Parkbucht zwischen Straße und See, unter Bäumen, Picknickplätze mit Seeblick.
Zufahrt: kurz vor Maccagno an der Seeseite der Uferstraße

Ein ruhigerer Stellplatz und ein Campingplatz folgen kurz darauf in Maccagno.

(162) WOMO-Stellplatz und Camping Maccagno

GPS: N 46°02'24", E 8°44'09", Via Virgilio Parisi
max. WOMOs: >5
Ausstattung / Lage: Gaststätten und Geschäfte im nahen Ort, Entsorgung auf dem benachbarten Campingplatz (€ 10.-), 200 m zum Badeplatz
Zufahrt: südlich des Flusses am Stadion, im Ort beschildert
Sonstiges: der Campingplatz befindet sich wenige Meter weiter am Seeufer, geöffnet April - Oktober, Womo inkl. 2 Pers. € 20.- bis 42.-, www.azur-camping.de

(163) WOMO-Stellplatz: Germigniana / Luino

GPS: N 45°59'47", E 8°43'27", Via Bodmer **max. WOMOs:** 6
Ausstattung / Lage: 6 offizielle Stellplätze in unmittelbarer Nähe zum See und zum Ortszentrum, WC vorhanden aber nicht unbedingt geöffnet, Tagesgebühr von € 15.- wird am Automaten entrichtet, V/E Anlage, Wasser €1, Strom € 3.-, Fußweg zum Markt von Luino ca. 20 min. Die wenigen Plätze sind oft schon früh am Tag belegt.
Zufahrt: Durch Luino fahren und am Kreisel am Ortsende in Richtung Germignana über den Rio Tresa. Am Kreisel rechts. Der Platz befindet sich am Ortsende rechts am See.

Ein weiterer Stellplatz ist am Kreisel in **Luino** ausgeschildert. Die Beschilderung lotst uns einige Kilometer aus der Stadt zu einer Sportanlage südlich von Luino. Die V/E-Anlage war bei unserem Besuch gesperrt und defekt. Parkplätze sind aber ausreichend vorhanden.

(164) WOMO-Stellplatz: Luino Sportplatz

GPS: N 45°58'23", E 8°45'06"
max. WOMOs: >5
Ausstattung / Lage: Parkplatz an großen Sportanlagen und neben einem Solarpark im Gewerbegebiet, außerhalb des Ortes.
Zufahrt: Durch Luino fahren und am Kreisel am Ortsende auf die SS 394 bis zu Kreisel bei Pont del Brich, links nach Gorizia und dort recht auf der Via Gorizia bis zum Sportplatz (rechts der Straße, beschildert).

Von Luino zum Lago di Lugano

Am **Fiume Tresa** entlang fahren wir weiter nach Osten. Bis **Cremenaga** verläuft die Straße auf italienischem Boden. Dann haben wir die Wahl: links über die Grenze und auf Schweizer Territorium durch kleine Orte oder rechts des Flusses durch italienischen Wald nach Ponte Tresa. Auf der Schweizer Seite passieren Sie den am Flussufer den dauercamperlastigen **Camping Tresiana**. Bei **Ponte Tresa** stehen wir dann wieder am See und an der schönsten Grenzstation der Schweiz. Mitten auf der Brücke über die Tresa wechseln Sie zwischen Italien und der Schweiz. Meistens haben Sie dabei auch ausreichend Zeit, den See zu betrachten: die Grenzstation Ponte Tresa scheint ein Nadelöhr zu sein. Seinen Höhepunkt erreicht das Gewimmel am Samstag Vormittag, wenn die Schweizer aus der Region Lugano zum Wochenendeinkauf über die nahe Grenze pilgern. So ist denn der riesige Parkplatz am Markt meistens eng belegt und als Stellplatz leider wenig empfehlenswert. Fahren Sie jetzt rechts oder links um den See? **Tour 10** hilft Ihnen bei der Entscheidung.

Lago Maggiore Ostufer – Kiesbucht vor dem Camping Maccagno

TOUR 10 (ca. 85 km / 1-3 Tage)

Um den Lago di Lugano

Ponte Tresa – Caslano – Agno – Lugano – Montagnola Collina d'Oro – Melide – Riva San Vitale – Brusino - Porto Ceresio – Meride – Mendrisio

Ab Lugano: Dasio – Porlezza – Lago di Piano

Freie Übernachtung:	Caslano, Lugano, Gentilino, Melide Rovio, Riva San Vitale, Porto Ceresio,
Ver-/Entsorgung:	alle Campingplätze
Campingplätze:	Agno (2x), Meride, Rocco, Porlezza, Lago di Piano
Baden:	Agno, Caslano
Besichtigen:	Lugano, Morcote, Gandria, Friedhof Gentilino, Hesse Museum Montagnola, Swiss Miniatur Park, Chiesa Santa Croce, Meride, Fossilienmuseum Meride
Wandern:	Monte Caslano, Monte San Salvatore, Gandria

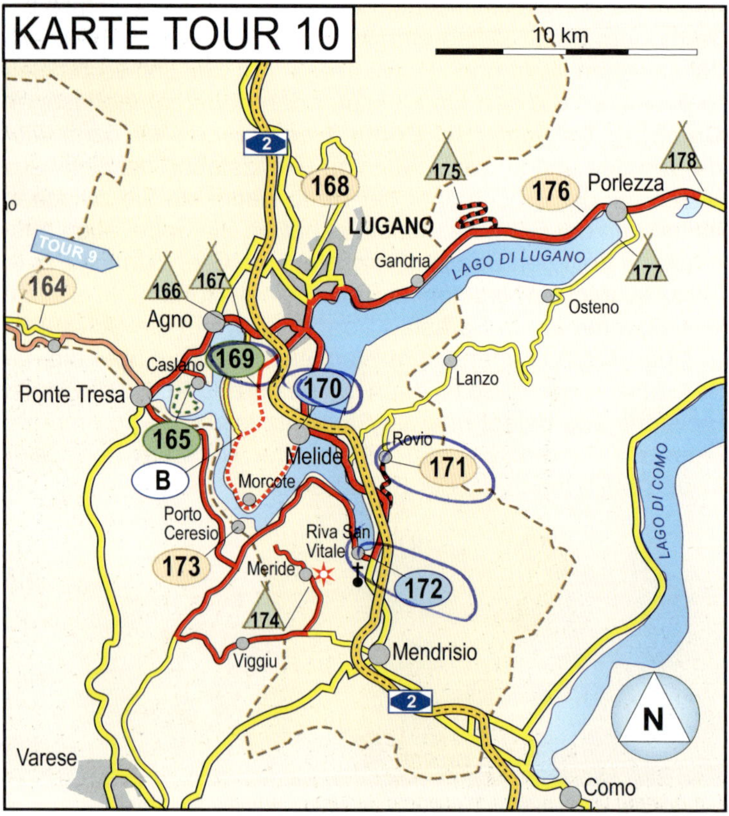

In der Region um den Lago Lugano entdecken Sie schöne kleine Orte wie Morcote oder Gandria und auch die Stadt selbst ist eine Reise wert. Die meisten Straßen am See sind schmal und die Dörfer ziehen sich am Hang hinauf. Was für den Betrachter reizvoll ist, sorgt für Komplikationen, wenn Sie ein großes Fahrzeug steuern. Zwischen See und Berg bleibt für große Parkplätze wenig Platz. Dazu sind die Seeufer vergleichsweise dicht besiedelt. Möchten Sie gar Lugano erforschen, ist das ohne Basisquartier auf dem Campingplatz und öffentliche Verkehrsmittel kaum möglich.

Von Tour 9 kommend beginnen wir die Rundfahrt um den See in **Ponte Tresa** und wählen zuerst den Weg auf Schweizer Seite links den See hinauf. Dabei steuern wir unser Wohnmobil zuerst mal durch wenig ansehnliches Gewerbegebiet. Rechts der Straße verbirgt sich jedoch mit **Caslano** ein unerwartet reizvoller Ort am See. Es erwartet Sie eine urige kleine Altstadt mit Seepromenade und daneben der Monte Caslano, der als Halbinsel in den Luganer See ragt. Der Berg ist Naturschutzgebiet und zwei interessante Kurzwanderungen mit hinreißender Aussicht ergänzen den Aufenthalt. Zum Parken bieten sich zwei kostenpflichtige Plätze am Ortsrand an. Der erste befindet sich in Altstadtnähe an der Via Valle. Im hinteren Teil wäre nach einem Besuch in einem der drei Grotti oder der Osteria im Ort für Besitzer kleinerer Womos (PKW-Buchten) auch eine Übernachtung denkbar: **(165) GPS N 45°58'15", E 8°52'48"**, Tagestarif CHF 6.-. Die zweite **Parkmöglichkeit** befindet sich am nördlichen Ortsrand **am Strandbad** und neben dem winzigen Camping Ai Bosconi **GPS N 45°58'19", E 8°53'12"**. Zufahrt mit Schranke und Parkscheinautomat. Ist das Wohnmobil versorgt, können Sie aufbrechen zur Erforschung des Ortes.

Die Altstadt von Caslano am Lago di Lugano

Um den Monte Caslano

Wie eine bergige Insel ragt der Monte Caslano in den Luganer See und trennt dabei den vor Ponte Tresa liegenden Seebereich fast vollständig ab. Gleich zwei Wege führen mit immer wieder neuen Blickwinkeln rund um den Berg – der Giro de Caslano führt am Seeufer entlang, der Sentiero Panoramico erlaubt auf halber Berghöhe weite Blicke über den See.

Der Sentiero Panoramico

Gehzeit 2 h, 225 Höhenmeter. Wir beginnen den Weg an der Uferstraße und steuern dabei auf den Monte Caslano zu. An den letzten Häusern des Ortes steigen wir rechts den Sentiero ai Grotti hinauf, der schnell zum Fußweg wird und an den Grotti Stremadone und Sassalto endet. Ab hier ist der Sentiero Panoramico beschildert. Stetig ansteigend führt uns der Pfad mit tollem Blick über dem See entlang. Auf halben Weg oberhalb der Seeenge bei Lavena können Sie rechts zum Gipfel hinaufsteigen. Der Rundweg geht um den Berg herum und mündet unterhalb des Grotto Stremadone auf eine kleine Straße. Links geht es direkt zurück in den Ort, rechts kommen Sie zum Grotto zurück, wo Sie die Runde bei einem Café oder einem Gläschen Wein ausklingen lassen können.

Der Giro di Caslano

Gehzeit ca. 1,5 h. Wer einen ebenen Spaziergang vorzieht, spaziert am Ufer weiter zum Dorf Torazza. Der Weg führt zuerst an den Bootsanleger von Caslano vorbei und wird dann zu einem schönen Waldweg. In Torazza drehen Sie entweder um oder laufen auf einer schmalen Straße weiter rund um den Berg, bis Sie Caslano wieder erreichen.

Zurück auf der Kantonalstraße ist es schnell vorbei mit der Idylle. Auch **Agno,** der nächste größere Ort, wirkt wenig einladend. Trotzdem ist das Seeufer rechts der Durchfahrtsstraße gleich von 5 Campingplätzen belegt, den einzigen in der Nähe von Lugano. Die Preise sind auf allen Plätzen gehoben. Am günstigsten ist der Eurocampo, der aber nicht ganz so gut liegt und eher einfach ausgestattet ist. Über einen besonders schönen Uferbereich verfügt der gepflegte Camping La Palma, der benachbarte Molinazzo hat ebenfalls ein tolles Badeufer und ist stark auf Familien ausgerichtet. Ebenfalls sehr angenehm ist der letzte Platz in der Reihe. Der TCS Camping La Piadella liegt auf der anderen Flussseite ebenfalls direkt am See.

(166) Campingplatz-Tipp: La Palma / Agno

GPS: N 45°59‘43“, E 8°54‘15“, Via Mollinazzo 21 geöffnet April-Oktober
Ausstattung / Lage: Kleinerer Platz mit Seezugang, guten Sanitäranlagen, großen alten Bäume, Snackbar. WOMO inkl. 2 Personen 45.- bis 58.-
Zufahrt: Von der Ortsdurchfahrt rechts in die Via Fontanone zum Camping. In Agno beschildert.

(167) WOMO-Campingplatz-Tipp: La Piadella / Agno

GPS: N 45°59‘43“, E 8°54‘31“ ganzjährig geöffnet
Ausstattung / Lage: Große Wiese mit einigen Bäumen, parzellierte Plätze, gegen Aufpreis Traumplätze am See, gepflegte Sanitäranlagen, großer Pool, V/E Station. Die Preise sind jedoch deftig: WOMO inkl 2 Pers. CHF 51.- bis 74.- (für einen Premiumplatz in der HS), Strom und Wifi inkl.
Zufahrt: siehe Text

Einen Nachteil haben alle 5 Campingplätze gemeinsam: Die Startbahn des Flughafens von Lugano befindet sich direkt hinter der Seebucht. Die Zahl der Starts konnten wir bei unserem Aufenthalt gut an einer Hand abzählen. Agno hat einen sehr guten S-Bahn Anschluss nach Lugano, so dass Sie hier das perfekte Basisquartier für einen Stadtausflug haben.

In **Lugano** zu parken ist nämlich leider beinahe unmöglich. Ein Wohnmobil bringen Sie nur auf Parkpflächen am Stadtrand unter und könnten dann ebenso gut gleich vom Camping die Bahn wählen. Am Parkplatz an den Sportanlagen fährt zwar ein Bus und die Parkzeit ist mit 24 h lang genug – gemütlich ist es hier jedoch ganz und gar nicht.

(168) WOMO-Stellplatz: Lugano Sportpark

GPS: N 46°01'22", E 8°57'37" **max. WOMOs:** 4-5

Ausstattung / Lage: Parkplatz unter Bäumen zwischen den Sportanlagen, öffentliches WC, Busbahnhof an der Platzeinfahrt. Oft sehr voll!

Zufahrt: Auf der Via Giacomo Phillipo Ciani stadtauswärts fahren bis zu einer großen T-Kreuzung am Stadtrand. Hier links um die Sportanlagen herum der abknickenden Vorfahrt folgen bis zum Busbahnhof. Parkplatzeinfahrt links. Sollten Sie hier kein Glück haben: Rund um die Sportanlagen gibt es weitere Parkflächen.

Sonstiges: Eine Alternative finden Sie sonntags oder für eine knappe Übernachtung (19 - 9 Uhr) in der blauen Parkzone am Parco Tassino oberhalb von Paradiso **GPS N 46°00'01", E 8°56'41"**. Der Parkplatz war bei unserem Besuch von Baustellen umgeben – wirklich schön stehen Sie auch hier nicht...

Lugano – schöne Stadt am See

Die Außenbezirke Luganos sind verkehrsreich und unschön verbaut. In der Nähe des Sees jedoch ist die Stadt eine Schönheit. Rund um die Piazza della Riforma und in den abzweigenden Gassen der Altstadt säumen prächtige Palazzi die Straßen und auf der angenehmen Seepromenade können Sie bis zum Vorort Lugano Paradiso spazieren. Die kecke Spitze des Monte San Salvatore auf der einen, der ebenso wohlproportionierte Monte Bré auf der anderen Seite: der Blick über den See hat ebenfalls unbestreitbare Reize. Eine Fahrt mit dem Boot in die eine oder die andere Richtung bietet sich geradezu an:

Vom Monte San Salvatore nach Morcote

Gehzeit: 3h 35 min. Von Lugano fährt eine Bergbahn auf den Aussichtsberg Monte San Salvatore. Von hier oben laufen Sie auf dem sanft abfallenden Bergrücken entlang über den Monte Arbòstora zur Alpe Vicania mit der Ruine des Castello di Paleari. Der Blick über den See ist phantastischen Blick. Von dort steigt man über Stufen hinab zum schönsten Dorf am See. (mehr Infos siehe Seite 189) Zurück nach Lugano fahren Sie dann mit den Boot oder mit dem Postbus. Vorsicht! Bitte studieren Sie vorher den Fahrplan und starten Sie nicht zu spät zu dieser Wanderung. Fahrpreis Morcote - Lugano einfach CHF 22.-.

Zu Fuß und mit dem Schiff nach Gandria

Gehzeit: 1,5 h. Die pastellfarbenen Häuser von Gandria kleben am Steilhang zwischen Straße und See. Das Fischerdorf kurz vor der italienischen Grenze war auch Zollstation und ist baulich seit über 100 Jahren so gut wie unverändert. Gandria ist auch über die Straße erreichbar, der enge Parkplatz vor dem Ort ist aber für Wohnmobile mehr als ungeeignet. Nutzen Sie daher die beliebte Rundtour mit einer Kombination von Wanderung und einer Fahrt mit dem Ausflugsboot. Zur Fahrt nach Gandria haben Sie von Lugano 7 Abfahrten zwischen 9.35 und 14.55 Uhr zur Wahl. Zurück laufen Sie in etwa 1,5 h, zuerst auf dem ebenen Uferweg bis zum Stadtteil Castagnola und dann auf Sträßchen und der Seepromenade. In Gandria können Sie nicht nur Kaffee trinken, auch das Zollmuseum verdient einen Besuch.
Den aktuellen Fahrplan der Boote finden Sie unter www.lakelugano.ch oder in der Touristeninformation in Lugano (oder auch an ihrem Campingplatz) Fahrpreis Lugano - Gandria einfach CHF 16.-

Und natürlich können Sie auch in Lugano ins Museum gehen. Das **historische Archiv** in Castagnola (Casa Cattaneo, Strada di Gandria 4) informiert Sie über die Geschichte Luganos und ist Mo-Fr von 8-12 Uhr geöffnet. Ein weiteres Museum, außerhalb der Stadt gelegen, ist dem Schriftsteller Hermann Hesse gewidmet.

Auf den Spuren von Hermann Hesse
Ein Ausflug auf die Collina d'Oro

Auf der Collina d'Oro, der Halbinsel, die östlich von Lugano in den See ragt, verbrachte der Schriftsteller Hermann Hesse die zweite Hälfte seines Lebens. In der **Casa Camuzzi** in **Montagnola** ist ihm ein Museum gewidmet. Ein Wanderweg führt von dort zum **Friedhof an der Chiesa St. Abbondio**, wo der Dichter seine letzte Ruhe fand.

Da die Parkplätze in **Montagnola** durch die enge Ortsdurchfahrt für größere Fahrzeuge wenig geeignet sind, beginnen wir den Weg zu Hermann Hesse an seinem Grab. Der Parkplatz an der Chiesa di Sant' Abbondio ist großzügig und gut erreichbar und der Friedhof mit prunkvollen Familienkapellen und Skulpturen lohnt unbedingt einen Besuch.

Chiesa Sant' Abbondio

(169) WOMO-Wanderparkplatz: Gentilino

GPS: N 45°59'24", E 8°55'38" **max. WOMOs:** 2-3
Ausstattung / Lage: ebener geschotterer Parkplatz hinter dem Friedhof an der Kirche von Gentilino. WC am Friedhof. Bitte unbedingt penibel an die Übernachtungsregeln halten! Kein Camping!
Zufahrt: Von Agno kommend vor Lugano nach Gentilino abbiegen. Der Parkplatz befindet sich zwischen Gentilino und Montagnola gegenüber der Kirche Sant'Abbondio.

Wanderung nach Montagnola

Rund um Montagnola ist ein 2,5 stündiger Rundweg markiert, der zu Lieblingsplätzen Hermann Hesses und auch an sein Grab führt. Einen Audioguide können Sie am Museum leihen. Wir beginnen unseren Weg am Friedhof – also notgedrungen ohne Audioguide und laufen in einer guten halben Stunde zum Museum.

Wer ein schmales Wohnmobil lenkt, kann auch nach Montagnola fahren. Einen **Parkplatz in Museumsnähe** hat es bei **GPS N 45°58'56", E 8°55'03"** an der Piazza Brocci direkt nach der superengen Ortsdurchfahrt links.

Das Hermann Hesse Museum in Montagnola

1997 wurde in den Räumen der Torre Camuzzi neben der verschnörkelten Casa Camuzzi, in der Hermann Hesse von 1919 bis 1931 in einer Wohnung mit Blick über den Luganer See lebte, ein Museum eröffnet. Die Ausstellungsstücke bestehen aus persönlichen Gegenständen sowie Fotos, Büchern und Aquarellen, die einen Eindruck vom Leben Hesses in Montagnola vermitteln. Um aus dem Museum ein lebendiges Kulturzentrum zu machen, finden hier wöchentlich Lesungen statt.
Das aktuelle Programm finden Sie unter www.hessemontagnola.ch. Geöffnet März – Oktober täglich 10.00 – 18.30 Uhr; Eintritt CHF 8,50

Literaturcafé Montagnola

Im Café neben dem Museum finden Sie Bücher und Kataloge zum Stöbern und hineinlesen, Texte von Schriftstellern aus dem Umfeld Hermann Hesses, ein gemütliches Sofa, Kaffee und guten Kuchen. Hier ist der richtige Ort für eine anregende Pause, bevor Sie zum Wohnmobil zurücklaufen.

Die Casa Camuzzi war der Wohnsitz Hermann Hesses in Montagnola

Eine Rundfahrt um die Collina d`Oro

Vorsicht! Schmale Ortsdurchfahrten und enge Parkplätze! Diese Runde ist nur für Campingbusse empfehlenswert.

Wer die Ortsdurchfahrt in Montagnola erfolgreich passiert hat, folgt weiter dem Sträßchen über **Agra** bis **Barbegno** und von dort zum See, wo wir einen kurzen Badestopp einplanen können. Rechts über die Brücke kämen wir zum offiziellen Parkplatz der Strandbades, der aber mit einer Höhenschranke gesperrt ist. Eine Alternative gibt es etwas weiter vorne unterhalb der Straße an einem Biotop hinter der Badebucht bei **GPS N 45°57'07", E 8°54'23"**. Parken dürfen Sie allerdings leider nur ein Stündchen, es sei denn, Sie erwischen die Mittagzeit: Die Plätze sind blau markiert. Das bedeutet Parkzeit Mo - Sa zwischen 8-12 und 14 und 19 Uhr begrenzt auf 1 h, ansonsten frei, Parkscheibe nicht vergessen. Über die Wiese laufen Sie in 10 min. zu einer **Badebucht**.

Weiter geht es dann links am See entlang bis zu den Häusern von **Morcote**. Parkplätze gibt es an beiden Ortsenden am Straßenrand, allerdings nur in PKW-Größe. Eng verschachtelt zieht sich der Ort von der charmanten Uferpromenade über endlos viele Stufen den Hang hinauf bis zur weithin sichtbaren Kirche **Santa Maria del Sasso** aus dem 15. Jahrhundert. Ein ordentlich steiler Pfad führt von dort weiter zur Festung Castello di Paleari hoch über dem Dorf. Der Blick von hier aus ist phantastisch.

Morcote: alte Häuser und enge Gassen

An der Ortseinfahrt links oben befindet sich der **Parco Scherrer**. Der ehemals private Zaubergarten um die Villa des 1956 verstorbenen Kaufmannes Arthur Scherrer ist heute im Besitz der Gemeinde Morcote und für die Öffentlichkeit zugänglich. Schön bepflanzt und mit Brunnen und Skulpturen geschmückt ist er wahrlich ein zauberhafter Ort. Geöffnet 15. März – 31. Oktober täglich von 10.00-17.00 Uhr, Eintritt CHF 4.-

Mit dem Boot nach Morcote

Wer ein größeres Wohnmobil fährt, erreicht Morcote mit dem Ausflugsboot von Melide, Porto Ceresio oder Lugano. Bis zum Mittag gibt es vier Verbindungen von Lugano nach Morcote, ebenso viele Boote fahren zwischen 12 Uhr und dem frühen Nachmittag zurück nach Lugano. Besonders reizvoll ist der Besuch Morcotes auf der Wanderung über den Höhenweg vom Monte San Salvatore (siehe Seite 186 bei Lugano). Den genauen Fahrplan der Boote finden Sie unter www.lakelugano.ch. Fahrpreis Lugano - Morcote und retour CHF 36,40

Bei **Melide** beenden wir unsere Rundfahrt und treffen auch wieder auf die Route für größere Fahrzeuge. Wir parken am Strandbad und an einer Schweiz im Taschenformat: hier direkt an der Autobahn können Eilige die wichtigsten Sehenswürdigkeiten und die schönsten Gebäude der Schweiz im Miniaturformat betrachten.

(170) WOMO-Badeplatz: Melide

GPS: N 45°57'11", E 8°56'58" **max. WOMOs:** 3-4
Ausstattung / Lage: ebene Asphaltfläche mit PKW Buchten, Parkgebühr 7-19 Uhr CHF 1.- pro h, Zentral gelegen am Swiss Miniatur-Park und am Strandbad Melide, in der Nähe der Autobahnausfahrt.
Zufahrt: Von Morcote oder Lugano kommend Richtung See. Der Platz befindet sich an der Autobahnauffahrt kurz vor Beginn der Seebrücke.
Sonstiges: Busparkplätze gibt es neben dem Park direkt unterhalb der Autobahn bei **GPS N 45°57'15", E 8°57'08"**

Swiss Miniatur-Park

Eine Eidechse sitzt wie ein Feuerdrache auf dem roten Ziegeldach einer Kirche. Karpfen, so groß wie Pottwale, umschwimmen die Ausflugsdampfer, die vor Schloss Chillon kreuzen und ein Spatz im Adlerformat landet auf dem Turm des Basler Münsters. Nein, Sie haben sich nicht in einen schlechten Science Fiction verirrt, eher in die Geschichte von Gullivers Reisen. Geschrumpft sind nur die Gebäude. 127 bis ins kleinste Detail originalgetreue Schlösser, Kirchen, Bergbauernhöfe und Seilbahnen im Miniaturformat stehen auf dem Parkgelände. Auch der Züricher Flughafen ist zu finden. So können Sie hier am Rand der Autobahn in den Süden die wichtigsten Sehenswürdigkeiten der Schweiz in wenigen Minuten entdecken und sogar mit der Bahn durch die Miniaturlandschaft reisen ...

Geöffnet von Mitte März bis Ende Oktober täglich von 9.00 bis 18.00 Uhr, Eintritt CHF 19, Kinder 6-15 Jahre CHF 12, Familientageskarte CHF 55.-. Und falls Sie noch den Wetterbericht brauchen: es gibt freies Wifi auf dem Parkgelände...

Von Melide fahren wir über die Seebrücke. Vor dem Bau der Autobahn war Brissone auf der anderen Brückenseite ein stilles Dorf mit attraktivem Ortskern. Zwischen Autobahn und See beinahe erdrückt, hat es viel von seinem Charme verloren. Trotzdem ermöglicht eine Reihe Parkplätze einen schönen Stopp am See, bevor wir der Uferstraße weiter folgen.

Unser nächstes Ziel ist **Riva San Vitale** am unteren Seeende mit einer sehenswerten alten Kirche. Auf halber Strecke treffen wir auf die zwischen Seeufer und Straße eingezwängten **Campingplätze Paradiso** und **Monte Generoso**. Wenn Sie die Nähe der Autobahn nicht stört, finden Sie hier Stellplätze am Seeufer. Einen Parkplatz am Dorfrand gibt es 200 Meter weiter oben: Wählen Sie dazu in Melano die Auffahrt nach Rovio.

(171) WOMO-Stellplatz: Rovio

GPS: N 45°55‘56“, E 8°59‘14“
max. WOMOs: 1-2
Ausstattung / Lage: Geschotterer Platz unterhalb der Kirche am Dorfrand. Wertstoffcontainer. Gasthöfe im Ort.
Zufahrt: Von Melano steil hinauf bis Rovio und vor dem Ortskern vor der Kirche rechts auf den Parkplatz.

Auf der Uferstraße kommen wir dann zum Ende des Sees. Im ansonsten wenig bemerkenswerten Ort **Capolago** befindet sich der Bahnhof der Zahnradbahn auf den Aussichtsberg

Monte Generoso. Wir folgen dem Seeufer und planen einen Ort weiter in **Riva San Vitale** den nächsten Halt. Basis dazu ist ein kostenpflichtiger Parkplatz am See.

(172) WOMO-Badeplatz: Riva San Vitale

GPS: N 45°54'21", E 8°58'20"
Ausstattung / Lage: Asphaltierter Parkplatz an der Seepromenade, 5 min. Fußweg zum Strandbad, WC
Zufahrt: Vor dem Ortskern von Riva San Vitale rechts am See.

Santa Croce und das Baptisterium

Die unscheinbare Kapelle im Innenhof unterhalb von Santa Croce, das dem heiligen Johannes geweihte Baptisterium, ist wohl das älteste christliche Bauwerk der Schweiz und stammt aus dem 5. Jahrhundert. Der quadratische Bau hat einen achteckigen Innenraum, in dem ein riesiges, aus einem einzigen Findling geschaffenes Taufbecken steht.

Die Pfarrkirche Santa Croce stammt dagegen aus der Renaissance. Die Mailänder Familie Della Croce ließ sie im 16. Jahrhundert errichten. Besonders auffällig ist die achteckige Kuppel. Die ungewöhnlichen Altarbilder mit Landschaften in zarten Tönen stammen aus der Werkstatt des Künstlers Camillo Procaccini (1560-1629). Kirche und Kapelle sind von 9-18 Uhr geöffnet.

Hinter Riva San Vitale verengt sich das Tal. Zwischen den Hängen des **Monte San Giorgio** und dem See ist gerade ausreichend Platz für die Straße. Wir wechseln am Seeufer recht unauffällig wieder nach Italien. Die ersten **Parkmöglichkeiten** gibt es dann bei **Brusino GPS N 45°55'43", E 8°56'20"** an der **Seilbahn auf den Monte San Giorgio,** an dessen Hängen ungewöhnlich viele Fossilien gefunden wurden. Von der Bergstation wandern Sie in knapp 2 h zum Fossilienmuseum im mittelalterlich anmutenden Örtchen Meride, das wir anschließend auch mit dem Wohnmobil erkunden werden – auf der Straße müssen wir dazu allerdings einen großen Bogen schlagen.

Fahren wir also am See weiter bis zu den bunten Häusern von **Porto Ceresio**, dem nettesten Ort am italienischen Ufer des Lago Lugano. Vom Seeufer schauen Sie auf Morcote und die Collina d'Oro. 3 Boote pendeln um die Mittagszeit von einer Seite auf die andere. Die Überfahrt dauert gerade einmal 10 Minuten. Den aktuellen Fahrplan finden Sie unter www.lakelugano.ch

Im Ort haben Sie mehrere Gaststätten zur Wahl, und zwei Parkplätze ermöglichen einen schönen Urlaubsabend am See.

(173) WOMO-Stellplatz: Porto Ceresio

GPS: N 45°54'27", E 8°54'30" **max. WOMOs:** 3-4

Ausstattung / Lage: Großer Parkplatz im Ort, asphaltiert, aber nicht ganz eben. Mo- Fr kostenlos, Freitag ab 18 Uhr bis Sonntag 24 Uhr, Tagestarif CHF 4.-

Zufahrt: Vor dem Ortszentrum links der Hauptstraße

Sonstiges: Sehr schöner Ausweichplatz am See für 1-2 kleinere WOMOs bei **GPS N 45°54'18", E 8°53'54".**

Zufahrt: Durch das Ortszentrum hindurch und hinter dem Bahnhof rechts der Straße. Ebenfalls kostenpflichtig, identischer Tarif.

Statt vom Gipfel des Monte San Giorgio in die mittelalterlichen Gassen von Meride zu wandern, können Sie auch von Porto Ceresio den Berg umkurven. Durch die wenig interessanten Orte Besano, Piamo und Viggiu fahren wir nach Saltrio und nehmen dort den Abzweig links nach Meride, wo ein schöner kleiner Camping ein gutes Quartier bietet.

(174) WOMO-Campingplatz-Tipp: TCS La Sole / Meride

GPS: N 45°53'18", E 8°56'58" geöffnet Mitte April - September

Ausstattung / Lage: Schöne Lage im Grünen mit Bach, Weiher und Pool, gute sanitäre Ausstattung, V/E Station. Das Dorf Meride ist von hier aus zu Fuß erreichbar. WOMO inkl. 2 Personen CHF 38.- bis 56.-, Strom und WIFI inkl.

Zufahrt: An der Straße nach Meride, kurz vor dem Ort. Beschildert.

Mittelalterliche Gassen in Meride

Meride wird erstmals 852 erwähnt und hat im Mittelalter begabte Stuckateure und Kunstmaler hervorgebracht. Im Sommer arbeiteten diese in ganz Europa, im Winter verschönerten sie ihre eigenen Häuser. Wenige dieser Fresken sind im Dorf noch sichtbar, besser erhalten sind die Gemälde in der Kirche San Silvestro etwas oberhalb der rustikalen Häuser im Dorf. Die ursprünglich romanische Kirche wurde im 16. Jahrhunderts komplett

umgebaut. Eine lange Gasse, gesäumt von urigen Natursteinhäusern, führt vorbei am Museum zur schlichteren Kirche San Rocco im Dorfzentrum.

Das Museo dei Fossili und der »Berg der Saurier«

Das Fossilienmuseum von Meride zeigt Fundstücke vom nahen Monte San Giorgio. Die Fossilien sind über 200 Millionen Jahre alt. Das damalige Mendrisiotto ragte nur teilweise aus dem Meer. Es sind daher vor allem Meeresfossilien, die Sie im Museum entdecken werden. »Aus den fünf fossilhaltigen Schichten des Monte San Giorgio wurden bis heute mehr als 20.000 Fossilien entnommen. Insgesamt zählt man etwa 25 Arten von Reptilien, 50 Arten Fische, mehr als 100 Arten von Wirbellosen und mehrere Pflanzenarten, hauptsächlich Nadelbäume«, so lautet die offizielle Information. Die zweite Sehenswürigkeit des Museums ist das Gebäude selbst. Auch hier hat Mario Botta seine Spuren hinterlassen und moderne Ausstellungräume mit klaren Linien in die mehrere hundert Jahre alten Mauern integriert. Die neu gestalteten Ausstellungsräume wurden im Oktober 2012 eröffnet. *Geöffnet Di-Sa 9 bis 18 Uhr, Montag geschlossen, Eintritt CHF12.-*

Von Meride sind es nur wenige Kilometer nach **Mendrisio**, wo Sie die Auffahrt auf die A 9 erreichen, die Sie zügig wieder gen Norden bringt. Eine Fahrt neben der Autobahn ist hier nur mäßig lohnend. Ab Bellinzona begleitet Sie unsere Tour 11 über den San-Bernardino-Pass. Für eine Weiterfahrt ins Engadin wechseln Sie je nach Fahrzeuggröße in Splügen oder Thusis auf Tour 12. Der Splügenpass darf nur mit Fahrzeugen mit maximal 2,30 m Breite befahren werden. Eine ebenfalls interessante Route führt über Lugano am Ufer des Lago di Como nach Chiavenna und trifft dort wieder auf unsere Tour 12.

Von Lugano nach Chiavenna – Eine Querverbindung nach Graubünden

Hinter dem gestylten Lugano wirkt der italienische Zipfel des Sees etwas ungepflegt. Der Raum zwischen Berg und Straße bleibt schmal. Das erste Quartier bietet der winzige **Camping Rocco** in Dasio **(175) GPS N 46°02‘09“, E 9°03‘08“.** Die Zufahrt ist jedoch etwas abenteuerlich: Ein verwittertes Schild kündigt links der Straße einen Campingplatz an und schickt uns Kurve um Kurve auf einer schmalen Straße hinauf. Der Blick über den See ist grandios und die Silhouette des Dorfes Castello versinkt hinter dem Kirchturm von Puria im Nebel. Wir haben schon Zweifel, ob wir den nächsten Hinweis übersehen haben, da zeigt ein ebenfalls leicht rostiges Schild nach links: 1,5 km. Kurz vor dem Kirchplatz von Dasio geht es links weiter – die Straße wird noch ein wenig schmaler. Nach 500 m erscheint rechts ein terrassiertes Gelände im Wald. Es gibt tatsächlich Strom, warmes Wasser, und V/E für Wohnmobile. Allerdings ist alles abenteuerlich zusammengebastelt aus teilweise beinahe antiken Teilen. Die unteren Terrassen eignen sich jedoch gut für kleinere Wohnmobile, der Empfang ist herzlich und die Ruhe unvergleichlich.

Wer frei stehen möchte, findet im engen Bereich zwischen See und Berg nur wenige Gelegenheiten. Ein Parkplatz **(176) GPS N 46°01‘55“, E 9° 6‘15“** leicht oberhalb der Straße am Ortsausgang von Vira und direkt vor der Tunneleinfahrt wäre eine Gelegenheit. Man steht mit Seeblick, aber ruhig oder beschaulich ist es hier nicht.

Dann erreichen wir Porlezza. Eine kleine Altstadt mit engen Gassen und eine Sammlung von Cafés um den Bootsanleger an der Seepromenade bilden den einladendsten Teil des Ortes. Wenn Sie nach der Tunnelausfahrt geradeaus um Seeufer weiterfahren, können Sie für 50 Cent pro Stunde direkt am See parken. Nur auf den Plätzen vorne an der Hauptstraße sind Womos verboten. Südlich von Porlezza reihen sich mehrere Campingplätze am Seeufer. Unsere Empfehlung ist der **Camping Darna (177) GPS N 46°01‘31“, E 9°07‘32“**, der letzte Platz in der Reihe.

Ein weiteren recht netten Camping gibt es in Richtung Comer See am winzigen Lago di Piano **(178) Camping Rancoccio GPS N 46°02‘27“, E 9°10‘10“**

Dann treffen Sie bei Menaggio auf das nächste Seeufer: den Lago di Como und fahren links am See entlang. Die ersten Campingplätze am See finden Sie schon in **Dongo** und am süßen Örtchen **Domaso** reihen sich gleich 5 oder 6 Campings am Seeufer. Einen **offiziellen Stellplatz** für 25 Mobile gibt es am oberen Seeende bei **Colico GPS N 46°08‘31“ E 09°22‘28“**, einen zweiten Stellplatz für Wohnmobile finden Sie dann in Chiavenna (siehe Tour 12).

TOUR 11 (ca. 125 km / 2-4 Tage)

Durch das Valle Mesolcina nach Chur

Bellinzona - Roveredo - Valle Calanca - San Bernardino – Splügen – Val Ferrera – Zillis – Via Mala – Thusis – Tschappina – Domleschg – Bonaduz – Chur

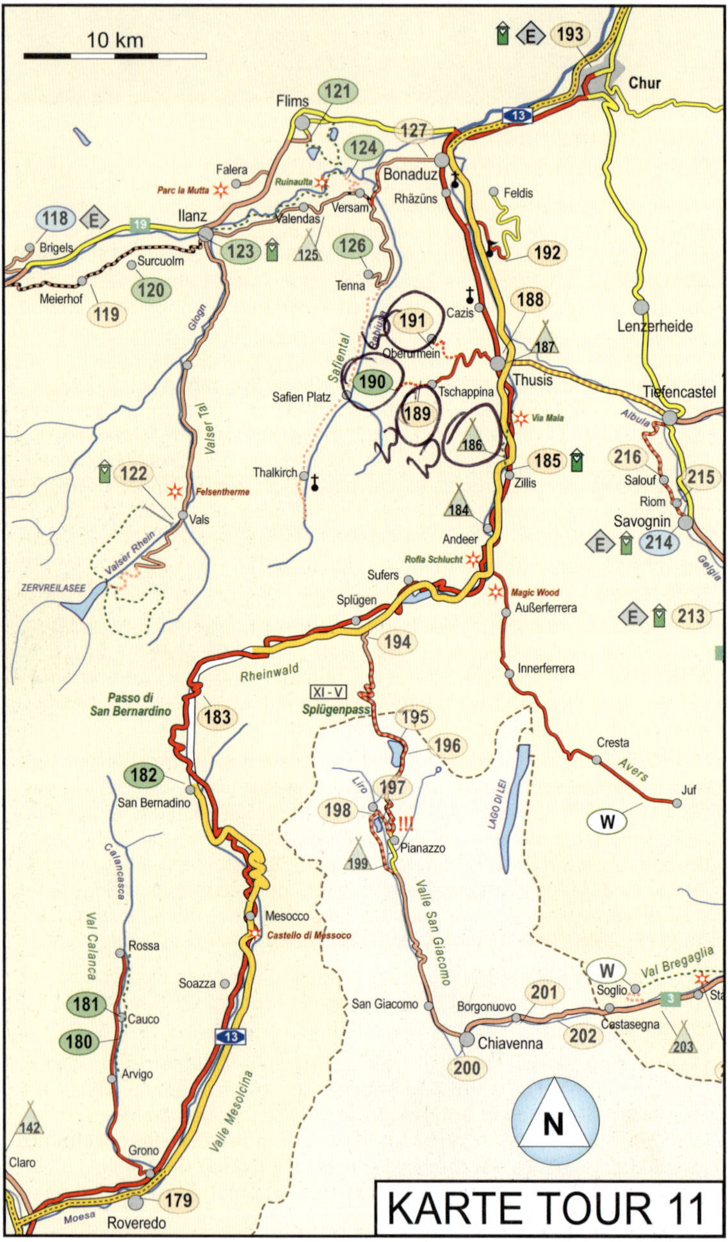

KARTE TOUR 11

Freie Übernachtung:	Roveredo, Cauco (2x), San Bernardino, Zillis, Thusis, Obertschappina, Oberurmein, Glaspass, Tomils, Bonaduz, Chur
Ver-/Entsorgung:	Campingplätze
Campingplätze:	Andeer, Zillis, Thusis
Baden:	Calancasca, Mineralbad Andeer, Badesee Oberurmein
Besichtigen:	Castello di Mesocco; Rofflaschlucht; Via Mala; Kirchen: St. Martin in Zillis, Steinkirche in Cazis und Sogn Gieri in Rhäzüns; Chur
Wandern:	Landarenca, Talwanderung Val Calanca, San Bernardino, Murmeltierpfad Val Avers, Via Mala, Glaspass
Erlebnis:	Bouldern im Magic Wood im Val Ferrera

Selbst wenn man die Autobahn wählt, ist die Strecke über den San-Bernardino-Pass voller schöner Eindrücke. Der grüne Talkessel des Valle Mesolcina mit kräftig sprudelnden Wasserfällen bleibt genauso in Erinnerung wie das Rheintal auf der anderen Seite des Passes mit den schönen Orten Splügen, Andeer oder Zillis und den schmucken Burgen des Domleschg. Etwas mehr Zeit und Ruhe brauchen Sie zur Entdeckung der Via Mala, der Rofflaschlucht, der Bergwelt um Tschappina oder für einen Abstecher in eines der beiden wenig beachteten Seitentäler der Route. Das Val Calanca südlich der Alpen und das Val Ferrera nördlich des San Bernardino begeistern vor allem durch wenig berührte Natur.

Das Dorf Avers Campsut im Val Ferrera und der Rhein in der Via Mala (oben)

Roveredo und das Val Calanca

Nur wenig Platz bleibt zwischen der Moesa und der Trasse der A8, die unbarmherzige Verkehrsstrategen direkt durch den Ort geführt haben, für die Häuser von **Roveredo**. Vier Bars, drei Banken und ein gut sortierter Coop beleben den Ortskern. Auf der anderen Seite der Autobahn oben am Hang warten an einer sehenswerten Kirche drei Grotti auf Gäste. Parken kann man auch an den Grotti, zum Übernachten ist die Fläche aber zu schräg. Eine gute Alternative finden Sie im Ort am Fluss:

(179) WOMO-Stellplatz: Roveredo

GPS: 46°14'15", 9°07'49"
max. WOMOs: 2
Ausstattung / Lage: asphaltierter Parkplatz am Ortsrand, kostenpflichtig Mo-Sa 7-12 und 14-19 Uhr, CHF1.- pro h. Teilweise Schatten unter großen Bäumen, Trinkwasserbrunnen und Müllcontainer, Bars und Bäckerei wenige Schritte entfernt. Die Autobahn ist zu hören.
Zufahrt: Direkt an der Zufahrt zum Ort, links am Flussufer

Von Roveredo fahren wir ins Val Calanca. Der schmale Abzweig am Talanfang rechts hinauf zur Kirche **Santa Maria di Castaneda** lohnt sich nur für Kirchenfans. Die Kirche aus dem 16. Jahrhundert ist innen in gold und weiß reich ausgestattet. Die bemalte Kassettendecke stammt aus der Renaissance. Besonders reizvoll ist aber die exponierte Lage auf einer Bergkuppe über dem Tal. Der kleine Parkplatz mit enger Einfahrt vor der Kirche passt nur für Fahrzeuge in Campingbusgröße. Kurz nach dem Abzweig nach Castaneda bietet eine Terrasse über dem Fluss rechts der Straße einen passablen **Pausenplatz** für ein Womo **GPS N 46°22'56", E 9°06'53"**

Fahren wir weiter ins Tal hinein, passieren wir zuerst die Seilbahn von Arvigo nach Braggio. Wenig später fährt in Selma eine weitere Gondel hinauf. Steigt man dort ein und betätigt den grünen Knopf, schwebt man mühelos nach **Landarenca.** Die einzige Alternative zur Bahn ist ein Fußmarsch – auch für die 15 Menschen, die in den dicht um die Kirche gedrängten Steinhäusern leben. Eine Straße zum Dorf gibt es nicht. Im Sommer bringen Gäste Leben in die schmalen Gassen, zum Beispiel Wanderer, die die autofreie Ruhe und die tolle Landschaft oberhalb von Landarenca schätzen.

Spaziergang durch Landarenca

Parken wir also unser Womo auf dem Parkplatz an der Straße, füttern den Automaten mit CHF 4.- pro Person und passieren das Drehkreuz. Fahrbefehl steht unter dem richtigen grünen Knopf. Drückt man darauf, schließen sich die Türen, ein jaulendes Signal kündigt die Abfahrt an und die Gondel setzt sich langsam in Bewegung. Wenige Minuten später steht man an der Bergstation. Nach einem Rundgang durch das Dorf lohnt unbedingt der Aufstieg vom hinteren Ortsende nach Pian. Die Almsiedlung liegt auf der untersten Hochebene, ist mit etwa 20 min Aufstieg auf einem breiten Weg leicht zu erreichen. Die Alp lässt erahnen, was eine längere Wanderung zu bieten hat. 2,5 Stunden und 700 Höhenmeter auf gut markiertem Weg sind es zum Beispiel bis zur Alp di Rossiglion.

Mehrere markierte Themenwege und der Talwanderweg nach Arvigo sind von den Wanderparkplätzen in **Cauco** zu erreichen.

(180) WOMO-Wanderparkplatz: Cauco Bodio

GPS: N 46°19'50", E 9°07'17" **max. WOMOs:** 1-2
Ausstattung / Lage: Schotterplatz am Fluss, asphaltierte Zufahrt. Nur außerhalb der Ferien, ansonsten befindet sich hier ein Zeltlagerplatz der Pfadfinder. Am Ortsrand.
Zufahrt: Hinter den letzten Häusern von Bodio rechts hinunter zum Fluss.

(181) WOMO-Wanderparkplatz: Cauco

GPS: N 46°20'10", E 9°07'10"
max. WOMOs: 1-2
Ausstattung / Lage: Ebener Asphaltplatz am Fluss. Am Wertstoffhof. Zugang zum Fluss und zu markierten Wanderwegen.
Zufahrt: An der Zufahrt nach Cauco. Hinter der Brücke links der Straße.
Sonstiges: Alternative mit Badegumpe für 1-2 Campingbusse. Hinter dem Kieswerk rechts den Schotterweg hinunter zur Calancasca. Links vor der Bachbrücke kleine Parkbucht neben dem Weg. **GPS N 46°20'53", E 9°07'16"**. Etwas weiter hinten an der Kapelle Wendemöglichkeit.

Auf den Spuren der Calancasca
Eine Talwanderung durchs Val Calanca

Ein einfacher Wanderweg führt in knapp 3 h immer an der Calancasca entlang von Arvigo nach Rossa. Laufen Sie den ganzen Weg, empfiehlt es sich, eine Strecke mit dem Postauto zu fahren, das sechsmal täglich durch das Tal fährt. Ohne Bustransfer starten Sie von unserem Wanderparkplatz in Cauco und laufen flussaufwärts bis zum Wasserfall von Augio. Dort können Sie im Gasthaus La Cascata eine Pause einlegen, bevor es auf gleichem Weg zurück geht. Unterwegs Bademöglichkeiten im Bach.

Kirche von Soazza

Valle Mesolcina

Parallel zur Autobahn folgen wir der Kantonalstraße durch das Tal. Von der Autobahn sieht man erstaunlich wenig. Wer enge Sträßchen nicht scheut, kann durch eine Hand voll Serpentinen nach **Soazza** hinauffahren, um die über dem Ort thronende Kirche zu besichtigen oder im schmucken Dorf einen Kaffee zu trinken. Auf dem schön gelegenen Parkplatz unterhalb der Kirche ist jedoch Camping verboten und für größere Mobile ist es hier auch zum Parken zu eng.

Gut erreichbar für alle ist dagegen die weithin sichtbare Ruine des **Castello di Mesocco**. Der Parkplatz dazu befindet sich rechts und links der Straße vor dem Ort **GPS N 46°22'59", E 9°13'57"**. Vorsicht, nicht über die Brücke in Richtung Burg fahren, das ist die Auffahrt zur Autobahn. Ein Fußweg führt von hier in 5 min. zur frei zugänglichen Ruine, auf halbem Weg wartet ein kleiner Picknickplatz.

Das Castello di Mesocco –
ein Kleinod neben der Autobahn

Anfang des 13. Jahrhunderts war das Castello auf dem Berg von Misox Sitz der Freiherren von Sax, die die Region Mesocco bis 1480 beherrschten. Dann verkauften Sie Burg und Herrschaftsrechte an den Mailänder Adeligen Giacomo Trivulzio. Dieser baute die Burg vom Mesocco zu ei-

ner Festung aus, die als uneinnehmbar galt. Und doch fielen die trutzigen Mauern schon 40 Jahre später... Der erste Müsserkrieg zwischen den Drei Bünden (aus denen später Graubünden entstand) und Giacomo Medici, der mit Rückendeckung der Stadtrepublik Mailand die Region um den Comer See kontrollierte, besiegelte ihr Schicksal. Die zurückweichenden Drei Bünde schleiften im Jahre 1526 ihre eigene Burg, damit sie nicht in die Hände des Feindes fiel. Seitdem ist das stolze Kastell eine Ruine. 1835 wurde der Hauptturm durch einen Blitzschlag zerstört. 1925 begann man mit der Restaurierung, 1986 und 1993 wurden der Westturm und ein Teil der Außenmauer wieder aufgebaut. Heute durchschreiten Sie ein mächtiges Portal und treffen zwischen den gut erhaltenen Mauern auf eine große Wiese mit eindrucksvollen Gebäuderesten. Ein stimmungsvollerer Platz für eine Pause oder ein Picknick ist kaum zu finden.

Von Mesocco zum San Bernardino

Durch viele Kurven führt die Strecke von Mesocco hinauf zum Ort **San Bernardino**. Meist geht es durch den Wald und wer auf dieser Strecke die Autobahn wählt, versäumt nicht besonders viel. Spannend wird es erst hinter dem Ort, wenn die schmale Straße sich durch eine kargschöne Berglandschaft windet. Aber vorher haben wir am Rande des Touristenortes San Bernardino noch einen netten Stellplatz zu bieten.

(182) WOMO-Wanderparkplatz: San Bernardino

GPS: N 46°27'44", E 9°11'2" **max. WOMOs:** 4-5
Ausstattung / Lage: Geschotterter Platz oberhalb der Seilbahnstation am Waldrand, trotz Autobahnnähe recht ruhig, außerhalb des Orts. Auf allen Parkplätzen im Ort Womo-Übernachtungsverbot.
Zufahrt: Hinter der Ortsdurchfahrt von San Bernardino an der Auffahrt zu Autobahn unter der Autobahn hindurch und dann links hinauf.
Sonstiges: Am Parkplatz sind mehrere Wanderrouten markiert. Interessant ist der Aufstieg zur malerischen Seenlandschaft am Passo Passit (Gehzeit 2 h einfach, ca. 650 hm). Ausschließlich bergab führt ihre Wanderroute, wenn Sie mit dem Postbus zur Bernardino-Passhöhe fahren und auf einem der drei möglichen Wege von dort zum Dorf zurücklaufen (Gehzeit: 1,5 - 3,5 h je nach Wegwahl, Höhenunterschied 400 m).

Die Autobahn verschwindet im Tunnel und wir fahren in die Berge hinauf. Bereits nach wenigen Kehren trifft man auf einige Haltebuchten rund um eine kleine Brücke. Hierher kommen

San Bernardino: Passhöhe

Einheimische und Gäste gerne zum Baden. Unterhalb der Brücke gibt es **Gumpen**, die aber nicht ganz so einfach erreichbar sind. Auch im weiteren Verlauf der Straße bieten einige Parkbuchten rechts und links die Möglichkeit für eine aussichtsreiche Pause. Die wenigen Parkplätze an der landschaftlich außerordentlich reizvollen **Passhöhe** sind dagegen den Besuchern der Snackbar vorbehalten. Auch auf der Fahrt ins Tal finden sie einige kleine Parkbuchten neben der Strecke. Bei **(183) GPS N 46°30‘31“, E 9°10‘47“** gibt es unter der Holzbrücke sogar eine flache Gumpe, die zumindest ein Sitzbad ermöglicht.

Wenig später kreuzen wir nach 16 engen Serpentinen die Autobahn. Da die einzige Alternativstrecke abstandsfrei neben der A 13 entlang führt, wählen wir bis **Splügen** die schnelle Verbindung. Wenn Ihnen die Parkbuchten an der Passstraße nicht gefallen haben, finden sie jetzt hier oberhalb des Ortes an der Zufahrt zum Splügenpass mit unserem **Stellplatz (190)** eine großzügige Alternative. Am Lago di Sufers vorbei schlängelt sich dann die Landstraße hinunter zum **Gasthaus Rofflaschlucht**. Hier können Sie nicht nur essen und schlafen, sondern auch auf einem Felsensteig die Schlucht erforschen.

Wasserfall und Felsensteig – die Rofflaschlucht

Der Felsensteig, den Christian Pitschen-Melchior, der damalige Besitzer des Hotels in siebenjähriger Arbeit in den Fels sprengte, führt zu einem Wasserfall. Zugang zur Schlucht durch das Hotel. Geöffnet Mai bis Oktober täglich 9-19 Uhr, im April nur Do - Mo, Eintritt CHF 3,50, Kinder CHF 2,50

Kurz vor dem Parkplatz am Hotel zweigt die schmale Straße in unser zweites abgelegenes Bergtal ab.

Val Ferrera und Val Avers
Juf am Ende des Val Ferrera ist eines der höchstgelegenen Dörfer der Schweiz. Die Fahrt ins Tal ist eindrucksvoll. An der Zufahrt befindet sich der **Magic Wood,** eines der größten Naturbouldergebiete der Schweiz. Ein improvisierter Zeltplatz neben der Straße bietet Kletterern Quartier. Auf dem Parkplatz kommen auch Wohnmobile unter. Ein Ausbau des improvisierten Geländes mit Sanitäranlagen ist geplant. Bisher stehen Gäste ohne Boulderambitionen allerdings anderswo gemütlicher.

Vor den ersten Orten lockt der Fluss mit schönen Becken, zu denen man vom Straßenrand hinuntersteigen kann. Dann wird das Tal enger und wir durchqueren eine Schlucht. Dahinter wird es karger. Das Tal weitet sich und mehrere kleine Orte säumen den Weg. Alte Holzschuppen mit rotbraun bemoosten Dächern, die weiße Kirche von **Avers** – der Blick ins Tal ist idyllisch. Alleine die Plätze zum Bleiben sind knapp. Da man im Tal außerdem wegen der vielen Kletterer sensibilisiert ist, empfiehlt es sich nicht unbedingt, über Nacht zu bleiben. Der folgende Wanderparkplatz eignet sich jedoch gut für einen Aufenthalt tagsüber:

WOMO-Wanderparkplatz: Val Avers

GPS: N 46°26'57", E 9°33'03"
Ausstattung / Lage: Geschotterte Fläche innerhalb einer Kuhweide und mit Elektrozaun gegen Übergriffe der Vierbeiner gesichert. Am Beginn eines schönen Seitentales mit Wanderwegen und am Murmeltierlehrpfad.
Zufahrt: im Weiler »Am Bach« rechts hinunter zum markierten Parkplatz (Langlaufsymbol)

Zurück auf der Hauptstrecke können Sie im schönen Dorf **Andeer** auf dem Camping direkt neben dem örtlichen Mineralbad übernachten.

(184) WOMO-Campingplatz-Tipp: Sut Baselgia / Andeer

GPS: N 46°36'23", E 9°25'34" ganzjährig geöffnet
Ausstattung / Lage: etwas eng zwischen vielen Dauercampern aber in Ortsnähe mit mehreren Gasthöfen und neben dem Mineralbad Andeer. V/E-Station, WOMO inkl. 2 Personen CHF 30.-, Strom CHF 3.-
Zufahrt: Am nördlichen Ortsrand von Andeer, gut beschildert

Das Mineralbad von Andeer
Zwischen Wellness und Kurbetrieb

Innen- und Außenbecken mit angenehmer Wassertemperatur von 34 °C, Sauna, Dampfbad und Sprudelliegen – die kleine Therme von Andeer hat alles, was es für einen Wohlfühlabend braucht. Das mineralreiche Wasser gilt als heilend bei Rheuma und Kreislaufbeschwerden.
Geöffnet täglich von 11.00 bis 21.00 Uhr, Montag zwischen 18.00 und 21.00 Uhr Damensauna, Eintritt Mineralbad 2 h CHF 18.- oder Sauna und Mineralbad 3 h CHF 28.-, weitere 30 min. jeweils CHF 2.-

Der nächste Ort an der Strecke ist **Zillis**, das südliche Tor zur Via Mala. Im Ort treffen wir auf einen kulturellen Höhepunkt der Region: die **Dorfkirche St. Martin** mit ihrer hölzernen bemalten Kassettendecke ist bekannt und berühmt. 153 quadratische Felder zeigen Fabeltiere und Szenen aus der Kirchengeschichte. Die Gemälde werden auf das 12. Jahrhundert datiert. Der Künstler ist unbekannt. Der Besuch der Kirche kostet CHF 4.- Eintritt pro Person, der zur Instandhaltung der Gemälde ver-

Wilde Drachen hausen in der Kirche St. Martin in Zillis

wendet wird. Ein Museum versorgt die Besucher mit Hintergrundinformationen. Der zugehörige Parkplatz ist kostenlos:

(185) WOMO-Stellplatz: Zillis Kirche St. Martin

GPS: N 46°38'07", E 9°26'27" **max. WOMOs:** 2
Ausstattung / Lage: Asphaltierter Parkplatz mit Buchten für PKW und Busse, Kiosk und gepflegtes öffentliches WC am Platz. Gasthöfe oben im Ort. Ruhige Lage am Ortsrand.
Zufahrt: An der Ortsausfahrt von Zillis links am Fluss entlang zum ausgeschilderten Parkplatz.

Eine gute Alternative und den optimalen Ausgangsort zum Erwandern der Via Mala bietet der wenige Kilometer entfernte empfehlenswerte Campingplatz Rania.

(186) WOMO-Campingplatz-Tipp: Rania Zillis

GPS: N 46°38'60", E 9°26'54" ganzjährig geöffnet
Ausstattung / Lage: Kleiner Camping direkt oberhalb des Rheines am Eingang zur Schlucht. Wiese für Zelte und leichtere Fahrzeuge, 2-3 Plätze für große Womos. Restaurant und gute Sanitäranlagen, gemütliches Gasthaus, CHF WOMO inkl. 2 Personen CHF 20.- bis 27.- Dusche CHF 1.-
Zufahrt: Von Zillis in Richtung Via Mala. Vor der Schlucht links der Straße.

Die Via Mala von Zillis nach Thusis
In Thusis beginnt die **Via Spluga**, ein Weitwanderweg, der auf der alten Säumerroute in 7 Tagen über den Splügenpass nach Italien führt. Der erste Wegabschnitt führt durch die **Via Mala**, die schlechte Straße, einen einst besonders gefürchteten Abschnitt des gefahrvollen Weges über die Alpen. Der Hinterrhein bahnt sich hier seinen Weg durch schroffe Felsen und eine enge Schlucht.

Via Mala: Abstieg in die Schlucht am Besucherzentrum

Heute führt eine bequeme Straße von Zillis nach Thusis – und sogar die Autobahn hat man im schmalen Taleinschnitt noch untergebracht. An der engsten Stelle zwischen den Felswänden ziehen sich 321 Stufen hinunter zum tobenden Wasser. Oben an der Straße wird 2014 der kleine Kiosk durch ein neues **Besucherzentrum mit Café** ersetzt. CHF 5.- pro Person kostet der lohnende Abstieg in die Schlucht. Der Parkplatz am Eingang **GPS N 46°39'48", E 9°26'51"** ist recht eng, bequem parkt man das WOMO in der Kurve vor dem Kiosk bei **GPS N 46°39'38", E 9°26'56"** am Straßenrand. Wer mehr von der Schlucht sehen will, folgt der Via Spluga und erlebt den Weg wie die Säumer in früheren Zeiten. Von Thusis bis Zillis ist man etwa 4,5 h unterwegs. Etwas kürzer ist unser Wandervorschlag.

Die Via Mala zu Fuß

Gehzeit: 1,5 h bis Zillis, 1 h zum Camping Rania. Optimaler Ausgangspunkt der kurzen Schluchtwanderung ist der Camping Rania, mit eigener Postbushaltestelle 1,5 km vor Zillis am Schluchtweg gelegen. Mit dem Postbus fahren Sie zur Station Via Mala und laufen nach dem Besuch des Treppensteiges zurück zum Campingplatz. Vom Via-Mala-Kiosk geht es ca. 200 m auf der Straße in Richtung Zillis. An der beschriebenen Parkbucht führt die Via Spluga links hinunter, überquert nach ca. 20 min die Hängebrücke Punt da Suransuns und führt dann am Fluss entlang weiter. Kurz vor Zillis steigt der Pfad wieder aus der Schlucht. Wer nach Zillis zurück möchte, unterquert hier die Autobahn und steigt nach Davos

Salegn auf. Auf der Höhe geht es dann auf der markierten Trasse der Via Spluga über Reischen nach Zillis zurück. Zum Camping Rania hält man sich beim Verlassen der Schlucht rechts und erreicht wenig später direkt vor dem Camping die Landstraße.

(187) WOMO-Campingplatz-Tipp: Thusis

GPS: N 46°41'59", E 9°26'42" ganzjährig geöffnet
Ausstattung / Lage: Ebenes, naturbelassenes Gelände in einem Nadelwald am Stadtrand. Ruhige Lage direkt neben dem schönen Waldschwimmbad von Thusis. Neues Empfangs- und Sanitärgebäude, Grillstelle, Restaurant. WOMO inkl. 2 Pers. CHF 31.- bis 40.-, Quickstopp zwischen 20 und 10 Uhr, CHF 24.- bis 29.-, Telefon +41(0)81 651 24 72 , www.camping-thusis.ch
Zufahrt: Am Stadtrand von Thusis am Rhein gelegen. Im Ort beschildert.

(188) WOMO-Stellplatz: Thusis Waldschwimmbad

GPS: N 46°42'16", E 9°26'41" **max WOMOs:** 1-2
Ausstattung / Lage: Parkplatz am Waldrand unterhalb der Stadt. Außerhalb der Badesaison sehr ruhig. Nahe am Camping.
Zufahrt: Am Camping vorbei weiter am Rhein entlang. Links der Straße, bevor der Fahrweg schmaler wird (hier nicht weiterfahren, sondern zur Rückfahrt wenden!)

Eine Stichstraße führt von Thusis in die Berge hinauf zum Skigebiet am **Heinzenberg** am Fuße des imposanten Piz Beverin, dem Mittelpunkt des Beverin Nationalparkes, in dem mit ca. 350 Tieren eine der größten Steinwildpopulationen der Schweiz lebt. Kurve um Kurve geht es mit immer besser werdendem Blick hinauf, wo drei schöne Stellplatzmöglichkeiten und einige Wanderwege warten.

(189) WOMO-Wanderparkplatz: Obertschappina

GPS: N 46°41'13", E 9°22'30" **max. WOMOs:** 1
Ausstattung / Lage: Ebene Schotterfläche am Skilift von Tschappina (Parkverbot im Winter). Gegenüber der Berggasthof Heimat. Toller Talblick. Innerhalb einer Streusiedlung
Zufahrt: Durch Tschappina hindurch bis zum Skilift. Kurz bevor sich die Straße zum Glaspass verengt.

Auf der schmaler werdenden Straße können Sie noch einige Kilometer weiterfahren, bis die Fahrstraße auf der Passhöhe des **Glaspasses** endet.

(190) WOMO-Wanderparkplatz: Glaspass

GPS: N 46°40'39", E 9°20'59" **max. WOMOs:** 2-3

Ausstattung / Lage: Parkbucht am Ende der Stichstraße zum Glaspass. Ab hier Fahrverbot. Berghaus Beverin mit urig-netter Atmosphäre und regionalen Spezialitäten oberhalb des Parkplatzes.

Zufahrt: siehe Text

Sonstiges: Eine schöne Grillstelle am Waldrand mit zwei Sitzgruppen und Holzvorrat wenige 100 m vor der Passhöhe ermöglichen einen zünftigen Grillabend. Eine Parkbucht an der Straße sorgt dafür, dass Sie Teller und Gläser nicht allzu weit tragen müssen.

Wandern am Glaspass

Eine leichte Zweistundentour mit tollem Rundumblick führt Sie vom Glaspass auf die Hochebene des Hoch Buel. Vom Parkplatz Glaspass laufen Sie in Richtung Südosten den Heidbüel entlang zur Alp Obermasügg, beim Hohenegg rechts hinauf zur oberen Alphütte und weiter über Alpweiden bis zum blickreichen Hoch Büel. Abstieg über das Beverinweglein Richtung Westen zum Glaspass. Der am Pass markierte Aufstieg zum Piz Beverin ist mit einfacher Gehzeit von 5 h und alpinem Anspruch ein Fall für Bergprofis. Weitere Wandervorschläge finden Sie auf der Website des Berggasthauses Beverin. www.berggasthaus-beverin.com

Einen weiteren schönen Wanderparkplatz finden Sie in **Oberurmein**. Hinter den letzten Häusern der Feriensiedlung gibt es sogar einen kleinen **Badesee** mit Picknicktischen und Grillstelle. In der Hütte am Seeufer werden in der Saison Getränke verkauft, im Winter wird auf dem See Schlittschuh gelaufen. Auf dem Parkplatz am See bei **GPS N 46°42'07", E 9°23'03"** dürfen Sie aber nur tagsüber stehen. Ein guter Übernachtungsplatz auf den im Sommer verwaisten Parkplätzen des Skiliftes ist jedoch nicht weit.

(191) WOMO-Wanderparkplatz: Oberurmein

GPS: N 46°41'49", E 9°23'07" **max. WOMOs:** 2-3
Ausstattung / Lage: Parkplatz am Skilift im Sommer weitgehend verwaist. Drei ebene Terrassen oberhalb einer Gruppe Ferienhäuser. 200 m zum Ort. Grandioser Blick über das ganze Tal.
Zufahrt: Zwischen Urmein und Tschappina dem Abzweig Oberurmein rechts hinauf folgen. Die Straße ist schmal aber unkompliziert. Den Hinweisen zum Skilift und zum Parkplatz folgen.

Zurück im Tal folgen wir der Landstraße Nummer 13 links des Rheines über **Cazis** und **Rhäzüns** nach Bonaduz. Zwei Kirchen, die unterschiedlicher kaum sein könnten, lohnen in Cazis und Rhäzüns jeweils einen kurzen Aufenthalt.

Drei Steine – eine Kirche
Das ungewöhnliche Gotteshaus von Cazis

Wie drei überdimensionale Rheinkiesel mit weitgeöffneten Steinmäulern drängen sich die Gebäudeteile der 2002 mit einem Gottesdienst eingeweihten evangelischen Kirche von Cazis aneinander. Und nein, der moderne Kirchenbau stammt nicht vom Zeichenbrett des allgegenwärtigen Mario Botta. Der Architekt heißt Werner Schmidt und stammt aus dem nahen Trun. Der erste Blick auf das Kirchengebäude direkt an der nördlichen Ortseinfahrt ist etwas befremdlich, doch spätestens das Innere überzeugt. Drei lichtdurchflutete Räume, einer in jedem Ei, ergeben den Innenraum der Kirche. Sie können aber auch durch bewegliche Wände unterteilt werden, so dass aus der Kirche ein Unterrichtsraum oder ein Platz der Geselligkeit wird. So tanzt die Steinkirche nicht nur optisch aus der Reihe: Sie ist ein menschenfreundlicher, lebendiger Ort, und welche Kirche ist das schon?

Ein Bilderbuch aus dem Mittelalter
Die Kirche Sogn Gieri in Rhäzüns

Die mittelalterliche Kirche Sankt Georg, die auf einem Hügel über dem Hinterrhein etwas außerhalb von Rhäzüns thront, gehört zu den ältesten und bemerkenswertesten Kirchen der Region. Vom Bahnhof in Rhäzüns laufen Sie in ca. 20 min über die Felder und dann hinauf zur Kirche. Der Innenraum ist komplett mit gotischen Fresken zweier regionaler Meister bemalt, die Szenen aus Neuem und Altem Testament, der grusligen Georgslegende, aber auch das höfische Leben mit Rittern und Edlen darstellen. Die alten Kirchenbänke ohne Lehne tun ein übriges zum urigen Ambiente der alten Kirche.

Pausenplatz mit Schlossblick gefällig?
Zwischen beiden Kirchen bringt Sie ein Hopser über den Rhein ins burgenreiche **Domleschg** auf der anderen Flusseite. Eine kleine Parkbucht neben der Straße bei **(192) GPS N 46°45'32", E 9°26'45"** erlaubt eine Pause mit Blick auf **Burg Ortenstein**. Fahren Sie dazu hinter **Unterrealta** rechts über die Brücke und dann links hinauf in Richtung Tomils / Feldis. Gleich in der ersten Kurve hinter **Tomils** zweigt rechts ein Fahrweg ab. Am Rand des Abzweiges ist ausreichend Platz für ein geparktes Wohnmobil. Der Ausblick ist hinreißend.

Hinter Rhäzüns trefen Sie in **Bonaduz** auf **Tour 7**. Am Abzweig nach Versam bietet etwa 1 km außerhalb des Ortes ein offizieller **Stellplatz (127)** Quartier.

Von Bonaduz fahren wir zügig weiter nach Chur. Ob sie dazu die Autobahn benutzen oder auf der direkt parallel verlaufenden Landstraße bleiben, ist sozusagen »gehupft wie gesprungen«. Wenn Sie sich von den hässlichen Außenbezirken der Stadt nicht abschrecken lassen, überrascht **Chur** mit einer attraktiven kleinen Altstadt. Ihr Wohnmobil können Sie dazu auf dem

Parkplatz der Bergbahn **N 46°50'49", E 9°31'32"** unterbringen (kostenpflichtig). Wenn Sie über Nacht bleiben wollen, fahren Sie am besten gleich zum Campingplatz, wo Sie die Wahl zwischen dem Wohnmobilstellplatz vor der Schranke und einem Stellplatz auf dem Camping haben.

(193) WOMO-Stellplatz: Camping Au

GPS: N 46°51'44", E 9°30'27", 571m **max. WOMOs:** 5
Ausstattung / Lage: Fünf Stellplätze vor dem Camping Au am Ende einer Sackgasse und unmittelbar am Rhein. CHF 15.- pro Mobil, Benutzung der Sanitäranlagen im Camping und V/E-Station inkl., maximaler Aufenthalt 1 Nacht.
Zufahrt: In Chur der Beschilderung zum Camping folgen, der sich am nördlichen Stadtrand befindet.
Sonstiges: Stellplatz auf dem Campingplatz CHF 28.- bis 35.-

Ein Bummel durch Chur

Zur Altstadt laufen Sie vom Camping etwa 15 min. Zwischen dem Kornplatz mit seinen bunten Häusern, dem prunkvollen Kunstmuseum und der 1491 erbauten **St. Martinskirche** im Zentrum der Altstadt schlendern Sie gemütlich durch schmale, verschlafene Gassen mit einigen Restaurants und Cafés. Eine weitere Sehenswürdigkeit der Stadt ist nicht nur optisch ein Gegensatz zur historischen Altstadt: die chromblitzende Bar des Alien-Schöpfers und Künstlers H.R. Giger liegt am anderen Ende der Stadt mitten im Industriegebiet. Sollten Sie also Lust auf einen Café in außerirdischen Sphären haben, parken Sie bei **GPS N 46°50'49", E 9°30'32"** und besuchen die **Giger-Bar** in der Commercialstraße 23 (Mo- Fr 8-20 Uhr, Sa 8-18 Uhr, Sonntag geschlossen).

TOUR 12 (ca. 300 km / 3-6 Tage)

Bergiges Graubünden Süd: Durch das Bergell, Oberengadin, Parc Ela und das Valle de Livigno ins Val Müstair

Splügen – Chiavenna – Bergell – Malojapass – Julierpass – Savognin – Bergün – Albulapass – Berninapass – Poschiavo – Livigno – Bormio – Umbrail – Val Müstair

Freie Übernachtung:	Splügen, Monte Spluga (2x), Isola (2x), Chiavenna, Borgonuovo, Villa di Chiavenna, Stampa, Bivio, Alp Flix, Rona, Savognin, Riom, Salouf, Surava, Filisur, Preda, Albulapass, Berninapass, Sfazu, Mirolago, Livigno, Passo Eira, Bormio
Ver-/Entsorgung:	Chiavenna, Stampa, Passo Eira, Bormio
Campingplätze:	Campodolcino (Splügenpass), Bondo, Vicosoprano, Maloja, Silvaplana, St. Moritz, Filisur, Albula, Plauns
Baden:	Maloja, Savognin, Alvaneu, Bormio
Besichtigen:	Palazzo Castelmur, Chiavenna, Bergbahnmuseum, Gletschermühlen Canaglia

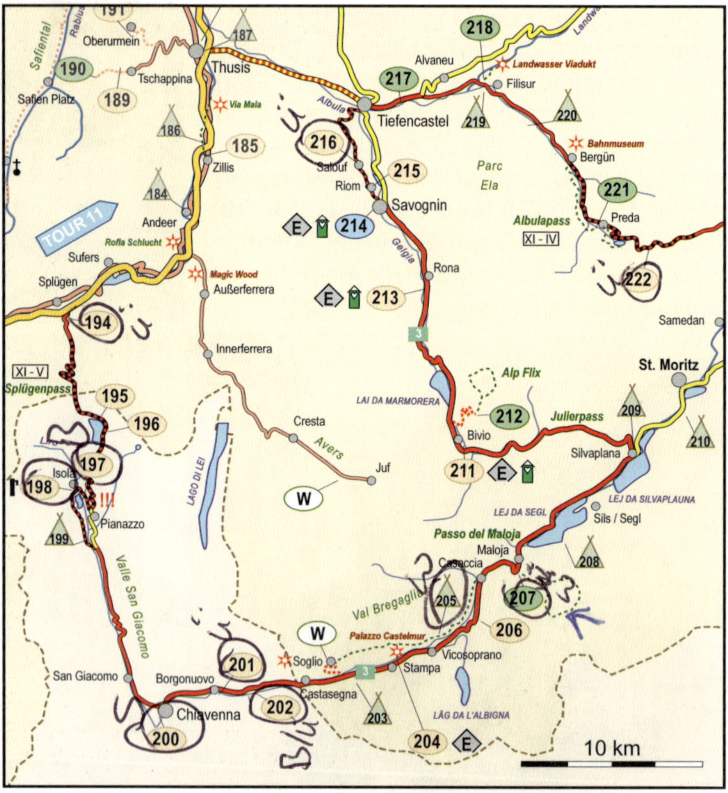

Wandern:	Panoramaweg Bergell, Lagh da Cavloc, Alp Flix, Parc Ela, Bergerlebnispfad Bergün, Lai Palpuogna, Lago Saoseo
Erlebnis:	Bahnfahrt Albula- oder Berninapass

Das Oberengadin liegt auf einer grünen Hochebene, in deren Zentrum sich um den Silser-, den Silvaplana und den Champfér See ein beliebtes Ferienzentrum entwickelt hat. St. Moritz ist vor allem als schicker Skiort ein Begriff, aber man kann hier auch im Sommer gut Urlaub machen. Einen einzigen Fehler hat die Region für Wohnmobilreisen: Ohne Campingplatz geht hier kaum etwas. Frei stehende Wohnmobile werden nur an wenigen Plätzen toleriert. Neben der Region um den Silser See (Lei da Segl) hat der Süden Graubündens auch weniger bekannte Höhepunkte zu bieten: das traumhaft schöne Bergell (Valle Bregalia) beglückt Wanderer und Kletterer, ebenso die Runde um den noch recht neuen Naturpark Parc Ela. Im Val Poschiavo können Sie bereits einen Hauch Italien erschnuppern, und eine Fahrt mit den knallroten Wagen der rhätischen Bahn über den Albula- oder Berninapass werden sicher zu Höhepunkten der Reise. Mit Splügenpass und Umbrail gehören außerdem zwei der spektakulärsten Bergpässe der Schweizer Alpen zu unserer Route und ergänzen die vielfältigen Eindrücke, die Tour 12 für Sie bereit hält, um wilde Gebirgslandschaften.

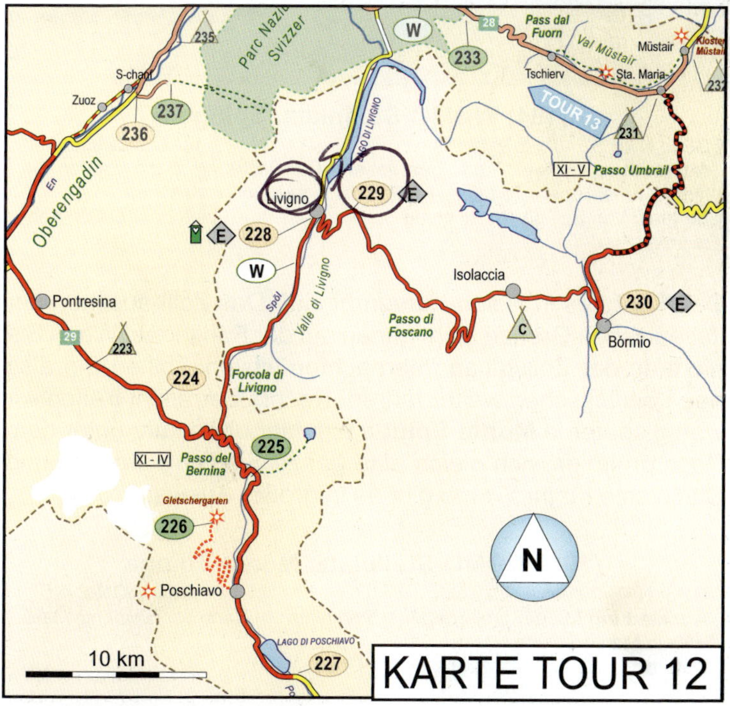

Wir beginnen unsere Tour durch Graubünden mit einem Schlenker durch Italien. Dort erwarten uns schöne Stellplätze am Lago di Montespluga. Im abgelegenen Grenzgebiet des Bergell kehren wir dann in die Schweiz zurück. *Die Fahrt über den Splügenpass ist nur für Fahrzeuge bis 2,30 m Breite zugelassen* und das macht auch Sinn. Die Straße ist schmal und die Kurven sind extrem eng. Wer ein größeres Mobil fährt, wählt besser die Stecke über Thusis nach Tiefencastell, um ins Berggebiet von Graubünden zu kommen. An der Zufahrt zum Splügenpass gibt es dann erst mal einen schönen Stellplatz mit Blick auf das Dorf, der noch für alle erreichbar ist.

(194) WOMO-Stellplatz: Splügen

GPS: N 46°32'48", E 9°19'27" **max. WOMOs:** 3-4
Ausstattung / Lage: Große geschotterte Parkfläche am Bach. Fahren Sie hinauf auf die obere Terrasse, ist die Straße nicht mehr zu sehen.
Zufahrt: Von Splügen in Richtung Splügenpass direkt hinter der ersten Kehre links.

Dann geht es in vielen Kurven hinauf. Das Zollhäuschen der italienischen Grenze steht genau auf der Passhöhe. Wenn Sie nicht an der Zollstation übernachten wollen, sollten Sie also noch ein bisschen weiter fahren. Recht überrascht treffen wir wenig später in **Monte Spluga** ein: hier oben kurz unter dem Pass gruppiert sich gleich eine ganze Siedlung am See und Stellplätze für ihr Womo gibt es in großer Auswahl...

(195) WOMO-Stellplatz: Monte Spluga

GPS: N 46°29'24", E 9°20'18" **max. WOMs:** 4-5
Ausstattung / Lage: großer ebener Parkplatz am Rand der Siedlung, Gasthöfe in Monte Spluga
Zufahrt: Links der Passstraße an der Ortsausfahrt.

Etwas abseits vom Ort verläuft parallel zur Fahrstraße der Rest einer älteren Trasse. Auch hier findet man schöne Plätze für ein Wohnmobil. Eine größere Parkbucht befindet sich dort, wo der Bach den Hang hinuntersprudelt **(196) GPS N 46°29'16", E 9°20'50"**. Die Passstraße führt aber noch weiter am See entlang. Mehrere Parkbuchten zwischen Straße und See bieten sich dabei als Pausenplätze mit schönem Seeblick an. Da hier in der Nacht nur wenige Autos fahren, sind auch diese als Stellpätze denkbar.

Bei der Weiterfahrt ist noch einmal **Vorsicht** angebracht. Kurz vor dem Örtchen **Pianazzo** komplimentiert ein unauffälliges Schild Wohnmobile und LKW auf die auf unserer Karte weiß eingezeichnete Strecke nach Isola. Die Hauptstrecke führt geradeaus durch das Dorf und ist für Fahrzeuge bis 5 m Länge begrenzt. Da das für unseren Kleinen noch passt, fahren wir geradeaus weiter und bremsen wenig später recht abrupt vor einem Tunnel mit der niedlichen Höhe von 2,30 m. Sie wenden nicht so gerne auf einer schmalen und dazu richtig steilen Bergstraße? **Dann verschlafen Sie auf keinen Fall den Abzweig nach rechts auf die SP 41!** Immerhin beschert uns die unerwartete Schleife zum **Lago di Isola** gleich mehrere schöne Stellplätze am See.

(197) WOMO-Stellplatz: Isola 1

GPS: N 46°26'32", E 9°20'01" **max. WOMOs**: 2-3

Ausstattung / Lage: Asphaltierter Parkplatz zwischen Ort und See mit großem schattenfreiem Picknickplatz gegenüber dem Dorf. Im Ort die Ristoranti Cardinella und Mangusta.

Sonstiges: Ein weiterer großzügig bemessener Parkplatz folgt bei der Weiterfahrt talwärts links der Straße bei **GPS N 46°26'26", E 9°20'01"**.

(198) WOMO-Stellplatz: Isola 2

GPS: N 46°26'29", E 9°20'14" **max. WOMOs:** 2-3
Ausstattung / Lage: ruhiger Platz abseits der Straße mit Naturboden an der östliche Seeseite.
Zufahrt: Von der Passstraße kurz vor den ersten Häusern von Isola links am Seeufer entlang und auf 150 m hoppeligem Schotterweg zum Parkplatz über dem See.

Am Camping Campodolcino mündet die Ausweichstrecke wieder auf die reguläre Passstraße.

(199) WOMO-Campingplatz-Tipp: Campodolcino

GPS: N 46°24'40", E 9°20'41" ganzjährig geöffnet
Ausstattung / Lage: Rechtwinklig angelegter Platz, schattenfrei in landschaftlich schöner Lage. Extrem viele Dauercamper. Womo inkl. 2 Personen € 22-29.-
www.campodolcinocamping.it

Einen offiziellen Wohnmobilstellplatz am Stadtrand bietet **Chiavenna**, so dass Sie ganz entspannt und ohne Parkplatzsuche durch den prunkvollen historischen Stadtkern mit vielen guten Restaurants bummeln könnten.

(200) WOMO-Stellplatz: Chiavenna

GPS: N 46°18'55", E 9°23'48", Piazzale Leonardo da Vinci
max. WOMOs: >20
Ausstattung / Lage: Offizieller Stellplatz der Stadt Ciavenna, kostenlos. Ebener Großparkplatz, ruhig und in Flussnähe, teilweise Schatten unter Bäumen, V/E-Station, kurzer Fußweg zur Innenstadt (dem Fluss stadteinwärts folgen)
Zufahrt: Am südlichen Stadtrand an den Sportanlagen. Zufahrt im Zentrum mit WOMO-Symbol markiert.

Von Chiavenna halten wir uns links. Über **Villa di Chiavenna** kehren wir bei **Castasegna** in die Schweiz zurück. Auf der Strecke zur Schweizer Grenze gibt es weitere Stellplatzkandidaten:

(201) WOMO-Stellplatz: Borgonuovo Busparkplatz

GPS: N 46°19'40", E 9°26'39" **max WOMOs:** 2-3

Ausstattung / Lage: ebener Schotterplatz an der Mera, am Ortsrand
Zufahrt: An der Brücke in der Ortsmitte den Hinweisen zum Busparkplatz folgen.
Sonstiges: Im Dorf riesiger, sehenswerter Wasserfall. Auch an der Kaskade gibt es Parkplätze. Die Zufahrt ist jedoch sehr schmal und es ist hier oft sehr voll.

Hinter dem nächsten Ort Villa di Chiavenna lockt ein kleiner Parkplatz am Stausee zum Stopp.

(202) WOMO-Stellplatz: Villa di Chiavenna Stausee
GPS: N 46°19'50", 9°29'59", 629 m **max. WOMOs:** 2
Ausstattung / Lage: ebener, geschotterter Parkplatz am Seeufer, etwas abseits der Straße. Grotto Ghiggi oberhalb in Sichtweite.
Zufahrt: über die schmale Brücke am Seezufluss zum Parkplatz rechts am See.

Kurz darauf fahren wir über die Grenze und werden von einem Schild begrüßt, dass uns in Graubünden zum vertrauten Begleiter werden wird: Nachtpark- und Campingverbot im ganzen Gemeindegebiet. Kaum verlässt man die eine Gemeinde, passiert man schon das nächste Schild. Möglichkeiten für freie Übernachtungen gibt es nur wenige. Nur in wenig besiedelten Zonen zwischen den Gemeinden scheinen nachts parkende Wohnmobile stellenweise toleriert zu sein. In den Tälern gibt es aber einige sehr schöne Campingplätze mit moderaten Preisen. Eine Hand voll offizieller Stellplätze ergänzen das Angebot.

Im Reich der Zuckerbäcker – eine Reise durch das Grenzland Bergell

Zu Zeiten der Römer lag das Bergell oder auch Valle Bregalia an einer wichtigen Verbindungsstrecke über die Alpen. Neben der nahen Via Spluga waren auch der Maloja- und der Septimerpass beliebte Handelswege. Prunkvolle Palazzi wie der Palazzo Salis in Soglio oder der Palazzo Castelmur in Stampa sind Zeugen einer vergangenen Zeit des Wohlstan-

des, den Heimkehrer aus ganz Europa in das entlegene Tal trugen. Der wichtigste Exportartikel des Bergells waren im 17. Jahrhundert seine Menschen. Die jungen Bergeller verdingten sich aber nicht etwa als Söldner, wie es in anderen Regionen der Schweiz üblich war, sie zogen als Bäcker und Konditoren in die Welt hinaus. 1766 sollen in Venedig 38 von 42 Confiserien von Bündnern betrieben worden sein. Auch in vielen anderen Städten Europas haben die Erfinder der Engadiner Nusstorte kulinarische Spuren hinterlassen und Reichtum erworben. Heute lebt das abgeschiedene Tal vom Tourismus und der Stromgewinnung durch Wasserkraft.

Zwei Campings und ein kleiner Wohnmobilstellplatz ermöglichen die Übernachtung im **Bergell**. Ein gutes Stück tiefer gelegen als die Hochebene des Engadins mit den noblen Ferienorten Sils und St. Moritz und von der Schweiz nur über eine Stichstraße erreichbar, liegt das Bergell etwas abseits der touristischen Aufmerksamkeit, was es zu einem besonders schönen Ziel für Wanderer macht. Auf den ersten Camping treffen wir im Dörfchen Bondo weit unten im Tal.

(203) WOMO-Campingplatz-Tipp: Bondo

GPS: N 46°20'08", E 9°33'24" geöffnet Mai - Oktober
Ausstattung / Lage: Große Terrasse mit Rasengitter für Wohnmobile, Ver- und Entsorgung, sehr gute Sanitäranlagen, schön angelegter Grillplatz, guter Ausgangspunkt für Wanderungen. Durch benachbartes Holzlager tagsüber etwas unruhig. Der rauschende Bach neben dem Platz dämpft jedoch die Geräusche. Sehr gutes Kletterrevier mit Kletterrouten in verschiedensten Schwierigkeiten im nahen Bondascagebiet. Womo incl. 2 Personen CHF 22.-, Strom CHF 2.-, Dusche CHF 1.-, www.camping-bondo.ch
Zufahrt: In Bondo der Beschilderung durch enge Dorfstraßen folgen. Der Camping liegt oberhalb des Dorfes an der Bondasca.

Unbedingt lohnenswert ist ein Ausflug ins nahe **Soglio**, am besten verbunden mit einer Wanderung auf dem Sentiero Pa-

noramico, der auf halber Höhe am Hang von Casseccia hierher führt. Die Auffahrt nach Soglio empfiehlt sich allerdings nur für Campingbusse und sehr kompakte WOMOs, da der Parkplatz vor dem Dorf bei **GPS N 46°20'33", E 9°32'07"** eng ist. Wählen sie den zweiten Platz weiter oben und fahren dort bis ganz hinten durch. Am Automaten zahlen Sie CHF 1.- für 1 h CHF 2.- für 6 h, Parkschein bis 6 Tage lösbar. Fahrer größerer Mobile müssen sich dennoch weder Ort noch Wanderung entgehen lassen. Den leichter erreichbaren Wanderparkplatz am anderen Wegende in **Casaccia** finden Sie bei **GPS N 46°23'23", E 9°39'46"**: Oder starten Sie die Wanderung gleich vom Camping in Vicosporano und laufen nur den spektakulärsten Teil des Weges bis Soglio.

Auf dem Sentiero Panoramico durch das Bergell

Gehzeit für den kompetten Weg: 5 h, ab Vicosoprano 3 h. Der Sentiero Panoramico verläuft mit wenigen Steigungen und beständig gutem Ausblick oberhalb des Tales. Wer lieber bergab als bergauf läuft, beginnt die Wanderung in Casaccia, das 400 m höher liegt als Soglio. Von Cassacia überqueren Sie die Maira und laufen über Wiesen bis zum Stausee von Löbbia. Der rot/weißen Markierung folgend geht es durch Barga und durch den Wald nach Roticcio. Hier steigen Sie in die Wanderung ein, wenn Sie am Campingplatz in Vicosoprano starten. Hinter dem Bach Aua da Mulina steigt der Weg an. Erst über Wiesen, dann weiter durch dichte, schattige Wälder geht es nach Durbeggia. Wir laufen jetzt ein gutes Stück weit oben am Hang. Bis kurz vor Soglio geht es munter auf und ab. Kurz vor dem Ort steigen wir steil hinunter und genießen die verdiente Pause in den schönen Gassen zwischen den alten Häusern des Dorfes oder an den Tischen vor dem Hotel Palazzo Salis.

Fährt man von Bondo weiter ins Tal hinauf, trifft man in **Stampa** auf den Palazzo Castelmur und kurz darauf auf einen offiziellen Stellplatz für Wohnmobile.

(204) WOMO-Stellplatz: Stampa

GPS: N 46°20‘45“, E 9°35‘47“ **max. WOMOs:** 6
Ausstattung/Lage: Parkbucht direkt an der Kantonalstraße neben einer kleinen Tankstelle. Schöner Blick über eine Wiese ins Tal, Picknicktisch, aber ansonsten leider weder ruhig noch idyllisch, CHF 8.-, Strom CHF 3.-, nur V/E CHF 3.-

Das Zuckerbäcker-Museum im Palazzo Castelmur

Ebenfalls in Stampa finden Sie im roten Pallazzo Castelmur, der von seinem Bau im Jahre 1723 bis 1961 Wohnsitz der Kaufmannsfamilie Castelmur war, eine ungewöhnliche Ausstellung. An den Wänden des Palazzo können Sie Fotos bestaunen. Sie zeigen das Interieur von Konditoreien, Kaffeehäusern und Läden. Ein großer Teil der Bevölkerung des Bergell verschrieb sich im letzten Jahrhundert dem Handwerk des »Zuckerbäckers«. Als Confiseure, Cafetiers, Chokolatiers, Eishersteller, Bierbrauer, Schankwirte von Wein und Gebranntem, Destillateure, Grappabrenner, Hersteller von Limonaden, Sprudelgetränken, Mandelmilchgetränken oder Marzipan verteilten sich die Bergeller in der Schweiz und im benachbarten Europa. Das Museum ist von Juni bis Mitte Juli Di-So von 14.00 bis 17.00 Uhr und von Mitte Juli bis Mitte September von 11-17 Uhr geöffnet. Eintritt CHF 5.-, montags geschlossen.

Noch einen Ort weiter in Vicosoprano fährt eine **Bergbahn zum Lägh d‘Albigna**, der auf 2.100 Metern unterhalb des Forno Gletschers liegt. Außerdem treffen wir oberhalb des schönen Ortes auf den besten Campingplatz im Tal.

(205) WOMO-Campingplatz-Tipp: Mulina / Vicosoprano

GPS: N 46°21'22", E 9°37'50" geöffnet Mai - Oktober

Ausstattung / Lage: Unser Favorit im Tal. Große Wiese am Hang mit ein paar kleinen Bäumen, daher nicht allzu viel Schatten. Im unteren Bereich einige ebene Terrassen für größere Fahrzeuge. Sehr ruhig gelegen in schöner Umgebung. Gute Sanitäranlagen. Einfache V/E Station, Womo incl. 2 Pers. CHF 24.- Anmeldung morgens oder abends, dazwischen ist die Rezeption nicht besetzt, der Platz aber jederzeit zugänglich. www.camping-vicosoprano.ch

Zufahrt: Auf der 3 an Vicosoprano vorbeifahren. Oberhalb des Ortes dem Abzweig links zum Camping folgen, beschildert.

Sonstiges: Wer vom Camping auf den Sentiero Panoramico möchte, läuft talaufwärts nach Roticcio und trifft dort auf die markierte Strecke.

Nach Vicosoprano ist **Casaccia** das letzte Dorf im Val Bregalia. Am Ortseingang führt links ein Weg zum Wanderparkplatz für den Sentiero Panoramico und kurz hinter dem Ort geht es hinauf nach Maloja. Einen Pausenplatz vor dem Beginn der Serpentinen finden Sie bei **(206) GPS N 46°23'54", E 9°40'58"**. Ein Stichweg führt zum Parkplatz vor einer Bachbrücke. Läuft man vor der Brücke links, trifft man nach wenigen Schritten auf einen schönen Platz über dem kräftig rauschenden Fluss.

Ein paar Kehren weiter oben werden die ersten Häuser von Maloja sichtbar. Aber bevor wir uns auf die Hochebene am Silser See begeben, möchten wir Ihnen eine ausgesprochen schöne Wanderung ans Herz legen. Dazu biegen Sie noch vor den ersten Häusern rechts zum ausgeschilderten Parkplatz ab.

(207) WOMO-Wanderparkplatz: Salecina

GPS: N 46°23'39", E 9°41'36", 1820 m **max. WOMOs**: 3-4

Ausstattung / Lage: Schotterfläche am Waldrand mit nummerierten Plätzen, aber ohne Parkautomat, abends standen einige Womos zum Bleiben geparkt. Eine Übernachtung scheint hier am Rand des Gemeindegebietes toleriert zu werden. Streng genommen ist aber in beiden anliegenden Gemeinden Übernachten im Womo untersagt ...

Zufahrt: Auf der Höhe des Malojapasses rechts zum ausgeschilderten Wanderparkplatz.

Ein blauer und ein grüner See
Die Wanderrunde zum Lägh da Cavloc

2,5 h, ca. 200 hm, Wanderschuhe notwendig, im Sommer Badesachen nicht vergessen

Die Wanderrunde ist gut markiert, und auf einer Tafel am Wegbeginn erläutert. Eine einfache Karte des Tales mit allen Wanderwegen bekommt man an allen Informationen oder auf den Campingplätzen.

Vom Parkplatz laufen wir dem Wegweiser Lägh da Cavloc folgend auf dem breiten Fahrweg ins Tal hinein. Wir können bis zum See auf dem Fahrweg bleiben oder vorher rechts hinauf auf einen Pfad wechseln, was die Runde etwas verlängert. Am Ostufer des Sees wartet eine urige Hütte mit Seeblickterrasse auf durstige Wanderer, etwas weiter kann man auf der Alp Cavloc frischen Ziegenkäse kaufen. Rund um Hütte und Alp fndet man am Ufer des glasklaren Sees mehrere Grillstellen und noch mehr idyllische Badeplätzchen. Passt das Wetter nicht zum Baden, bietet der Giro del Lago, der Seerundweg, immer wieder neue schöne Blicke auf die blau schimmernde Wasserfläche. An der Nordwestspitze des Sees, fast genau gegenüber der Hütte, beginnt dann der steinige Pfad hinüber zum kleineren Lägh da Bitabergh. Eine knappe Stunde führt der Pfad über Stock und Stein, bis der zweite See vor uns auftaucht. Das Wasser ist dunkel und leicht moorig. Hier ist es still und ein wenig geheimnisvoll. Durch ein Chaos dicker Felsbrocken windet sich der Weg vom dunklen See hinab und noch einmal 30 min. später überqueren wir, dem Schild Orden folgend, die Hochwasserschutzmauer, die auf dem Hinweg schon auffiel. Die bunten Stelen, die die Betonmauer zieren, sind ein Werk des Schweizer Künstlers Gottfried Honegger. Vorbei an der bestens renovierten Villa Baldini in Privatbesitz laufen wir zurück zum Parkplatz.

Schon kurz hinter Maloja empfängt uns das nächste rot gekreuzte Wohnmobil: auch die Gemeinde **Silvaplana** verbietet Campieren jeder Art. Um sich am Silser See und in St. Moritz näher umzusehen, entscheiden Sie sich also für einen der drei Campingplätze der Region oder Sie fahren zügig weiter, bis Sie bei Savognin wieder auf wohnmobilfreundliches Gebiet treffen.

(208) WOMO-Campingplatz-Tipp: Plan Curtinac / Maloja
GPS: N 46°24'24" E 9°42'38" geöffnet Juni bis September
Ausstattung / Lage: Naturcamping in toller Alleinlage auf einer Waldlichtung am Silser See. Unparzellierte Wiesenplätze, kein Schatten. Keine V/E-Anlage. Guter Camping für Surfer und Segler. Im Sommer sehr voll. Pizzeria. WOMO inkl. 2 Personen CHF 31.-, Strom CHF 3.-, Telefon: Tel: +41(0)81 824 31 81, www.camping-maloja.ch
Zufahrt: Hinter der Ortddurchfahrt Maloja am See rechts auf schmaler Asphaltstrecke am Seeufer entlang, beschildert.

(209) WOMO-Campingplatz-Tipp: Silvaplana
GPS: N 46°27'20" E 9°47'28" geöffnet Mitte Mai bis Anfang Oktober
Ausstattung / Lage: schöne Plätze direkt am Seeufer, aber auch andere sehr nahe an der viel befahrenen Durchfahrtsstraße, neue komfortable Sanitäranlagen, V/E Anlage, WOMO inkl. 2 Personen CHF 32.- bis 34.-, Tel: +41(0)81 828 84 92, www.campingsilvaplana.ch
Zufahrt: An der Ortseinfahrt von Silvaplana rechts der Kantonalstraße am See

(210) WOMO-Campingplatz-Tipp: TCS St. Moritz
GPS: N 46°28'42", E 9°49'30", Via San Gian geöffnet Mai bis September
Ausstattung / Lage: Wiesengelände auf einer Waldlichtung ca. 2,5 km von St. Moritz im Ortsteil Champfér, V/E-Anlage, WOMO inkl. 2 Personen CHF 38.- bis 54.-, Telefon: +41(0)81 833 40 90, www.tcs.ch
Zufahrt: In Champfér rechts zur Olympiaschanze, Camping beschildert.

Der Parc Ela und das Mittelengadin

In Silvaplana beginnen wir unsere Runde um den noch recht neuen Naturpark Parc Ela. Unkompliziert und zügig kurven wir den Julierpass hinauf und begegnen auch hier oben am Hospiz einem Übernachtungsverbot. So rollen wir wieder vom Pass hinunter und treffen vor der Ortseinfahrt von **Bivio** gegenüber dem Skilift auf einen improvisierten Campingplatz.

(211) WOMO-Stellplatz: Bivio

GPS: N 46°27'49", E 9°39'23" **max WOMOs:** 4-5

Ausstattung / Lage: große Parkbucht rechts der Straße mit schöner Bergkulisse über einem rauschenden Fluss. Zur Straße hin durch einen einfachen Bretterzaun abgegrenzt. Nachts ruhig, ansonsten Straßenlärm, WC auf der gegenüberliegenden Straßenseite in der Liftstation. Wasser am Platz, V/E gegenüber im Gebäude nicht immer geöffnet. Übernachtung CHF 15.- + Kurtaxe CHF 2,50 pro Person. Restaurant und Möglichkeit zum Einkaufen in Bivio. Sehr empfehlenswert ist die feine Auswahl regionaler Spezialitäten im Lädeli Chäs und Brot.

Zufahrt: ca. 800 m vor Bivio hinter der Bachbrücke rechts der Straße

Am Ufer des Stausees **Lai Marmoera** entlang geht es weiter. Im nächsten Ort **Sur** können Fahrer kompakter Mobile einen schönen Bergausflug einschieben. Eine sehr schmale steile Straße mit vielen Kehren führt rechts zu einem Wanderparkplatz unterhalb der Alp Flix. Die leicht hüglige Moorlandschaft der Alp mit besonders artenreichen Flach- und Hochmooren steht unter Naturschutz.

Der erste Lai da Flix ist ein beliebter Badeplatz

(212) WOMO-Wanderparkplatz: Alp Flix

GPS: N 46°31'21", E 9°38'38", 1.922 **max. WOMOs:** 3-4
Ausstattung / Lage: einsam gelegener Wanderparkplatz mit Bergblick, ca. 15 min. Fußmarsch von der Alp und zwei Gasthöfen entfernt. Parktarif: 4 h CHF 8.-, 12 h CHF 12.-, 2 Tage CHF 16.-, **Brunnen** auf halber Höhe an der Auffahrt.
Zufahrt: Von Sur auf schmaler Straße mit Ausweichbuchten zum markierten Wanderparkplatz, Weiterfahrt zur Alp verboten.

Das Paradies der Pferde und Schafe
Ein Spaziergang auf der Alp Flix

ca. 2 h, 100 hm. Ganz in der Nähe der Alpsiedlung Tgalucas schmiegen sich drei kleine Seen in die sattgrüne Moorlandschaft: die Lai da Flix. Die beiden oberen sind glasklar und im ersten See wird im Sommer gebadet. Der Lai Nummer 2 ist dagegen von Schilfgras umstanden und der 50 m tiefer gelegene dunkel-moorige Lai Nair ist Naturschutzgebiet. Rund um die drei Seen hat man einen Naturforscherpfad für Familien angelegt. Das Material für den Weg mit Becherlupe und Spinnenstaubsauger kann man für CHF 38.- in den Gästeinformationen erstehen. Aber auch ohne Kinder und Forscherausstattung lohnt der Rundweg um die Seen. Dazu laufen wir vom Parkplatz erstmal eine knappe halbe Stunde den Fahrweg hinauf bis nach Tgalucas. Ab hier sind die Lai da Flix ausgeschildert und ab dem ersten See folgen wir einfach Professor Fix und den Wegweisern des Forscherweges. Am Ende der Runde locken in Tgalucas die Tische des Agritourismo der Alp Flix. Hier kann man außerdem frischen Schafskäse und weitere Molkereiprodukte kaufen und in einer Reihe möblierter Jurten übernachten. Außerdem werden auch Ponys für einen Spaziergang vermietet und Reitausflüge angeboten. Mehr Informationen unter www.agrotour.ch.

Wieder zurück auf der Hauptstrecke fahren wir nach **Rona,** wo links der Straße am Restaurant Le Pont ein offizieller Stellplatz Übernachtungsplätze bietet.

(213) WOMO-Stellplatz: Rona

GPS: N 46°33'40", E 9°37'27" **max. WOMOs:** 15
Ausstattung / Lage: Ebene Schotterfläche zwischen einigen Mobilchalets, weitere Plätze vor dem Restaurant, gepflegte Anlage. WC und Aufenthaltsraum, V/E-Anlage, Stromanschluss möglich. Eine Dusche ist in Planung. Gasthof direkt nebenan. Nur durch den Fluss von der Hauptstraße getrennt und daher nicht ganz so ruhig. WOMO CHF 20.-
Zufahrt: In Rona links der Straße neben drei kleinen Holzhäuschen und vor dem Gasthaus Le Pont.

Weiter geht es zum Hauptort der Region. **Savognin** verfügt außer über eine Bergbahn mit rasanter Abfahrt für Mountainbikes, Karts oder Trottinets, die man an der Talstation leihen kann, auch über den schönen **Badesee Lai Barnagn**. Ein Stellplatz für Wohnmobile, der sich Camping Julia nennt, bietet Plätze auf einer Asphaltfläche zwischen Bergbahn und See.

Der Lai Barnagn: Badesee bei Savognin

(214) WOMO-Stellplatz: Camping Julia

GPS: N 46°35'53", E 9°35'26" 1.164 m
Ausstattung / Lage: Asphaltplatz, der trotz gut ausgestatteter Sanitäranlagen kaum den Begriff Campingplatz verdient. Die ruhige Lage am Stadtrand unmittelbar zwischen dem bildschönen Badesee und der Bergbahn ist dagegen nicht schlecht. Erwarten Sie aber eher einen Parkplatz als einen Camping... WOMO inkl. 2 Personen CHF 31.-, Strom 2,50. Im Sommer Gratisnutzung der Bergbahn für Campinggäste. Telefon: Tel. +41 81 684 13 09

Hinter Savognin verlassen wir die Kantonalstraße und machen einen Ausflug zu den Orten am Hang **(Breite max. 2,30 m)**. Schon vom See aus erblickt man hoch oben eine interessante Kirche aus grauem Stein. Angekommen im Dörfchen **Riom** entpuppt sich die vermeintliche Kirche als Burg Riom und als spannendes, innovatives Kulturprojekt. Die Burg ist nämlich ein Theater. Nein, eigentlich ist ganz Riom Theater. Während der jährlichen Spielzeit in den Sommermonaten bringen das Kulturcafé und die Aufführungen in der Burg Leben ins winzigen Dorf. Den Spielplan finden Sie unter www.origen.ch.

(215) WOMO-Stellplatz: Burgtheater Riom

GPS: 46°36'36", 9°35'01", 1.227m **max. WOMOs:** 1-2
Ausstattung / Lage: Ebener Parkplatz auf zwei Terrassen am Hang. Toller Blick ins Tal. Wenige Schritte zur Burg Riom. Während der Sommermonate Kleines Café im Kulturzentrum (im Ort beschildert) mit ausgezeichneten hausgebacken Kuchen zu sehr fairen Preisen. Nebenan werden die phantasievollen Kostüme des Theaters gezeigt.
Zufahrt: An der Ortseinfahrt von Riom rechts der Straße.

Wir bleiben noch ein bisschen über dem Tal und entdecken gleich im nächsten Dorf **Salouf** mit schönem Ortskern, mehrstöckigen Walserhäusern aus dem 13. Jahrhundert und mehreren Gasthöfen den nächsten Übernachtungsplatz, der sich perfekt mit der abendlichen Einkehr zum Essen verbinden lässt.

(216) WOMO-Stellplatz: Salouf

GPS: N 46°37'3", E 9°34'31", 1262 m
max. WOMOs: 2
Ausstattung / Lage: Ebener Parkplatz am Ortsende rechts unterhalb der Kirche. 200 m zum Ortskern mit mehreren Gasthöfen.
Zufahrt: nach dem Ortszentrum rechts an der Straße, vor der Kirche.
Stellplatzalternative: an der Ortseinfahrt geht es rechts hinab zu einem weiteren ebenen Parkplatz unterhalb des Ortes.

Über Mon treffen wir dann in Tiefencastell wieder auf die Hauptstrecke im Tal und halten uns rechts in Richtung Albulapass. Zwischen Surava und Alvaneu beginnen gleich zwei der gut markierten Themenwege des **Parc Ela**. Den Pfad der Pioniere kann man von Surava oder von Alvaneu Bad beginnen, wobei sich der erste Parkplatz auch ganz gut zur Übernachtung eignet.

(217) WOMO-Wanderparkplatz: Surava

GPS: 46°39'53", 9°36'46", 902 m **max. WOMOs:** 1-2
Ausstattung / Lage: geschotterte Parkfläche unterhalb des Ortes am Fluss. Beginn des Weges der Pioniere an der Flussbrücke. Hier steht auch ein Kasten mit Flyern mit der Wegbeschreibung. Brunnen. Restaurant Post in der Nähe.
Anfahrt: Von der Hauptstraße in Surava dem Parkplatzsymbol rechts hinab zur Albula folgen.

Parc Ela
Natur, Landschaft und Kultur erhalten und pflegen ist der Auftrag des noch relativ neuen Naturparks Ela, der sich über das Berggebiet zwischen Julier- und Albulapass erstreckt. Eigentlich sind wir bereits seit Bivio im 584 qkm großen Gebiet des Parc Ela unterwegs. Hier oben in **Surava** sind zwei interessante Themenwege markiert, die zu einfachen Wanderungen im Naturparkgebiet einladen. Wer länger wandern möchte, kann sich die sehr gut gemachte kostenlose App des Nationalparks mit Wanderrouten und zugehörigen Offline-Karten auf Handy oder Tablet laden. In den Naturparkinformationen in Bivio, Sur, Savognin, Bergün oder Filisur wird auch eine Wanderkarte des Parkes verkauft.

Der Pfad der Pioniere

Gehzeit: 3 h, 456 hm. Das Thema des Weges sind die Pionierleistungen der Natur im Naturwaldreservat des Parc Ela, das seit 2008 nicht mehr forstwirtschaftlich gepflegt wird. Landschaftlicher Höhepunkt der Wanderung ist die Felsnadel Crap Furó.

Von Surava halten wir uns in Richtung **Filisur** und Albulapass. Wenig weiter bietet uns dann das Thermalbad von Alvaneu Entspannung und Wärme. Der große Parkplatz bei **GPS N 46°40'08", E 9°38'55"** ist außerdem auch der Ausgangspunkt für die Wanderung auf dem Wasserweg ansaina.

Thermalbad Alvaneu

Das Bad bietet je ein Becken in der Therme und im Freien mit 34 °C und eine Saunalandschaft mit Finnen- und Biosauna sowie ein Dampfbad. Die Quelle ist schwefelhaltig und wirkt heilend bei Rheuma, Hautleiden und Kreislaufbeschwerden. Geöffnet von 10-19 Uhr, Damensauna dienstags von 17-19 Uhr.

Wasserweg ansaina

Gehzeit: 3 h, 390 hm. Drei Flüsse begleiten den Wasserwanderweg ansaina: Albula, Landwasser und der Schaftobelbach mit einem eindrucksvollen Wasserfall. Am Weg treffen Sie auf Schwefel- und Eisenquellen und das berühmte Eisenbahnviadukt über die Landwasser.

Der belebte Parkplatz am Bad ist als Stellplatz weniger gemütlich, eine Alternative finden Sie bei Filisur kurz vor dem Abzweig zum Campingplatz.

(218) WOMO-Wanderparkplatz: Landwasser Viadukt

GPS: 46°40'32", 9°40'16" **max. WOMOs:** 1-2
Ausstattung / Lage: geschotterte, tief eingeschnittene Parkbucht. Alternative Startmöglichkeit für den ansaina Rundweg, der hier vorbeikommt, oder 20 bzw. 30 min. Fußmarsch zu den beiden Aussichtsplattformen auf das spektakuläre Bahnviadukt über die Landwasser.
Zufahrt: an der Straße links vor der Brücke über die Landwasser.
Sonstiges: Auf der gegenüberliegenden Straßenseite hinter der Brücke am Abzweig zum Campingplatz kleiner Hofladen mit Selbstbedienung. Sie bekommen hier leckeren Käse, Wurst, Konfitüren und einiges mehr.

Wer es bequemer mag, wählt einen der beiden nahen Campingplätze. Zur Auswahl stehen der komfortable Camping Filisur und für Freunde einfacher naturnaher Übernachtung der kleine Camping Albula etwa 10 km weiter kurz hinter Bergün.

(219) WOMO-Campingplatz-Tipp: Filisur

GPS: N 46°40'18", E 9°40'26" geöffnet April - Oktober
Ausstattung / Lage: komfortabler Platz mit kleinem Pool und sehr gepflegten Sanitäranlagen. Auch in der Hauptsaison nicht überlaufen. Viele Dauercamper, aber auch noch ausreichend Platz für Durchreisende. Keine V/E-Station, nur WC Entleerung möglich. Kiosk und Snacks. Womo incl. 2 Personen CHF 29.- bis 34.-, www.campingislas.ch
Anfahrt: hinter der Brücke rechts dem schmalen Fahrweg folgen. Dieser schlägt einen Bogen zum Camping, der dann unerwartet nahe an der Straße liegt.

(220) WOMO-Campingplatz-Tipp: Albula

GPS: N 46°37'07", E 9°45'08" geöffnet Mai - Oktober
Ausstattung / Lage: Einfacher naturnaher Camping mit sehr schönen Plätzen auf Grasterrassen am Hang. Ruhige Lage. Sehr einfache Sanitäranlagen, keine V/E. Eher für kleinere Womos geeignet. Womo incl. 2 Personen CHF 25.- bis 28.-, Dusche CHF 2.-, im Mai und Oktober Anmeldung im Hotel Albula in Bergün oder unter Tel. +41 (0)81 407 11 26, www.berguen-filisur.ch
Anfahrt: Hinter Bergün rechts der Straße, ausgeschildert.

Bergün und die Albulabahn

Die Albulapassstraße ist ab Bergün nur für Fahrzeuge mit Breite bis 2,30 m zugelassen! Die mehr als 100 Jahre alte Bahnstrecke über Albula und Berninapass gilt als bautechnische Meisterleistung und spektakulärste Bahnstrecke der Schweiz und gehört zum UNESCO-Welterbe. 39 Tunnel und 55 Brücken helfen der Bahn, die Passhöhe zu überqueren. Dem eindrucksvollen Viadukt hoch über der Landwasser sind wir ja bereits begegnet. Am einfachsten erleben Sie die einmalige Bahnstrecke bei einer Fahrt mit der rhätischen Bahn. Intensiver wird das Erlebnis, wenn man die Zugfahrt mit dem Besuch des Eisenbahnmuseums in **Bergün** und einer Wanderung auf dem neu gestaltete Bahnerlebnispfad ergänzt. Parken können Sie am Bahnhof in Bergün oder am folgenden Stellplatz in Preda.

Bahnmuseum und Bahnerlebnispfad

Gehzeit: ca. 2,5 h. Der Pfad des Bahnerlebnisweges verläuft parallel zur Schienenführung vom Landwasserviadukt hinauf nach Preda. Eine Strecke fahren Sie mit der Bahn auf der anderen sehen Sie die Bahntrasse vom Wanderweg aus einer völlig neuen Perspektive. Am leichtesten laufen Sie die 400 Höhenmeter bergab von Preda nach Bergün. Tafeln erklären am Wegrand Baugeschichte und Baudetails.

In Bergün ergänzt der Besuch im Museum mit Multimedia, moderner Austellungstechnik und einer Modellbahnanlage die Informationen an der Strecke. Die Einkehr im Bistro mit original Eisenbahnsitzen aus verschiedensten Jahrzehnten der Eisenbahngeschichte sorgt für neue Energie. Das Museum ist Di-Fr 10-17 Uhr und am Wochenende bis 18 Uhr geöffnet, Montags geschlossen! Eintritt: CHF 12.- Kinder ab 6 Jahre CHF 9.-, Parkplatz am Bahnhof. Das Bahnmuseum befindet sich gegenüber.

Im Ortsmuseum in Bergün kann man eine weitere Modellbahnanlage mit der original nachgebauten Albulastrecke bewundern.

(221) WOMO-Wanderparkplatz: Preda

GPS: N 46°35'19", E 9°46'36", 1.794
max. WOMOs: 2-3
Ausstattung / Lage: ebener Parkplatz, zentrale Parkuhr an der Bahnstation, 8h CHF 4.-, 24 h CHF 5.-
Zufahrt: in Preda rechts unterhalb der Passstraße am Bahnhof.
Sonstiges: Durch Restaurierungsarbeiten am Tunnel ab 2014 dürfte der Platz für eine Übernachtung in nächster Zeit etwas ungemütlich werden.

Aufstieg zum Lai Palpuogna

Eigentlich liegt der schöne kristallklare Lai Palpuogna direkt an der Passstraße. Dort gibt es aber leider nur eine enge Parkbucht, so dass Sie besser in einer schönen kleinen Wanderung ab Preda dort hinauf steigen. Ein Rundweg um den See und mehrere Grillstellen und Sitzbänke ermöglichen eine wunderbare Fahrpause. Von Preda folgen Sie am oberen Ende des Parkplatzes den Wegweisern. Zuerst geht es zur Straße hinauf und dann auf einem Pfad durch den Wald (120 Höhenmeter) in einer halben Stunde bis zum See.

Eine Kurve weiter ermöglichen dann zwei Wegbögen bei **GPS N 46°34'43", E 9°48'03"** neben der Passstraße eine Kaffeepause mit Weitblick. Je höher wir kommen, desto karger wird die Landschaft bis wir kurz vor der Passhöhe durch braungraue Geröllfelder kurven.

(222) WOMO-Stellplatz: Albulapass

GPS: N 46°34'57", E 9°50'18", 2.317 m **max. WOMOs:** 2-3
Ausstattung / Lage: Parkfläche gegenüber dem Berggasthof Albula Hospiz
Zufahrt: auf der Passhöhe

Auf der Weiterfahrt nach Punt Chamues am Ende der Passstrecke entdecken wir am Straßenrand noch mehrere Parkbuchten, die ebenfalls als Parkplatz für die Nacht denkbar wären, bevor wir uns bei St. Moritz wieder der stellplatzfreien Zone nähern. Dafür treffen wir bei der Weiterfahrt über den Berninapass ins Val Poschiavo auf einen besonders schönen Campingplatz am Flussufer. Zurück im Tal geht es in **Punt Chamues** erst einmal links in Richtung St. Moritz. Kurz bevor wir den Ort erreichen, fahren wir links zum lebhaften Ort **Pontresina**. Der Camping befindet sich 3, 5 km südlich der Stadt.

(223) WOMO-Campingplatz-Tipp: Morteratsch Plauns

GPS: N 46°27'38", E 9°56'11" Mai und November geschlossen
Ausstattung / Lage: naturbelassenes Gelände im Grünen mit Blick auf den Morteratsch-Gletscher, großzügige Plätze am Fluss, zwei Seen innerhalb des Geländes, ein gutes Stück von der Straße entfernt. Gut zugänglich auch für größere Wohnmobile. V/E-Station. Snackbar, Laden, Fahrradvermietung, WI-FI inkl. WOMO inkl. 2 Personen CHF 40.-, Strom CHF 3,50, www.camping-morteratsch.ch
Zufahrt: siehe Text
Sonstiges: Bahnstation Morteratsch ca. 1 km entfernt

Die Straße steigt weiter an und es folgen die großen Parkplätze von zwei Bergbahnen. Während auf den Asphaltflächen vor der **Diavolezzabahn** Nachtparkverbot beschildert ist, darf man an der Lagalpbahn, die im Sommer nicht in Betrieb ist, nur im Winter nicht über Nacht bleiben.

(224) WOMO-Stellplatz: Berninapass / Lagalpbahn

GPS: N 46°26'14", E 9°59'36" max. WOMOs: 4-5
Ausstattung / Lage: großer Asphaltplatz in etwas karger Umgebung an der im Sommer geschlossenen Lagalpbahn, Bahnstation der Rhätischen Bahn.
Zufahrt: Kurz hinter der Diavolezzabahn links der Straße.
Sonstiges: 2 km weiter bietet bei N 46°25'11", E 10° 0'14" ein Schotterplatz rechts der Straße einen Stellplatz mit Seeblick. Zwischen Wohnmobil und dem Lej Pitschen verlaufen nur noch die Schienen der Rhätischen Bahn – aber das ist ja schon eher Sightseeing als eine echte Ruhestörung.

Mit der Rhätischen Bahn zur Alp Grüm, zum Gletschergarten und nach Poschiavo

Die Bergstrecke über den Berninapass hinunter ins Val Poschiavo ist ebenso spannend wie die Fahrt über den Albulapass. Aber nicht nur die Bahnfahrt an sich sollten Sie sich nicht entgehen lassen. Ein schönes Ausflugsziel ist die Bergregion südlich des Berninapasses, die sonst nur zu Fuß erreicht werden kann. Die malerische Alp Grüm hoch über dem Lago Palü hat sogar eine eigene Bahnstation. Ebenfalls ein sehr lohnenswertes Ziel ist der Gletschergarten von Canaglia und das italienisch anmutende Städtchen Poschiavo. Die Bahn passiert den Berninapass zwischen 7 und 20 Uhr im Stundenrhythmus. Stationen, an denen man gut parken kann, finden Sie in Pontresina, Morteratsch, Diavolezza, Lagalp und auf der Passhöhe des Berninapasses.

Poschiavo können Sie auch mit dem Wohnmobil besuchen. Das ist zwar nicht ganz so aufregend wie die Zugfahrt, dafür läge noch die interessante Wanderung zum Lago Saoseo am Weg. Leider hatten wir hier grausliches Wetter, so die Wanderbeschreibung leider diesmal nur aus zweiter Hand stammt.

(225) WOMO-Wanderparkplatz: Sfazu

GPS: N 46°23‘26“, E 10°04‘41“, 2.135 m **max. WOMOs:** 2-3
Ausstattung / Lage: Geschotterte, ebene Parkfläche, durch Bäume von der Straße getrennt. Kurz vor dem Restaurant Preda.
Zufahrt: ca. 4 km südlich des Abzweiges nach Livigno.

Wanderung zum Lai Saoseo

Gehzeit: 4-5 h, 400 Höhenmeter. Wir beginnen die Wanderung auf dem Fahrweg und wechseln nach zwei Kehren rechts auf den schmalen Wanderweg, dem wir nach Terzana und dann über viele kleine Brücken am Bach entlang zum Rifugio Saoseo folgen. Von dort läuft man noch einmal 30 min. zum für seine intensive türkise Farbe berühmten See. Wanderer mit guter Kondition können zum Lai Viola weiterlaufen. Der kürzeste Rückweg vom Rifugio führt auf dem Fahrweg in einer guten Stunde nach Sfazu. Auf dieser Strecke verkehrt auch ein kleiner Postbus, für den man sich jedoch im Voraus telefonisch anmelden muss. Das Rifugio ist geöffnet vom Juni bis Oktober, Tel. 0041 (0)81 844 07 66

Noch einige Kurven geht es weiter ins Tal bis **Poschiavo**, wo eine liebenswerte Altstadt zur Pause lädt. Im Ort gibt es mehrere kleine Parkplätze, etwas großzügiger sind die Parkflächen am Bahnhof bei **GPS N 46°19‘34“, E 10°03‘18“** bemessen. An den Tischen der Cafés auf der Piazza Communale fühlen Sie sich an schönen Sommertagen wie in einer toskanischen Kleinstadt. Ein Kuriosum zwischen den alten Häusern des historischen Stadtkernes ist das orange Beinhaus im **Oratorio Sant‘Anna** gegenüber der großen Barockkirche San Vittore Mauro. Wenn Sie vorsichtig durch das Gitter spähen, stehen da in den Regalen vor dem Eingang dutzende weiß leuchtender Totenschädel. Eine weitere Sehenswürdigkeit Poschiavos verbirgt sich weit oberhalb der Stadt in den Bergen.

Die Töpfe der Riesen oder der Gletschergarten von Canaglia

In Canaglia hat das Gletscherwasser in Jahrtausende langer Arbeit tiefe, sanft gerundete Steinkessel in den Fels geschliffen. Der Vergleich mit Töpfen liegt nahe: Wie ein rührender Löffel rollten kleinere Steine, bewegt vom abfließenden Wasser in flachen Mulden – so dass diese Jahr um Jahr tiefer wurden. Die mächtigsten Gletschermühlen reichen 4-5 Meter in den Boden. Ein Pfad führt Sie von Topf zu Topf und dazwischen auch zu einem Aussichtspunkt. Der Gletschergarten ist toll angelegt und hundertprozentig sehenswert! Die Anlage ist jederzeit frei zugänglich und der Besuch ist kostenlos. Doch wie kommen Sie jetzt bitte hier hinauf?

Der Gletschergarten für Fahrerinnen und Fahrer wendiger Campingbusse

Folgen Sie der Beschilderung zum Gletschergarten in Poschiavo, erwarten Sie 10 km sehr schmale und teilweise auch sehr schlechte Bergstraße. Die offizielle Begrenzung auf 2,30 Breite ist eher optimistisch, bei Gegenverkehr waren schon unsere 2 m an vielen Stellen grenzwertig. Wenn Sie das nicht schreckt und ihr Fahrzeug den offiziell zugelassenen Maßen entspricht, erreichen Sie nach gut 20 min. den Parkplatz bei **(226) GPS N 46°21‘42“, E 10°02‘47“** auf dem Sie wohl auch nachts ruhig schlafen werden.

Wer ein größeres Fahrzeug fährt oder keine Lust auf 20 km schlechte Bergstraße hat, steigt, wie in unserem Ausflug auf Seite 232 beschrieben, in Poschiavo oder auf dem Berninapass in den Zug und bekommt so ein entspanntes Schweizer Zugerlebnis statt Schweißausbrüche und Muskelkater vom Kurvenfahren.

Fährt man von Poschiavo weiter nach Süden, trifft man in **Brusio** auf ein weiteres berühmtes Bauwerk: Das Kreisviadukt der Rhätischen Bahn ist unterhalb des Ortes kaum zu übersehen. An der Bahnstation unterhalb des Sees findet sich dann auch ein zweckmäßiges Übernachtungsplätzchen.

(227) WOMO-Stellplatz: Mirolago Bahnstation

GPS: N 46°16'19", E 10°06'15" **max. WOMOs:** 1-2
Ausstattung / Lage: Parkfläche am Fluss in Sichtweite der Straße, max. 24 h
Zufahrt: 250 m hinter dem unteren Seeende links über die Brücke.

Valle di Livigno

Der italienische Steuerfreibezirk des Valle Livigno ist eine Wohnmobilhochburg. Im Einkaufsparadies im Zentrum des Tales reiht sich ein Wohnmobilstellplatz an den anderen. Besonders lebhaft ist es hier um den 15. August und an den Wochenenden, wenn italienische Touristen Restaurants, Cafés und Läden füllen. Bei unserem Besuch am 8. August befanden sich grob geschätzte 500 Wohnmobile im Ort. Zu anderen Zeiten geht es ruhiger zu. Stürzen Sie sich also ein wenig ins bunte Spektakel und vergessen Sie keinesfalls, ihren möglichst leeren Tank bis zum Rand zu füllen. Die steuerfreien Dieselpreise erinnern doch beinahe ans letzte Jahrhundert ...

Durch eine karge Felslandschaft führt die **Forcola di Livigno** über die Grenze nach Italien. Bald wird die Landschaft lieblicher und wir durchfahren ein schönes Flusstal. Rechts der Straße bietet sich die Parkbucht P 8 zur Pause an, noch schöner ist es kurz vor Livigno auf dem P 7.

WOMO-Wanderparkplatz: P 7 Alpe Campaggio

GPS: N 46°28'42", E 10°06'00", 1931m
Ausstattung / Lage: ebene Stellflächen, Brunnen, schöner Talblick, Picknick und Grillplatz am Fluss ca. 200 m entfernt. Dort auch Dixi-WC. Übernachtung ist im Tal von Livigno nur auf den offiziellen Camperstellplätzen erlaubt.

Auf die ersten drei Camperplätze treffen Sie gleich an der Ortseinfahrt links bei **(228) GPS 46°30'22", E10°07'08",** zwei weitere am anderen Ortsende rechts. In der absoluten Hochzeit der italienischen Sommerferien standen die Wohnmobile dicht an dicht auf allen fünf Plätzen. Vermutlich sieht die Lage zu anderer Zeit deutlich entspannter aus. Trotzdem bleibt der ebenfalls offizielle Camperstellplatz auf dem Passo Eira, hoch über dem steuerfreien Einkaufszirkus, unser Favorit.

(229) WOMO-Stellplatz: Passo Eira

GPS: 46°32'18", 10°09'51", 2214 m
Ausstattung / Lage: Offizieller Camperstellplatz auf dem P 11. Großer Schotterplatz mit schönem Bergblick, in Straßennähe, daher tagsüber nicht ganz so ruhig, nachts ist die Passstraße wenig befahren. V/E-Station ohne Entsorgungsmöglichkeit für Chemietoiletten. 20-8 Uhr € 10.-, Ristorante und Bar benachbart.
Zufahrt: von Livigno in Richtung Bormio, auf der Passhöhe über dem Ort

Dann passieren wir die Zollstation **Livigno** und sind wieder einmal in Italien. Im **Valdidentro**, das wir jetzt durchqueren, ist ganz unitalienisch die Übernachtung im Wohnmobil verboten. Es wird auf den **Camping in Isolaccia** verwiesen, der aber wenig attraktiv ist. Fahren Sie besser weiter bis **Bormio**, wo am Stadtrand ein netter Camperstellplatz an der Seilbahn „Bormio 2000" Übernachtungsplätze bietet. Außerdem hat Bormio auch noch eine schöne Altstadt, einen botanischen Garten und drei Thermalbäder zu bieten.

Auf dem Weg nach Bormio treffen Sie auf der Passhöhe von Foscagno aber immerhin auf einen sehr schön angelegten **Picknickplatz am See GPS 46°29'28", 10°12'54"**, der eine Pause auf der Passhöhe schon beinahe erzwingt. Dann fahren wir zügig weiter.

(230) WOMO-Stellplatz: Bormio 2000

GPS: 46°27'43", 10°22'18", 1202 m max. WOMOs: >30
Ausstattung / Lage: ebene Schotterfläche am Stadtrand und an der Seilbahn eingrenzt von Feldern, 10 min Fußweg in die Altstadt, 24 h €8.-, V/E-Station

Zufahrt: Der Stellplatz befindet sich am südlichen Stadtrand von Bormio. Sie müssen also erst einmal die ganze Stadt durchqueren. Bleiben Sie dazu einfach auf der SS 38, bis diese einen Rechtsbogen beschreibt. Sie wechseln dann auf die im spitzen Winkel abbiegende S 300, überqueren den Fluss und folgen der Beschilderung zur Bahn.

Baden in Bormio

Unten im Ort finden Sie das riesige moderne Familienthermalbad Bagni Nuovi. Die zweite Therme, die Bagni Vecchi, befindet sich in grandioser Hanglage 3 km außerhalb des Ortes an der Zufahrt zum Umbrail-Pass. Die gebotenen Badeattraktionen sind ungewöhnlich und mystisch angehaucht. Die langsam wärmer und feuchter werdenden Tunnel der Grotta Sudatoria illustrieren Dante Alighieris Reise ins Jenseits: »von himmlischer Wärme durch die höheren Temperaturen des Fegefeuers bis zur höllischen Hitze«.

In den Bagni Romani wählen Sie zwischen dem Plinius und dem Kassiodor Becken und vom Außenbecken haben sie wunderbaren Bergblick. Der Eintritt liegt je nach Tag zwischen € 35.- und 49.- pro Tag.

Am teuersten sind Wochenenden und Ferientermine. Parkplätze sind an beiden Thermen knapp. Öffentliche Verbindungen sind daher vorzuziehen.

Nicht getestet, da zu spät entdeckt, haben wir den Zugang zu den Badebecken im Fluss unterhalb der Bagni Vecchi, die von den Parkbuchten bei **GPS N 46°29'22", E 10°21'32"** an der SS 301 vor der Flussbrücke zwischen Premadio und Molina in einem kurzen Fußmarsch talaufwärts erreichbar sind. Sie sehen jedoch vielversprechend aus.

Von Bormio kehren wir dann endgültig in die Schweiz zurück. Unsere Strecke führt über den Umbrailpass ins schweizerische Val Müstair. **Die Passstrasse ist nur für Fahrzeuge bis 2,30 Breite zugelassen!**

In 36 Kurven zur Grenzstation
Über den Passo dello Stelvio zum Passo Umbrail

Mit 2.503 m ist der Umbrail der höchste Pass der Schweiz und die auf der Passhöhe gelegene Grenzstation wird in ihrer ungewöhnlichen Lage wohl auch nur noch von der wenige Kilometer entfernten, aber noch einmal 250 m höher platzierten, italienisch-österreichischen Grenze auf der Höhe des Passo del Stelvio (Stilfser Joch) übertroffen. Die Streckenführung der Passstraße ist entsprechend dramatisch. Eng aneinander geschmiegte Kurven ziehen sich durch eine grandiose karg-steinige Landschaft, durchqueren einen steilen Schotterhang und schrauben sich durch nur noch von Flechten grün gefärbte Felsen. Der Blick wird immer weiter. Ein einladender **Picknickplatz mit Grillstelle** überrascht kurz vor der Tornante 16, ansonsten bietet nur noch eine Parkbucht vor der Casa Cantoniera kurz vor der Schweizer Grenze die Möglichkeit für eine längere Pause. Dann trennt sich die Strecke über den Umbrail von der Auffahrt zum Stelvio und wir fahren links in die Schweiz zurück. Da wir für die Fahrt über den Pass ausgesprochen unfreundliches Wetter erwischt haben, sind wir doch froh durch beinahe ebenso vielen Kurven hinunter ins geschützte Val Müstair zu rollen, wo der Wind nicht ganz so unbarmherzig pfeift und die Regentropfen einfach nur sanft zu Boden fallen. Gleich an der Ortseinfahrt des Dorfes **Santa Maria** empfängt uns der gemütliche **Camping Pe da Munt** (siehe Tour 13), den wir als Basisquartier für Ihren Aufenthalt im Val Müstair wärmstens empfehlen können.

TOUR 13 (ca. 215 km / 2-5 Tage)

Bergiges Graubünden Nord: Parc Naziunal Svizzer, Unterengadin und Prättigau

Val Müstair – Zernez – Guarda – Scuol – S-charl – Flüelapass – Davos – Klosters – St. Antönien – Schiers – Maienfeld – Balzers

Freie Übernachtung:	Ofenpass, S-chanf (2x), Guarda, Scuol, Flüelapass, Klosters (2x), St. Antönien (2x), Schiers, Heidibrunnen, St. Luzisteig, Balzers
Ver-/Entsorgung:	Scuol und Campingplätze
Campingplätze:	Santa Maria, Müstair, Zernez, S-chanf, Scuol, Davos Glaris

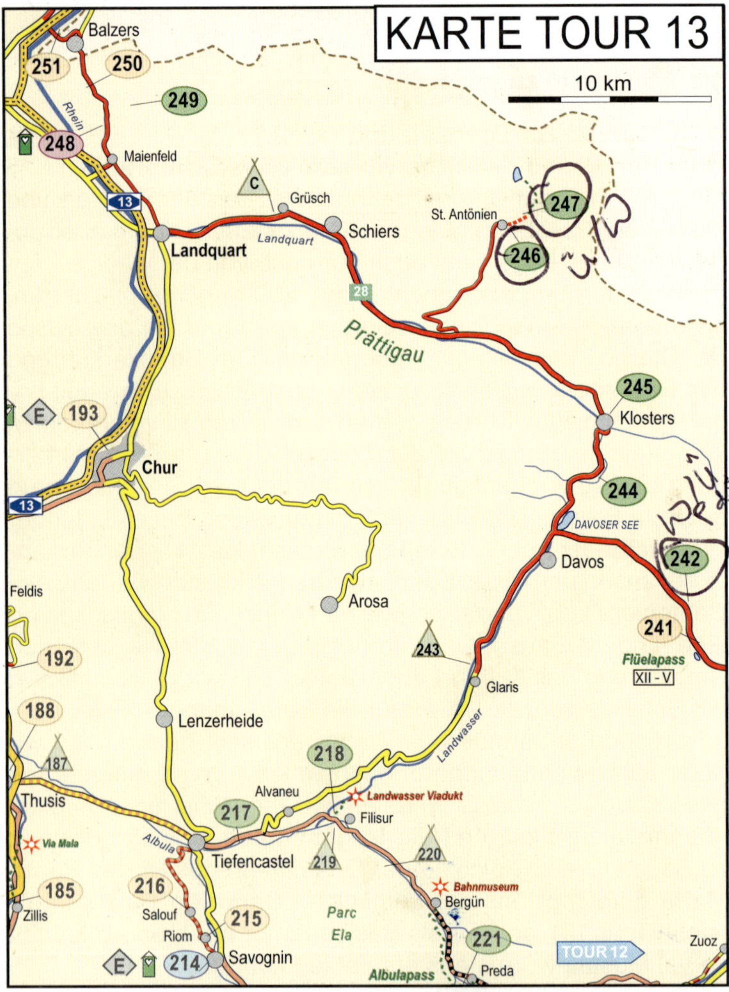

Baden:	Familienbad Zernez
Besichtigen:	Santa Maria, Kloster Müstair, Guarda, Ardez, Schloss Tarasp, Bergbau- und Bärenmuseum S-charl, Heididorf,
Wandern:	A la Riva dal Rom, Schweizer Nationalpark: Margunet, Val Trupchun, Bärenweg S-charl; Partnunsee, Hochmoor St. Antönien, Salginatobelbrücke, Heidiweg

Die großartige, wilde Gebirgslandschaft des Schweizerischen Nationalparks, die für Wanderer von der Ofenpassstraße und aus den Orten Zernez, Scuol und S-chanf zugänglich ist, bildet einen besonders reizvollen Kontrast zu den schönen Dörfern des Unterengadins und des ursprünglichen Val Müstair. Der Norden Graubündens ist im Sommer ein Wanderparadies. Zwischen den Wanderungen genießen Sie Bündner Spezialitäten und Stille in den ruhigen Tälern im Grenzbereich der Schweiz. Lebhafter ist die Region um Davos und Klosters, die im Winter eines der beliebtesten Skigebiete der Schweiz stellt. Für Wohnmobile ist hier allerdings wenig Raum. Schöne Plätze finden Sie dann wieder im Prättigau um den Bergort St. Antönien und in der Heimat des Alpöhis bei Maienfeld.

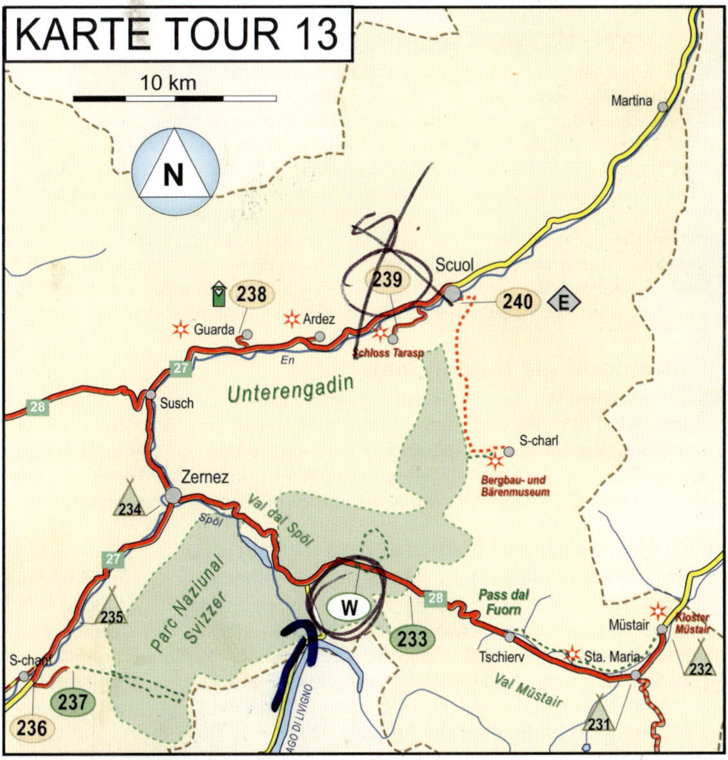

Ein gutes Basisquartier für Ausflüge im Val Müstair und zum Schweizer Nationalpark ist der Ort **Santa Maria**. Im Ortszentrum sind die Hauswände mit den im Unterengadin sehr verbreiteten Sgraffiti bemalt, die aus grafischen Mustern und einfachen Bildmotiven bestehen. Sehenswert sind auch die Muglin Mall, eine alte Mühle aus dem 17. Jahrhundert und die örtliche Handweberei. Dazu bietet der schönste Camping des Tales ein angenehmes Quartier.

(231) WOMO-Campingplatz-Tipp: Pe da Munt

GPS: N 46°35'53", E 10°25'35", 1.438 m, Via Umbrail
geöffnet Mai - September
Ausstattung / Lage: Schöner naturnah in Terrassen angelegter Camping, jeder Platz hat eine eigene Feuerstelle mit Holzbank. Gute Sanitäranlagen. Rezeption nur von 8 - 10 Uhr und abends von 17 - 19 Uhr besetzt, der Camping ist aber jederzeit frei zugänglich. Man sucht sich einfach einen Platz und kommt später zur Anmeldung. Ca. 10 min. Fußmarsch zum Ortskern von Santa Maria mit mehreren Gasthöfen. Gute Basis für Ausflüge in den Nationalpark und für eine Wanderung im Flusstal des Rom. WLAN an der Rezeption kostenlos. V/E-Station. WOMO inkl. 2 Personen CHF 28.- bis 32.-, www.campingstamaria.ch
Zufahrt: Oberhalb des Dorfes an der Straße zum Umbrail-Pass.

Getreidemühle Muglin Mall

Die alte Mühle wurde von einem eigens gegründeten lokalen Verein vor dem Verfall gerettet und restauriert. Ein Holzofen zum Backen von Brot und auch Stampfe und Mahlgang sind wieder voll betriebsfähig. Von Mai bis Oktober ist die Muglin Mall jeweils Mi, Fr und So von 16.00 - 18.00 Uhr zur Besichtigung und zum Kauf der Mühlenprodukte geöffnet.

Die Handweberei Manufactura Tessandra

Seit 1928 ist die Tessandra im Münstertal eine Institution. Gegründet vom Dorfpfarrer Rudolf Filli, der in der Zeit der ersten Industrialisierung das im Tal weit verbreitete Handwerk erhalten wollte, arbeitet die Weberei seit vielen Jahren erfolgreich. Heute ist sie die letzte Ausbildungsstätte für Handweberei und vertreibt ihre hochwertigen Produkte, die von Tischsets und Küchentextilien bis zu Kleidungsstücken reichen, im Direktvertrieb. Der Laden öffnet Montag bis Freitag: 08.00 – 18.00 Uhr und Samstag

von 9.00 – 12.00 Uhr und 14.00 – 16.00 Uhr. Von Juni bis Oktober kann man für CHF 4.- am Mittwoch nachmittag zwischen 13.30 und 17.30 Uhr die Werkstatt besichtigen.

A la riva dal Rom

Ein Wanderweg führt von Fuldera immer am Ufer des Rom nach Sta. Maria und weiter nach Müstair und durchquert dabei eine abwechslungsreiche Wildflusslandschaft mit blühenden Wiesen in der Ebene von Fuldera und dichten Auenwäldern mit Erlen, Weiden und uralten Lärchen weiter unten im Tal. Das Rauschen des Rom und der Blick auf die großartige Bergkulisse des Hochtales sind allgegenwärtig. Der komplette Weg ist 16 km lang, Höhenunterschied 400 m. Parallel fährt zwischen Fuldera und Müstair naturlich auch der Postbus.

Wer nicht den ganzen Weg laufen möchte, kann von Santa Maria nach Müstair wandern, wo das Kloster San Giovanni ein schönes Ziel bietet. In Santa Maria treffen Sie unterhalb der Muglin Mall auf den Fluss. Sie überqueren die Brücke und folgen dann dem Waldpfad nach rechts. Müstair erreichen Sie in ca. 1,5 Stunden. Für den Rückweg könnten Sie auch den Postbus wählen.

Da auch im Gemeindegebiet von Müstair und Tschierv die Übernachtung im Wohnmobil verboten ist, sind Sie im Val Müstair komplett auf die drei vorhandenen Campingplätze angewiesen. Der kleine Camping in Tschierv ist eher für Zelte geeignet. In **Müstair** finden Sie jedoch eine gute Alternative zum bereits erwähnten Camping Pe da Munt.

(232) WOMO-Campingplatz-Tipp: Muglin / Müstair

GPS: N 46°37'44", E 10°27'09" geöffnet Mai - Oktober
Ausstattung / Lage: Stellplätze auf großer Wiese im sonnigen Tal, direkt am Rambach (Rom), neue moderne Sanitäranlagen und schönes Bistro, Kinderspielplatz und kostenlos nutzbare Sauna, WLAN inkl., 5 min. Fußweg zum Kloster St.Johann und in den Ort. V/E-Station, WOMO inkl. 2 Personen CHF 28.- bis 31.-, www.campingmuglin.ch
Zufahrt: Unterhalb von Müstair am Fluss. Vom Kloster aus nicht zu übersehen.

Müstair und das Kloster Sankt Johann

Die ältesten Teile der Klosterkirche von St. Johann werden auf das Jahr 775 datiert und die Fresken, die heute an den Wänden der Kirche zu sehen sind, hat man unter Übermalungen aus dem 12. und 15. Jahrhundert freigelegt. Sie stammen aus karolingischer Zeit, wurden etwa um das Jahr 800 von einem unbekannten Meister auf die Wände der Kirche gemalt und zeigen Szenen aus dem Alten Testament. Sankt Johann wird durch eine Klostergemeinschaft von 9 Benediktinerinnen bewirtschaftet. Bei einem Besuch im Klostermuseum, das im über 100 Jahre alten Planetarium untergebracht ist, erhalten Sie Einblick in die Innenräume und in 1200 Jahre Klostergeschichte.
Das Klostermuseum ist Montag - Samstag von 09.00 - 12.00 und 13.30 - 17.00 Uhr und Sonn- und Feiertags von 13.30 - 17.00 Uhr geöffnet. Eintritt CHF 12.-, Kirchenführung CHF 10.-. Die Klosterkirche ist außerhalb der Gottesdienste frei zugänglich.

Nach dem Abstecher nach Müstair wechseln wir jetzt die Richtung. Unser nächstes Ziel ist der einzige **Nationalpark der Schweiz**. Wir durchqueren noch einmal Santa Maria, passieren dann den weniger spektaklären Ort Tschierv und nähern uns dem **Passo del Fuorn** - dem Ofenpass. Im kompletten Nationalpark ist die Übernachtung in Fahrzeugen oder im Zelt untersagt. Ganz kurz nach der Passhöhe und vor dem Parkeingang treffen wir auf den einzigen Parkplatz ohne Verbot.

(233) WOMO-Wanderparkplatz: Ofenpass

GPS: 46°38'46", 10°16'15", 1984 m, **max. WOMOs:** 1-2

Ausstattung / Lage: Kleiner, mit einem Holzzaun gesäumter Parkplatz links der Straße, teilweise recht unebener Naturboden, einige ebene Stellen, Zufahrt zum Almweg nicht zuparken! Alternativ bietet die ebene geschotterte Parkbucht an der Straße 50 m weiter Platz für ein weiteres Womo, Restaurant Buffalora in Sichtweite.

Parc Naziunal Svizzer

Der Schweizerische Nationalpark, dessen Terrain wir hinter dem Ofenpass erreichen, liegt im Gebiet zwischen dem Val Müstair und dem Engadin und ist das größte Naturschutzgebiet der Schweiz. Der Park besteht bereits seit 1914 und ist damit der älteste Nationalpark der Alpen. Große Teile des Gebietes sind mit Wanderwegen erschlossen, andere Bereiche dürfen von Menschen nicht betreten werden und dienen als Rückzugsgebiet für das hier lebende Wild. Wanderer dürfen die Wege nicht verlassen, Tiere werden nicht gejagt und Wiesen nicht gemäht. Ziel ist es, die Natur ohne Einfluss des Menschen zu lassen und die Entwicklung zu beobachten. Hier steht Naturland im Gegensatz zu Kultur- und Weideland. Wölfe und Luchse werden sporadisch im Park gesichtet, bei Margunet hat man Gänsegeier ausgewildert und im Juli 2005 ist ein Braunbär aus dem nahen Südtirol eingewandert. Da im Gebiet des Nationalparkes schon seit fast 100 Jahren Jagdverbot besteht, können Sie auf den Wanderungen besonders gut Gämsen, Steinböcke, Hirsche und Murmeltiere beobachten.

Auf allen Parkplätzen im Nationalparkgebiet ist das Übernachten im PKW und daher natürlich auch im Wohnmobil untersagt. Die folgende Wanderung gibt Ihnen einen schönen ersten Einblick in das raue Bergland des Parkes. Sie beginnt am markierten Parkplatz 7 oder 8.

Nationalparkschnuppern auf Margunet
Eine Wanderrunde im Hochgebirge

Mit einer Wanderzeit von 3 Stunden und einem Höhenunterschied von 450 m ermöglicht die Rundwanderung auch Wanderern mit durchschnittlicher Kondition einen guten Einblick in verschiedene Landschaften des Parkgebietes. Auf knapp 1800 Meter laufen wir durch einen Bergföhrenwald bis zur Baumgrenze. Dann geht es hinauf in eine kargwilde Landschaft aus Fels und Grasbüscheln. An den Hängen grasen Gämsen, die im Gebiet zu Hause sind. Vom Aussichtspunkt Margunet hat man dann einen weiten Blick über die umliegenden Berge.

Der Rückweg führt an einem Bergbach entlang durch Geröll und dann wieder in den Wald. Von der Almwiese am letzten markierten Pausenplatz konnten wir Murmeltiere und Rotwild beobachten. Ein Fernglas ist unbedingt hilfreich. Wer Glück hat, kann über den Bergen im Park auch Steinadler und Bartgeier kreisen sehen. Die Geier hat man erst in den letzten Jahrzehnten wieder angesiedelt. Der Platz, an dem die Jungvögel an ihr neues Revier gewöhnt wurden, liegt an unserer Wanderrunde. Eine Tafel beschreibt den genauen Ort.

Die Wanderrunde beginnt an Parkplatz 7 oder 8 und ist perfekt markiert. Verlaufen ist ausgeschlossen, da sie den deutlichen Weg nicht verlassen dürfen. Eine Karte ist nicht unbedingt notwendig. Wanderschuhe und passende Kleidung sollten dagegen selbstverständlich sein: wir befinden uns in einer Region über 2000 Meter Höhe. Wetter und Temperatur wechseln hier in rasantem Tempo.

Im Park sind viele weitere Wanderwege markiert. Ein Buch mit allen Touren und eine Wanderkarte im Maßstab 1:50000 erhalten Sie für CHF 20.- in der **Nationalparkinfo in Zernez**. Alternativ können Sie auch für CHF 5.- einen digitalen Nationalparkguide herunterladen oder ein Gerät mit Guide ausleihen. Die Information finden Sie vom Val Müstair kommend an der Ortseinfahrt von Zernez links in einem massigen Betonklotz. Parkplätze **GPS N 46°41'53", E 10°05'49"** sind ausreichend vorhanden. Direkt neben der **Nationalparkinformation** befindet sich das nette kleine **Familienbad Zernez** mit Strömungskanal im Außenbecken und einer Wasserrutsche. Eintritt CHF 9.-, Kinder CHF 5.-. Die freie Übernachtung im WOMO ist übrigens auch im ganzen Gemeindegebiet Zernez verboten. Der nächste Campingplatz ist jedoch nicht weit.

(234) WOMO-Campingplatz-Tipp: Cul / Zernez

GPS: N 46°41'49", E 10°05'12" geöffnet Mai bis Anfang Oktober
Ausstattung / Lage: sporadisch mit Bäumen bestandenes ebenes Wiesengelände am Inn. Enge Zufahrt. WOMO inkl. 2 Personen, 28.- bis 31.- je nach Fahrzeuggröße, Strom CHF 2.-, Kurtaxe Zernez CHF 2,70, camping-cul.com
Zufahrt: in einer Schleife des Inn am Ortsrand von Zernez gelegen, Zufahrt durch das Gewerbegebiet

Von Zernez zum Nationalparkeingang S-chanf

Ein weiterer Zugang zum Schweizer Nationalpark befindet sich bei S-chanf. Sie erreichen das Parkgebiet auf dieser Seite nur unmotorisiert durch das besonders wildreiche Val Trupchun. Kurz vor S-chanf bietet ein sehr angenehmer Camping Quartier.

(235) WOMO-Campingplatz-Tipp: Chapella / S-chanf

GPS: N 46°37'57", E 10°00'50" geöffnet Mai - Oktober
Ausstattung / Lage: Naturbelassener Platz mit großer Wiese, weitere schöne Plätze gibt es unten am Inn, neue Sanitäranlagen, keine V/E-Station, guter Platz für Kanuten mit Zugang zum Fluss (Wildwasser),WOMO inkl. 2 Personen CHF 21.- bis 25.-, Strom CHF 2.- + 0,3 pro kWh, www.campingchapella.ch
Zufahrt: kurz vor S-chanf links der Straße, Einfahrt zum Camping unter einer Brücke beim Weiler La Resgia.

In **S-chanf** folgen wir vor dem Ort dem Hinweis zum Nationalpark und zum Parkplatz nach links. Der erste Parkplatz befindet sich gleich in Ortsnähe direkt am Inn. Auch in S-chanf sind viele Häuser mit den für die Region typischen Sgraffiti geschmückt. Ein Spaziergang durch den gepflegten Ortskern lohnt unbedingt.

(236) WOMO-Stellplatz: S-chanf

GPS: N 46°36'46", E 9°59'24"
max. WOMOs: 2
Ausstattung / Lage: kostenpflichtiger Parkplatz am Inn, Tagesgebühr CHF 5.-, am Ortsrand, wenige Gehminuten nach S-chanf, unterhalb aber nahe an der Kantonalstraße daher nicht allzu ruhig.
Zufahrt: siehe Text

Fährt man dem Nationalparkschild folgend durch die Unterführung, kommt man kurz darauf an zwei weitere Parkflächen am Beginn des Wanderweges ins Val Trupchun. Beide befinden sich noch außerhalb des Nationalparkgebietes, so dass es möglich ist, einen Parkschein für mehrere Tage zu lösen. Am oberen Parkplatz gibt es eine Snackbar und einen großen Kinderspielplatz. Hier fahren auch die Kutschen, die Wanderern auf Vorbestellung den ersten Teil des Weges bis zur bewirtschafteten Alp Varusch an der Nationalparkgrenze abnehmen. Auf der unteren Parkterrasse steht man dagegen recht ruhig.

(237) WOMO-Wanderparkplatz: Val Trupchun

GPS: N 46°37'05", E 10°00'28"
Ausstattung / Lage: ebener geschotterter Parkplatz am Rand des Schweizerischen Nationalparkes. Bitte unbedingt 100%ig und vorbildlich penibel an die Übernachtungsregeln halten, um kein Verbot zu provozieren. Keine Markise, weder Tisch noch Stühle und auch keinerlei Campingverhalten!
Kostenpflichtig. Tagesparkschein CHF 5.-
Zufahrt: siehe Text

Unterwegs im Reich der Hirsche
Eine Wanderung ins Val Trupchun

Gehzeit 4 h 30 min., 400 Höhenmeter. Zwei Wege führen ins Val Trupchun. Einer rechts und einer links des Baches Ova da Varusch. So können Sie ganz einfach einen Rundweg laufen. Während der Hirschbrunft im Herbst ist die Wanderung besonders interessant, aber auch besonders viel begangen. Auch zu anderen Zeiten sollten Sie das Fernglas greifbar haben: Gämsen, Steinwild, Hirsche und Murmeltiere sind im Tal keine Seltenheit und am Himmel können Sie häufig Adler kreisen sehen. Wir wählen für den Hinweg den Höhenweg auf der rechten Flussseite. Der breite Weg führt leicht bergauf durch einen Wald bis zur Grenze des Nationalparkes. An den gegenüberliegenden Hängen des Piz Esan kann man häufig Gämsen entdecken. Nach dem höchsten Punkt geht es zügig hinunter zur Ova und der Wald lichtet sich. Auf den offenen Flächen können Murmeltiere beobachtet werden. Wir überqueren den Bach, treffen auf den Talweg und nähern uns dem Wendepunkt an der Alp Trupchun. Auf den umliegenden Wiesen haben einige Murmeltierfamilien ihre Gänge gegraben und auch die Hirsche kommen gerne hierher. An der ehemaligen Alp, die hier im Nationalpark nicht mehr bewirtschaftet wird, gibt es außerdem einen Trinkwasserbrunnen.

Auf der rechten Seite der Ova da Trupchun laufen wir zurück, durchqueren den Lärchen-Arven-Wald von Dschembrina, überqueren auf einer Brücke den Bach und dann die Wiesen der früheren Schweinealp Purcher. Gleich gegenüber dem Alpgebäude tritt aus dem Fels natürliches Steinsalz aus, das Steinböcke besonders lieben. Sie stehen daher gerne hier in der Wand und lecken am salzigen Stein. Erneut überqueren wir den Bach und wandern zum Ausgangspunkt zurück. Am Rand des Nationalparkes treffen wir dabei nach ca. 2/3 der Strecke auf die Parkhütte Varusch mit schöner Sonnenterrasse und kleiner Speisekarte.

Von S-chanf sind es über das schöne Dörfchen **Zuoz** nur wenige Kilometern zur Auffahrt zum Albulapass und unserer Tour 12. Zur Weiterfahrt auf Tour 13 kehren wir nach Zernez zurück.

Von Zernez ins Unterengadin

Von Zernez geht es weiter in die Engadina bassa – das Unterengadin. Rechts und links neben der Hauptstrecke verbergen sich außerordentlich schöne kleine Orte. Am besten gefallen hat uns **Guarda**, das über eine kurze, gut ausgebaute Stichstraße leicht zu erreichen ist. An der Ortseinfahrt links befindet sich ein Parkplatz für Besucher. **Fahren Sie keinesfalls in den Ort hinein**, die Ortsdurchfahrt ist an einigen Stellen extrem eng und auch die weiterführende Straße nach Boscha ist für Wohnmobile ungeeignet.

(238) WOMO-Stellplatz: Guarda

GPS: N 46°46‘33“, E 10°08‘43“, 1.592 m **max. WOMOs:** 2-3
Ausstattung / Lage: Terrassierter Parkplatz für Besucher des Ortes. Am Ortseingang links. 24 h CHF 8.-, WC, Mehrere Gasthöfe im bildschönen Ortskern. Ideal für ein gemütliches Abendessen im Ort. Graubündener Spezialitäten wie Capuns, Pizzokel oder die Kartoffelspeise Maluns kosten Sie in bester Qualität im Hotel Restaurant Meisser.
Zufahrt: Markierter Parkplatz vor der Ortseinfahrt links

Das Dorf **Guarda** besteht fast komplett aus alten Engadiner Häusern, die mit prächtigen Sgraffiti verziert sind. Ein Sgraffito unterscheidet sich in der Herstellungstechnik von Wandmalereien. Muster und Bilder entstehen durch das Auftragen unterschiedlicher Putzschichten, so dass statt einem flachen Bild ein leichtes Relief entsteht. Die so entstandenen Verzierungen widerstehen Wind und Wetter für lange Zeit. Sie haben im Ort mehrere gute Gasthöfe zur Wahl und auch für einen nachmittäglichen Kaffee sitzt man ausgesprochen schön.

Ebenso viele schöne Sgraffiti wie in Guarda zieren die Hauswände der nächsten Ortes: **Ardez.** Auch hier parken Sie am Ortsrand, zum Beispiel auf dem ausgeschilderten Parkplatz am Bahnhof **GPS N 46°46'24", E 10°12'06"** (WC im Bahnhofsgebäude) und laufen hinauf zur Kirche. Sehr empfehlenswert ist auch ein Besuch im winzigen Café La Carsuot mit angeschlossener Bäckerei, dessen Holzbänke dekorativ an der Straße stehen. Wer Lust auf eine kleine Wanderung hat, kann vom westlichen Ortsende von der Straße Bröl dadaint dem Felssporn mit Burgruine, der Ardez überragt, auf den Kopf steigen. Der Blick von der Ruine ist phantastisch.

Der nächste interessante Ort ist ebenfalls mit besonders schönem Weitblick gesegnet und befindet sich rechts der Kantonalstraße. Die besondere Sehenswürdigkeit von **Tarasp** ist sein Schloss, dass weithin sichtbar auf einem Hügel über dem Dorf thront und als ein Wahrzeichen des Unterengadin gilt. Eine Besichtigung ist nur im Rahmen einer Führung möglich, aber auch wenn dazu ihr Timing nicht stimmt, lohnt sich der kurze Aufstieg zur **Mot de la Crusch**, dem Aussichtspunkt auf dem gegenüberliegenden Hügel. Unser Wohnmobil parken wir am besten bereits unten in Tarasp kurz vor dem See **GPS N 46°46'40", E 10°15'37"**. Nur mit Campingbussen im VW-Bus-Format können Sie durch die enge Ortsdurchfahrt auf den oberen Parkplatz **(239) GPS N 46°46'48", E10°16'01"** fahren, wo sogar eine Übernachtung denkbar wäre (Tagesparkschein 24 h CHF 10.-). Hier beginnt auch der Pfad zum Aussichtspunkt.

Schloss Tarasp

Erbaut ist die heute als Wahrzeichen des Unterengadin geltende Schlossanlage in der ersten Hälfte des 11. Jahrhunderts. Die Eigentümer des Schlosses wechselten stetig mit der gerade im Tal herrschenden Nation zwischen Tiroler Grafen, den Bündnern und den Bischöfen von Chur. Der Reichsadler und die Inschrift «Hie Estereih» erinnern an eine Periode des Tales als österreichische Grafschaft im Jahr 1464. Im Laufe des 16. Jahrhunderts wurde die Anlage dann auf ihren heutigen Umfang vergrößert und zur Grenzfestung ausgebaut. 1803 kam Tarasp in Besitz des neu gegründeten Kantons Graubünden und wurde an einen Privatmann aus Scuol verkauft. Das Schloss wechselte mehrfach den Besitzer und wurde in den folgenden Jahrzehnten komplett ausgeräumt und geplündert. In trostlosem Zustand, dem Verfall preisgegeben, entdeckte der Dresdner Kaufmann Dr. Karl August Lingner das schöne Gebäude, welches er kurzerhand erwarb und in jahrelanger Kleinarbeit restaurieren ließ. Aus dieser Periode stammt auch die große Konzertorgel, ein Meisterwerk der Orgelbaufirma Jehmlich aus Dresden, deren besonderem Klang Sie seit ihrer Renovierung im Jahr 1994 jeden Sommer bei Konzerten im Schloss lauschen können.

Das Schloss kann im Rahmen einer Führung besichtigt werden. Die hier angegebenen Zeiten der Führungen 2013 dienen zur Orientierung, die aktuellen Termine finden Sie unter www.schloss-tarasp.ch:
20. Mai bis 10. Juli täglich um 14.30 | 15.30
11. Juli bis 20. August täglich um 11.00 | 14.30 | 15.30 | 16.30
21. August bis 20. Oktober täglich um 14.30 | 15.30
Ohne Anmeldung. Beginn im Schlosshof. Eintritt: CHF 12.-, Kinder CHF 6.-

Blick vom Aussichtspunkt Mot de la Crusch

Ausflug nach S-charl

Ein weiterer Zugang zu Nationalparkwegen befindet sich in **S-charl**, einem abgelegenen Dorf südlich von **Scuol**. Eine nur teilweise asphaltierte Stichstraße führt in 12 km von Scuol zum Wanderparkplatz **GPS N 46°42'56", E 10°19'52"** unterhalb des Ortes. S-charl ist vom Camping Scuol aber auch bequem mit dem Postbus erreichbar. Am Parkplatz können Sie einen Mehrtagesparkschein ziehen, aber auch im Gemeindegebiet Scuol steht das vertraute Schild mit dem durchgestrichenen Wohnmobil. Ein kurzer Bärenlehrpfad, der vor allem für Familien mit Kindern interessant ist, beginnt am Museum, das man ca. 50 m vor dem Ort erreicht. Durch S-charl führt außerdem der Alpinradweg Nr. 1, so dass es im Ort und in den beiden gemütlichen Gasthöfen von Radlern wimmelt.

Bären und Bergbau – das Museum in S-charl

Die Räume des neu aufgebauten ehemaligen Verwaltungsgebäudes der Blei- und Silberwerke Schmelzra teilt sich die Stiftung Schmelzra, die das Bergbaumuseum im Untergeschoss betreut mit der Nationalparkverwaltung und deren erlebnisorientierter Ausstellung über den Bären. Der Wald hier im Tal war früher ein gutes Bärengebiet und 1904 wurde bei S-charl der letzte Schweizer Bär geschossen. Die Ausstellung informiert über die Geschichte der Bären in der Schweiz, ihre Lebensgewohnheiten und Bedürfnisse und die Möglichkeiten der Koexistenz zwischen Menschen und großen Raubtieren. Der 2010 eingeweihte **Bärenerlebnispfad** ergänzt die Informationen draußen in der Natur. An beiden Wegenden befindet sich eine Postautostation. Für den ebenen Talweg mit 9 Stationen rechnet man **ca. 2 Stunden Gehzeit**.

Geöffnet ist das Museum von Juni bis Mitte Oktober von 14 bis 17 Uhr. Samstag und Montag geschlossen. Der Bärenerlebnisweg ist jederzeit frei zugänglich. Führungen in die tief in den Berg getriebenen Stollen der alten Mine können Sie in der Information in Scuol oder unter Telefon +41 (0)81 861 22 22 buchen.

Am Abzweig von Scuol nach S-charl bietet der Camperstellplatz vor dem TCS Camping ein gutes Quartier in der Nähe.

(240) WOMO-Stellplatz: Scuol
GPS: N 46°47'30", E 10°17'55"
max. WOMOs: 13
Ausstattung / Lage: Asphaltierter Parkplatz unterhalb des Campings mit eigener V/E und Automatenzahlung. Die Sanitäranlagen des Campingplatzes dürfen nicht benutzt werden. Tisch und Stühle und ausgerollte Markisen sind ebenfalls nicht vorgesehen. Von 12 bis 12 Uhr, CHF 22.- incl. Strom und Entsorgung, Busverbindung oder geschotterter Fahrweg nach S-charl, sportliche Radler können für die 12 km lange Strecke auch das (Mountain-)Bike nehmen.
Sonstiges: Wer es gemütlicher möchte, fährt auf den Camping mit ausgezeichneten neuen Sanitäranlagen, schattigen Plätzen im Eingangsbereich oder Zeltwiese, Wifi-Zugang am Platz. WOMO inkl. 2 Personen CHF 42.- bis 62.-, Strom und Wifi inkl., Kurtaxe CHF 2,40

Dann fahren wir von Scuol zurück bis Susch und verlassen das Engadin rechts hinauf über den Flüelapass.

Über den Flüelapass nach Davos

Das Verbot auf der südlichen Seite des Passes ist leicht zu übersehen, wir haben es eigentlich erst auf der Passhöhe entdeckt. Die schöneren Plätze finden Sie aber eh hinter der Passhöhe. Ganz oben am Hospiz ist der Parkplatz für Hausgäste reserviert. Aber bereits kurz hinter der Passhöhe finden sie rechts der Straße ein nettes Plätzchen mit etwas hoppeliger Zufahrt für ein WOMO **(241) GPS 46°45'08", 9°56'39"**. Etwas geschützter steht man einige Kehren weiter unten ebenfalls rechts der Straße.

(242) WOMO-Wanderparkplatz: Flüelapass

GPS: 46°45'56", 9°56'27", 2.358 m **max. WOMOs:** 2
Ausstattung / Lage: Ebene Schotterfläche gegenüber einer Hütte, guter Zugang zu einem schönen Bach, wenn die Weide dort nicht gerade von Kühen belegt ist.
Anfahrt: kurz hinter der Passhöhe, rechts der Straße in der Kehre vor der Bachbrücke.
Sonstiges: beliebter Ausgangspunkt für den Aufstieg zu den Jöriseen (2 h 15 min) oder zur Hütte auf dem Vereinapass (3 h 15 min).

Noch einige Kehren tiefer zweigt rechts ein Straßenbogen ab, der zu einem Aussichtspunkt mit Sitzbank führt. Oben am Straßenrand **GPS 46°46'46", 9°55'53"** (2.117 m) findet ein weiteres Womo einen aussichtsreichen Platz. Kurz nach dem Aussichtspunkt folgt der gemütliche Gasthof Tschugga und dann nähern wir uns der Bergstadt Davos.

Auch **Davos** macht keine Ausnahme: in der Gemeinde ist das Übernachten im Wohnmobil verboten. Unterkunft findet man am Stellplatz Rinerlodge, der sich selbst als Camping bezeichnet, ca. 8 km westlich der Stadt in Glaris. Zum Bummel durch den Ort oder zum Spaziergang am See parken Sie auf dem kostenpflichtigen Parkplatz (Nachtparkverbot) am Seeufer bei **GPS N 46°48'49", E 9°50'45"**.

(243) WOMO-Campingplatz-Tipp: Rinerlodge

GPS: N 46°44'42", E 9°46'45", Landwasserstraße 64
Mai und November geschlossen
Ausstattung / Lage: Schmaler Grasstreifen zwischen den Bahnschienen und Flussufer. Eher ein Stellplatz als ein echter Camping. Gegenüber befindet sich die Seilbahn zum Rinerhorn. Einziger Platz in der Nähe von Davos und daher in der Saison sehr voll. V/E-Station, WOMO inkl. 2 Personen CHF 26,50, Strom CHF 4.-
Anfahrt: 8 km westlich von Davos in Glaris an der Seilbahn.

Wir fahren von Davos in die andere Richtung weiter. Der nächste größere Ort ist Klosters. Einen schönen Platz für eine Pause finden Sie auf dem Weg dorthin unterhalb der Kantonalstraße an der Landwasser.

(244) WOMO-Wanderparkplatz: Landwasser
GPS: 46°50'43", 9°52'57", 1433 m
max. WOMOs: 1
Ausstattung / Lage: Kleiner Parkplatz an einer öffentlichen Grillstelle, in Straßennähe, am Wochenende bei Einheimischen sehr beliebt und meistens belegt! Nettes Grillrestaurant wenige Schritte entfernt.
Anfahrt: von der Kantonalstraße an Renatas Grillimbiss rechts und hinunter bis zum Wanderparkplatz am Ufer der Landwasser.

Wenige Kilometer nördlich von Davos liegt der Ferienort **Klosters**, der leider inzwischen keinen offiziellen Wohnmobilstellplatz mehr hat. Zur Ortsbesichtigung parken Sie am besten auf dem zentralen Parkplatz am Inn bei **GPS N 46°51'59", E 9°53'00"**. Einen zweckmäßigen Übernachtungsplatz finden Sie dann am Ortsrand an der Mendrisabahn.

(245) WOMO-Wanderparkplatz: Madrisabahn
GPS: 46°53'01", 9°52'36" **max. WOMOs:** 2-3
Ausstattung / Lage: Schotterterrasse am Parkplatz der Seilbahn. Zwischen Häusern gelegen. Nicht der schönste aller Plätze, aber nach einer Wanderung oder einer Einkehr in einem der vielen Gasthöfe von Klosters ein akzeptables Quartier. Am Ortsrand.
Anfahrt: Kurz vor der Ortsausfahrt in Richtung Landquart rechts ausgeschildert.
Alternative: kleine Mobile finden einen Platz auf dem zentraler gelegenen Parkplatz im Ortszentrum (nicht vom 1.12. - 31.3.) **GPS 46°52'09", 9°52'57".** Kostenpflichtig zwischen 8 und 18 Uhr, CHF 1.- pro Stunde. Parkschein für mehrere Tage möglich.

Wesentlich schöner stehen Sie im nächsten Seitental. Die auf 1450 Meter Höhe liegende **Ferienregion St. Antönien** hat eine ganze Reihe schön liegender Wanderparkplätze zu bieten. Für alle Plätze braucht es einen Parkschein. Der Tagestarif liegt einheitlich bei CHF 6.-, für 2 Tage sind es CHF 9.-. Ein einmal gelöstes Ticket gilt auf allen Plätzen im Tal. Auf den ersten Parkplatz treffen Sie am Rand des Ortes St. Antönien.

(246) WOMO-Wanderparkplatz: St. Antönien P 2

GPS: N 46°58'10", E 9°48'54" **max. WOMOs:** 1-2
Ausstattung / Lage: Ebener asphaltierter Parkplatz am Ortsrand mit Blick ins Tal, am Spielplatz, Tagesticket CHF 6.-, mehrere Gasthöfe im Ort
Zufahrt: oberhalb der Kirche, ausgeschildert.

Rundweg durchs Hochmoor

Gehzeit: 2 h 30 min., 400 hm. Von der Postbushaltstelle Platz folgen Sie dem Wegweiser Stels/Salfsch im Zickzack bergauf. Vorbei am Berggasthaus Michelshof führt Sie die alten Straße bis Aschüel zum „Soppenseeli" mit Grillstelle. Dann bringt Sie unser Pfad über ein Sumpfgebiet und in den Wald. Folgen Sie links dem Holzerweg durch lichten Fichtenwald mit Farn und Heidelbeerbüschen. Beim Grossried verlässt man den Wald. Halten Sie sich rechts, durchqueren Sie das Grossried und folgen Sie dem Wanderweg nach St. Antönien. Über Bretterbrücken überqueren wir das Hochmoor und treffen wieder auf das Soppenseeli und auf den vertrauten Rückweg nach St. Antönien. Diesen und weitere Tourenvorschläge finden Sie mit Karte und Beschreibung beim interaktiven Tourenplaner von www.praettigau.info.

(247) WOMO-Wanderparkplatz: Partnunstafel

GPS: N 46°59'10", E 9°50'39" **max. WOMOs:** 5-7
Ausstattung / Lage: großer geschotterter Parkplatz (P6) ca. 100 m unterhalb der Almsiedlung Partnunstafel mit den Gasthöfen Berghaus Alpenrösli und Sulzbach, außerorts in toller Berglandschaft,
Tagesticket CHF 6.-
Zufahrt: Der Straße von St. Antönien nach Partnun bis zum Ende der Fahrerlaubnis folgen. Die Strecke ist schmal, aber fahrtechnisch unkompliziert.
Sonstiges: Ebenfalls sehr schön stehen Sie am P 5 in Sichtweite der letzten Häuser von St. Antönien und direkt am Fluss.

Eine Kurzwanderung zum Partnunsee

Gehzeit: ca. 2 h, 250 hm. Vom P 6 laufen Sie hinauf nach Partnunstafel. Rechts oben lädt das Berghaus Alpenrösli zur Einkehr. Auf der Speisekarte stehen deftige regionale Spezialitäten und hausgebackener Kuchen. Nach kurzem Aufstieg in Richtung Tilisunahütte ist der smaragdgrüne Partnunsee erreicht, den Sie auf einem Pfad umrunden können. Auch eine Ruderbootfahrt oder ein frisches Bad im klaren Wasser sind möglich, bevor Sie auf vertrautem Weg wieder hinuntersteigen.
Eine längere Rundwanderung mit Besuch auf der Tilisunahütte finden Sie mit Karte und Beschreibung beim interaktiven Tourenplaner von www.praettigau.info.

Zurück in Küblis fahren wir dem Ende unserer Schweizreise entgegen und rechts weiter in Richtung Landquart.

Sie interessieren sich für Ingenieurskunst und Brückenbau? Eine zierliche weiße Brücke rechts des Weges hat international für Aufsehen gesorgt und kann auf einer kleinen Wanderung, ausgehend vom Bahnhof von Schiers, bewundert werden.

Der historische Rundweg an der Salginatobelbrücke

Gehzeit gut 2 h, 240 Höhenmeter. Ein beinahe filigranes Bauwerk aus Stahlbeton überspannt den Salginatobel oberhalb von Schiers. Erbaut wurde die vom Schweizer Ingenieur Robert Maillart konstruierte Straßenbrücke in unglaublich kurzer Zeit. Die Arbeiten begannen im Sommer 1929 und bereits im August 1930 wurde das kühne Bauwerk für den Verkehr freigegeben. Die Bautechnik war in ihrer Einfachheit revolutionär und fand in der Fachpresse viel Beachtung. Die Brücke galt als **das** Beispiel moderner Brückenbaukunst und 1991 kürte die größte amerikanische Ingenieurvereinigung ASCE die Salginatobelbrücke zu einem „world monument“ und reihte sie damit zwischen Eiffelturm, Freiheitsstatue und der berühmten Inkastadt Machu Picchu in den Kreis der bedeutendsten Ingenieurschöpfungen der Welt ein.

Auf dem Rundweg am Salginatobel kann man die Brücke ausführlich von allen Seiten betrachten. Es gibt eine Aussichtsplattform mit besonders fotogenem Winkel und der Blick von der Brücke in den Tobel ist phantastisch. Den Pfad erreicht man ab Schiers zu Fuß durch das Schraubbachtal. Der Weg zur Brücke ist ab dem Bahnhof Schiers markiert. Nach ca. 500 Metern geht es am Dorfrand links in den Schraubachtobel. An einem Kieswerk vorbei läuft man am Bachufer bis zur Chalchofenhütte. Hier beginnt der eigentliche Rundweg. Die Brücke ist Teil der Straße von Schiers nach Schuders, die extrem schmale Straße ist jedoch für Wohnmobile kaum geeignet.

Landquart ist jetzt schnell erreicht und wer es eilig hat, fährt hier direkt auf die Autobahn. Wir bleiben noch ein wenig im Grünen rechts der schnellsten Verbindung und schauen uns jetzt die Heimat von Johanna Spyris Heidi an. Wer kennt sie nicht, die Geschichte um Heidi, den Geißenpeter und den weißbärtigen Alpöhi? Das Buch wurde sogar auf japanisch übersetzt und so gehört das Heidiland über dem süßen Örtchen Maienfeld zum Pflichtprogramm mancher großer Europareise.

Heididorf und Heidiweg

»Erleben Sie eine emotionale Zeitreise zurück in die Schweizer Bergwelt des 19. Jahrhunderts« lockt die Werbung des Heididorfes. Und tatsächlich hier finden Sie, originalgetreu aufgebaut, das urige Dörfli, in dem die Geschichte spielt. Mit Heidihaus, Dorfladen und Poststelle und auch die Geißen dürfen natürlich nicht fehlen. Dazu gibt es ein Johanna-Spyri-Museum. Mit Kindern ist das Dorf sicher eine nette Sache.
Geöffnet 15. Mai - 15. November, täglich von 10.00-17.00 Uhr, Eintritt für Museum und Dorf CHF 9,70, Kinder 5-14 Jahre CHF 3,90
Rund um das Dorf sind zwei Wege markiert: der **Heidi-Erlebnisweg**

Der Heidibrunnen am Heidi-Erlebnisweg

führt vom Bahnhof Maienfeld zum Dorf **(Gehzeit 1,5 h),** der zweite Weg bringt Sie dann weiter vom Dorf auf die **Heidialp** mit schönem Berggasthof **(Gehzeit einfach: 1,5 h vom Dorf)**.

Da Sie im engen Maienfeld nur mit Schwierigkeiten parken können, haben wir als Ausgangspunkt für den Heidiweg zwei Alternativen für Sie, die sich auch noch prima als Stellplatz eignen.

(248) WOMO-Picknickplatz: Heidibrunnen

GPS: N 47°01'03", E 9°31'34" **max. WOMOs:** 2-3
Ausstattung / Lage: Große Picknickwiese mit Grillstellen, Sitzplätzen und öffentlichem WC, daneben ebene Parkfläche an einer abends ruhigen Straße. Am Parkplatz steht auch der Heidibrunnen. Weiterer **Brunnen** auf dem Picknickgelände.
Zufahrt: Von Maienfeld in Richtung St. Luzisteig fahren. Der Parkplatz ist links der Straße nicht zu übersehen.
Sonstiges: Auf dem Heidiweg, der hier vorbeiführt, können Sie zum Dorf hinauflaufen.

(249) WOMO-Wanderparkplatz: Heididorf

GPS: N 47°01‘15“, E 9°32‘09“
max. WOMOs: 1-2
Ausstattung / Lage: Parkbucht an der sehr schmalen Zufahrtsstraße zum Heididorf. Am Waldrand mit Blick über eine Lichtung mit schönen alten Bäumen. Abends ruhig und einsam. Am Heidiweg (ca. 800 m Fußweg zum Dorf).
Zufahrt: Von Maienfeld in Richtung St. Luzisteig fahren. Hinter dem Picknickplatz am Heidibrunnen rechts den Wegweisern zum Heididorf folgen. Die Parkbucht befindet sich rechts der Straße.

Eine weitere Parkplatzalternative finden Sie nicht einmal einen Kilometer weiter kurz vor dem Militärmuseum St. Luzisteig.

(250) WOMO-Wanderparkplatz: St. Luzisteig Militärmuseum

GPS: N 47°01‘39“, E 9°31‘47“ **max. WOMOs:** 2-3
Ausstattung / Lage: Parkbucht unter einem riesigen Baum links der Straße und auf der gegenüberliegenden Seite geschützt am Waldrand liegender Wanderparkplatz rechts der Straße (Zufahrt über den schmalen Fahrweg)
Zufahrt: kurz vor St Luzisteig rechts und links der Landstraße.

Das nahe Militärmuseum können Sie übrigens nur von Juni bis Oktober an Samstagen von 13.00 Uhr bis 17.00 Uhr besuchen. Eintritt CHF 7.-, Kinder CHF 3.-

Bei Balzers nähern wir uns erneut der Autobahn. Nahe an der Ausfahrt bietet eine Reihe Parkplätze am Vitaparcours ein stilles Plätzchen, das sich vor allem für späte Ankunft und morgendliches Weiterfahren eignet:

(251) WOMO-Stellplatz: Vitaparcours Balzers

GPS: N 47°04'22", E 9°29'35" **max. WOMOs:** 2-3

Ausstattung / Lage: Parkstreifen unter Bäumen, am ruhigsten stehen Sie hinten Richtung Rhein, bis zur Abzweigung zum Sportplatz Druchgangsverkehr. Campingverbot auf dem großen Sportplatzparkplatz nebenan. Beginn des Vitaparcours.

Zufahrt: Vor der Rheinbrücke, die zur Autobahnauffahrt führt, rechts hinunter zum Parkplatz hinter dem Rheindeich.

Auf einem 70 m hohen Hügel überragt das prächtige Schloss Gutenberg aus dem 12. Jahrhundert, den Ort Balzers. Sie können auf den Burgweg hinaufspazieren, die Vorburg ist jederzeit frei zugänglich. Die Burgkapelle und den Rosengarten können Sie von Mai bis Oktober jeden Sonntag von 10-19 Uhr besuchen. Parken ist vor der hübschen Jubiläumskirche (Kirchenstraße) bei **GPS N 47°03'58", E 9°30'07"** möglich. Der Burgweg beginnt allerdings auf der anderen Seite des Hügels. Im Sommer wird auf der Burg ein interessantes Kulturprogramm angeboten.

© mino21 - Fotolia.com

TOUR 14 (ca. 190 km / 2-4 Tage)

Durchs Appenzell zurück zum Bodensee

Buchs – Unterwasser – St. Johann – Ennetbuel – Säntis – Urnäsch – Appenzell – Wasserauen – Brülisau – Altstätten – St. Gallen – Heiden – Rorschach – Rheineck

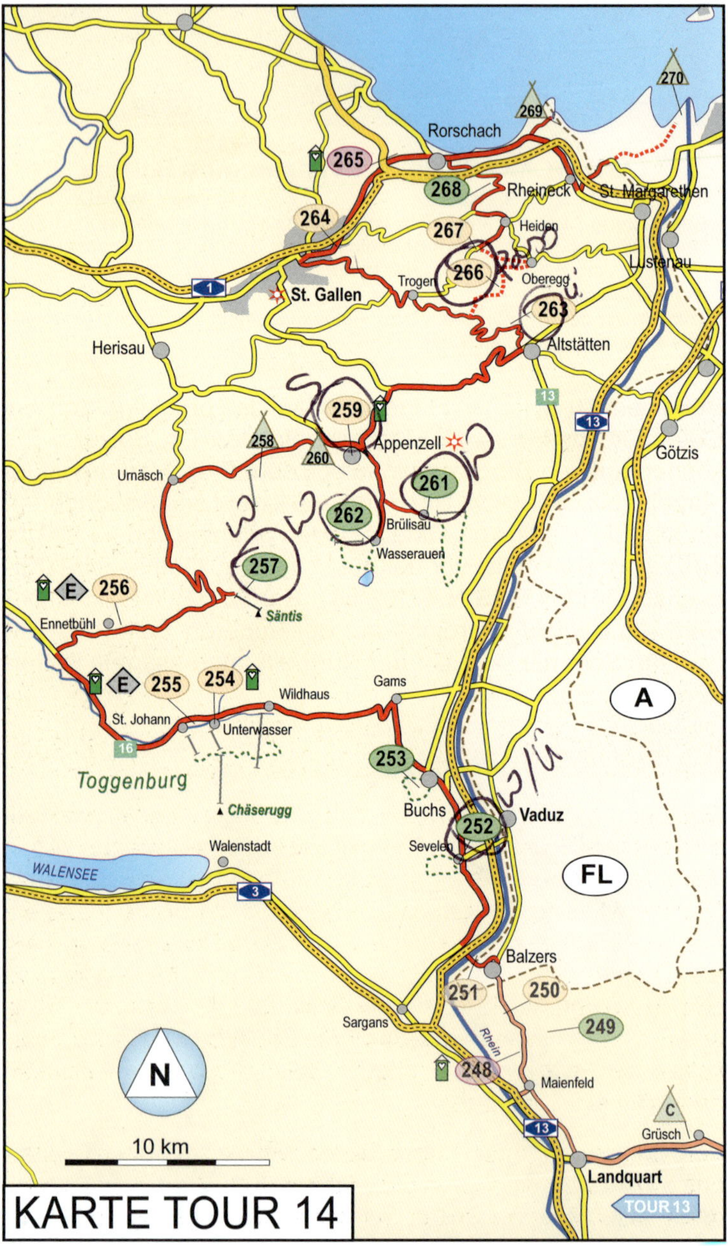

Freie Übernachtung:	Sevelen, Unterwasser, St. Johann, Ennetbühl, Schwägalp, Appenzell, Wasserauen, Brülisau, Altstätten, St. Gallen (2x), Sportanlage Kellen, St. Anton, Scheidweg, Fünfländerblick,
Ver-/Entsorgung:	St. Johann, Ennetbühl, Campingplätze
Campingplätze:	Jakobsbad, Appenzell, Rheinspitz, Rohrspitz
Baden:	St. Gallen, Rorschach, Rohrspitz
Besichtigen:	Greifvogelpark Buchs, Schloss Werdenfels, Säntis, Brauchtumsmuseum Urnäsch, Appenzell, St. Gallen, Dunant Museum, Kornhaus und Sammlung Würth Rorschach, Markthalle Altenrhein, Fliegermuseum Altenrhein
Wandern:	Schluchtweg Sevelen, Klangweg, Wildkirchlihöhlen Wasserauen, Geologischer Wanderweg Brülisau, Wildpark Peter & Paul
Erlebnis:	Erlebnisrundfahrt Bodensee

Das Appenzell ist Bauernland. In den grünen Hügeln verstreut thronen stattliche Höfe auf Bergkuppen oder schmiegen sich in Talmulden. Auf den Wiesen grasen Kühe und wenige Schafe. Das wuchtige Alpsteinmassiv mit dem Säntis als höchster Erhebung ist die erste Bergreihe hinter dem Bodensee und hat als Wandergebiet beinahe hochalpinen Charakter. In Richtung Bodensee ist die Region dicht besiedelt. Auf unserem Weg streifen wir die schöne alte Stadt Sankt Gallen und das gemütliche Rorschach am Bodenseeufer, bevor unsere Schweizreise endgültig ein Ende findet.

Von Balzers kommend überqueren wir die Autobahn, halten uns in Trübbach rechts und umfahren über Wartau mit seiner dekorativen Burgruine den markanten Gebirgszug der Chur-

firsten. Unser nächstes Ziel ist das Toggenburg, das Tal zwischen dem Alpsteinmassiv des Appenzellerlandes und der Churfirstengruppe. In Sevelen zieht uns der braune Wegweiser zum Schluchtenweg in den Ort und zu einem kleinen Parkplatz.

(252) WOMO-Wanderparkplatz: Schluchtenweg Sevelen

GPS: N 47°07'11", E 9°29'02", Stampfstraße
max. WOMOs: 1-2
Ausstattung / Lage: Parkterrasse über dem Ort auf dem Dach eines Bunkers (Zivilschutzanlage). Mehrere einladende Gasthöfe und ein sehr gute Bäckerei in Sicht- und Gehweite.
Zufahrt: Im Ort links dem Wegweiser zum Schluchtweg folgen und hinter der Bäckerei am Rathaus rechts auf den Parkplatz abbiegen. Vorsicht, enge Zufahrt.

Auf dem Schluchtenweg

Gehzeit: 2 h, 180 hm. Vom Parkplatz führt ein schöner abwechslungsreicher Rundweg durch den feuchten, finsteren Geissbachtobel mit Holzstegen und kleinen Brücken hinauf zum Waldrand und dann am Hang mit Weitsicht über grüne Wiesen zum anderen Ortsende und zurück zum Ausgangspunkt. Der Weg ist gut markiert. In der Schlucht ist der Boden immer leicht schmierig. Wanderschuhe sind unbedingt sinnvoll.

Im nächsten Ort Buchs liegt gleich an der Ortseinfahrt linkerhand ein sehr gepflegter **Greifvogelpark** mit über 60 verschiedenen Vogelarten. Der Park ist zwischen Mai und Oktober täglich von 10 - 17 Uhr geöffnet Samstag und Sonntag Nachmittag um 15 Uhr werden die Greife im Freiflug gezeigt. Eintritt ohne Flugshow CHF 12.-, Kinder 6-14 Jahre CHF 8.- mit Flugshow CHF 18.-, Kinder CHF 12.-. Der Weg zum Park ist beschildert, der Parkplatz (Schützenhausweg) aber eher für kompakte Mobile geeignet. Im Stadtkern von **Buchs** führt Sie ein großer Parkplatzwegweiser mit dem Hinweis Marktplatz Städtli nach links.

(253) WOMO-Wanderparkplatz: Stadtweiher Buchs

GPS: 47°09'59", E 9°27'51"
max. WOMOs: 3-4
Ausstattung / Lage: riesiger Parkplatz hinter dem schön angelegten Weiher zu Füßen des Schlosses Werdenberg. Sehr schöner Pausenplatz aber **zur Übernachtung nur bedingt geeignet**, da Sie quasi vor dem Eingang des örtlichen Campingplatzes stehen.
Zufahrt: siehe Text
Sonstiges: der angrenzende Camping ist winzig mit vielen Dauercampern. Touristenplätze gibt es nur auf der zentralen Wiese. VW-Bus CHF 24.-, WOMO inkl. 2 Pers. CHF 31.-, Strom CHF 4.-, April - Oktober

Schloss Werdenfels und das Städtli

Das Schloss, das gegenüber sein Spiegelbild in den See wirft, ist umringt vom Städtli, einem mittelalterlich geprägten Gebäudeensemble. Spazieren Sie einmal um den See, schlendern durch die zauberhafte Gasse des Städtli und steigen hinauf zum Schloss. Im Schlosshof erwartet Sie im Jahr 2014 allerdings eine Baustelle. Ab Frühjahr 2015 soll dafür das neue Kantonalmuseum und ein ebenso neues Bistro eröffnet werden. Ansonsten gibt es hier oben ein umfangreiches Kulturprogramm

zwischen Rockkonzert, sommerlichem Theaterfestival und Mittelaltertag. Auch das prächtige Schlangenhaus unten am Rand der Ansiedlung kann von April bis Oktober besucht werden. Die original eingerichteten Innenräume zeigen, wie die Menschen hier im Prättigau im 18. und 19. Jahrhundert lebten. Geöffnet Di- So 13.30 - 17.00 Uhr, Eintritt CHF 5.-

Hinter Buchs durchqueren wir Grabs und fahren bei Gams links in das Toggenburger Tal zwischen Churfirsten und Alpsteinmassiv. Drei Bergbahnen fahren hinauf zum Fuß der merkwürdig geformten Churfirstengipfel mit Namen wie Chässerugg, Hinterrugg, Schibenstoll, Zuestoll, Brisi, Frümsel und Selun. Sie recken uns auf dieser Seite ihre grasbewachsenen Rücken zu, auf der anderen Seite fallen sie zum Walensee hin beinahe senkrecht ab. Auf jedem dieser Grasrücken führt ein Weg hinauf – es hat also große Auswahl für ambitionierte Wanderer. Die erste Bergbahnstation befindet sich in Wildhaus. Auf den im Ort verteilten, nummerierten Parkplätzen gilt Übernachtungsverbot. Im nächsten Ort Unterwasser fährt die längste der Seilbahnen auf den höchsten Churfirstengipfel Chässerugg. Hier bietet ein Gasthof markierte Stellplätze.

(254) WOMO-Stellplatz: Unterwasser Gasthof Post
GPS: N 47°11‘48“, E 9°18‘34“ **max. WOMOs:** 4
Ausstattung / Lage: Umzäunter, asphaltierter Parkplatz zwischen Straße und Gasthof. In der Dorfmitte. Übernachtung CHF 15.- + Kurtaxe. Bei Einkehr von 2 Personen im Gasthof wird nur die Kurtaxe verrechnet. Strom CHF 3.-, Wasser CHF 3.-, Dusche gegen Gebühr im Hotel. Donnerstagabend geschlossen. Reservierung möglich, Telefon +41 (0)71 999 21 55
Zufahrt: In der Dorfmitte rechts der Durchfahrtsstraße nicht zu übersehen

Einen weiteren offiziellen Stellplatz finden Sie an der dritten Bergbahn, die von Alt Sankt Johann zur Alp Sellamatt hinaufschwebt.

(255) WOMO-Stellplatz: Thur Camping Alt St. Johann
GPS: N 47°11‘37“, E 9°17‘15“ ganzjährig geöffnet
Ausstattung / Lage: Parkplatz vor dem Camping. Direkt am Bach und an der Talstation der Seilbahn. Gute, ganz neue Sanitäranlagen, nur WC-Ausguss, kein Grauwasser, WOMO inkl. 2 Personen CHF 30.- + Kurtaxe
Zufahrt: In St. Johann der Beschilderung zum Campingplatz folgen

Das Wandergebiet oberhalb von Alt St. Johann hat viel zu bieten. Die Alp Sellamatt ist der beste Ausgangspunkt zum Aufstieg auf die Gipfel der Churfirstenkette. Für diese Touren für erfahrene Wanderer rechnen Sie 5-6 Gehstunden und einen Aufstieg von 800-900 Metern. Eine Tour für Jedermann und Jedefrau ist dagegen der gemütliche Spaziergang auf dem Klangweg.

Zwischen Melodiegampfi und Baumrätsche
Eine Wanderung auf dem Klangweg

Ob Singstein, Schellenbaum oder Flötenzaun – alle 24 Stationen des Toggenburger Klangweges erzeugen Töne: laut, leise, melodisch oder schräg scheppernd, der Klangweg bietet Abwechslungsreiches für Füße, Augen und Ohren...
Sie lösen an der Bergbahn St. Johann ihr Rundreiseticket, das für Berg- und Talfahrt vom Klangweg mit einer beliebigen Bergbahn und dem zuge-

hörigen Bustransfer im Tal gilt. Der Weg ist gut markiert und führt immer am Hang entlang von Sellamatt zur Mittelstation der Chässeruggbahn und auf zwei Wegalternativen weiter zur ersten Bahn, die in Wildhaus herunterkommt. Jede Klangstation bietet neue Überraschungen, und der Weg ist breit und eben mit tollen Blicken ins Tal. Der erste Teil des Klangweges ist auch mit Kinderwagen oder Rollstuhl passierbar. Der Bustransfer ist unkompliziert. Die Busse fahren mittags im Stundentakt, ansonsten alle 30 min bis in den Abend hinein. Den Fahrplan bekommen Sie an der Bergbahn.

Klangschmiede Alt St. Johann

Weitere Klangerlebnisse erwarten Sie im Ort St. Johann. In der Werkstatt der Klangschmiede wird seit Juli 2011 die Schellen- und Hackbrettproduktion als öffentlich zugängliches Schauhandwerk betrieben. Verschiedene Klangexperimentierstationen sorgen für weitere Klangerlebnisse. *Das Haus ist von Di - Fr von 9 bis 12 Uhr und 14 bis 17 Uhr und Samstags von 9 bis 12 Uhr geöffnet. Am Samstag Nachmittag um 14.00 Uhr findet eine öffentliche Führung statt. Eintritt CHF 5.-, mit Führung CHF 15.-*

Wenn Sie von den Churfirsten bereits den markanten Berg mit dem weißen Sendemast im Norden gesichtet haben – dorthin geht es jetzt weiter. Wir nähern uns dem Säntis und der Region Appenzell über Nesslau und treffen dabei erst einmal auf den liebevoll geführten, privaten Wohnmobilstellplatz Gill in Ennetbuel.

(256) WOMO-Stellplatz: Gill / Ennetbuel

GPS: N 47°14'29", E 9°13'06" **max. WOMOs:** 17
Ausstattung / Lage: ebene geschotterte Fläche an einer großen Wiese mit schönem kleinem Grillplatz, komplett ausgestatteter Sanitärblock mit Dusche und Waschmaschine. V/E-Station. Außerorts in schöner Umgebung, aber leider nur durch eine Hecke von der Straße getrennt. Gasthöfe im nahen Ort. Gepflegter Platz und sehr faires Preis-Leistungsverhältnis. WOMO inkl. 2 Pers. CHF 10.-, Strom pro kWh CHF 0,50, WLAN CHF 3.-, www.gill-camping.ch
Zufahrt: kurz hinter dem Ort Ennetbüel an der Zufahrtsstraße zum Säntis.

Durch schöne Berglandschaft mit wenigen Häusern fahren wir hinauf und nähern und dem Alpsteinmassiv und dem Säntis. Die Zufahrt zur Bergbahn geht rechts von der Kantonalstraße ab und führt hinauf zur Schwägalm.

(257) WOMO-Wanderparkplatz: Schwägalp

GPS: N 47°15'28", E 9°19'17" **max. WOMOs:** 4-5

Ausstattung / Lage: Großer ebener Parkplatz hinter den Hotel Schwägalp an der Talstation der Säntisbahn. Im Spätsommer 2013 wurde an der Bahn der Bau des neuen Berghotels begonnen. Nach dessen Fertigstellung soll die alte Schwägalp abgerissen werden. Zur Zeit ist der ein gutes Stück von der Baustelle entfernte Parkplatz von den Arbeiten unbehelligt, was sich bei fortschreitenden Bauarbeiten aber ändern könnte. In den nächsten Jahren ist dieser Platz daher mit Vorsicht zu genießen. Eine gute Alternative ist im Zweifelsfall der offizielle Stellplatz in Ennetbuel.

Zufahrt: Vorbei an der Seilbahn und der Baustelle zum Parkplatz hinter dem Hotel Schwägalp.

Weitblick vom Säntis
Sonnenaufgang am Aussichtsberg

Ob als Einstimmung zu Beginn ihrer Schweizreise oder zum Abschied von einem neu entdeckten und ganz sicher lieb gewordenen Land: Der Säntis ist der richtige Platz. Am Ende einer 6-wöchigen Schweizreise mit Berghöhepunkten wie Titlis, Matterhorn und Aletschgletscher nicht unbedingt leicht zu beeindrucken, bin ich mehr aus Pflichtgefühl hinaufgefahren. Schließlich recherchieren wir gründlich... Was Sie von oben sehen, können Sie von unten nicht ahnen. Erst taucht der Bodensee

vorm Gondelfenster auf, dann erscheint hinter den wuchtigen Felskanten des Alpstein ein Meer von Bergen. »Geil«, sagt das kleine Mädchen neben mir beeindruckt – und ja, sie hat recht! Oben landen Sie dann in einer beeindruckend wilden Steinlandschaft. So wild gleich, dass zum Wandern am Säntis unbedingt solide Bergerfahrung nötig ist. Egal, ob Sie nun zu Fuß auf den Gipfel wollen oder dem grandiosen Gratweg von der Bergstation in einer knappen Stunde zum Rothornsattel folgen: Die Wege sind schmal, steinig und über lange Strecken ausgesetzt. Dabei sorgen viele Seilsicherungen für ein sicheres Gefühl. Die Wanderung vom Säntis zum Rothornsattel ist bei Rother mit mittlerem Schwierigkeitsgrad eingestuft, für mich sah es eher nach einer leichten schwarzen Tour aus... Auf jeden Fall eine extrem interessante Tour für ambitionierte Bergwanderer mit Erfahrung.

Aber auch als reines Aussichtsziel ist der Säntis die Bahnfahrt wert. Oben können Sie über verschiedene Terrassen spazieren – das ist völlig harmlos und geht sogar in Sandalen. Im Aussichtsturm finden Sie außerdem eine interessante Mineralienausstellung und mehrere Restaurants. Am stimmungsvollsten sitzt man jedoch im alten Berggasthof, den man über die Aussichtsterrassen erreicht.

Vom Frühsommer bis in den Herbst fährt die erste Gondel bereits zum Sonnenaufgang auf den Berg und für einen geringen Aufpreis bekommen Sie am Vormittag ein Bergbahnticket inklusive Frühstück. Wenn Sie am Abend ankommen, erkundigen Sie sich nach der Abfahrtszeit – sie verändert sich im Laufe des Jahres, so dass sie pünktlich mit der Sonne oben eintreffen. Abends fährt die letzte Gondel gegen 18.00 Uhr. Übernachten können Sie auf den großzügigen Parkplätzen hinter der Schwägalp, so sind Sie morgens stressfrei vor Ort. Und wenn Sie lieber länger schlafen – das Ticket mit Frühstück gibt es bis 10.30 Uhr. Berg- und Talfahrt pro Person CHF 45.-, mit Frühstück CHF 53.-

Schaukäserei Schwägalp

In der benachbarten Schaukäserei bekommen Sie nicht nur Käse. Auch Joghurt und Butter sind im Angebot. Nur Brot sollten sie vorher eingekauft haben – dann sind Sie hier oben gut versorgt. Ansonsten bleibt ihnen ja auch noch der Gasthof.

Ein Abendspaziergang auf dem Waldlehrpfad

Vier liebevoll angelegte Themenpfade sorgen im Umkreis der Bergbahntalstation für einfache Wandertouren für Normalsterbliche. Eine Runde auf dem Waldpfad, der direkt am großen Parkplatz beginnt, ist mit 30 min. Gehzeit gerade recht für einen Abendspaziergang. Etwas länger ist der Almpfad, der nach der ersten kurzen Steigung rechts abzweigt. Die Wege Mensch und Umwelt und der Moorpfad beginnen etwas weiter unten vor dem Gebäude der Seilbahn. Mensch und Umwelt führt hinunter zur

Passhöhe mit dem gleichnamigen Gasthof, wo dann auch der Moorpfad beginnt. Ein Infoblatt über die Wege erhalten Sie am Ticketschalter der Bergbahn oder Sie schauen sich das Ganze auf einer der Infotafeln am Parkplatz (am Beginn der Wege) an.

Das nächste lohnende Ziel an der Strecke ist der winzige Ort Urnäsch. Neben einer sehr guten und preiswerten Käserei (probieren Sie den Urnäscher Brauchtumskäse oder den köstlichen rezenten Raclette) an der Ortsausfahrt in Richtung Appenzell gibt es zwischen den wenigen Häusern das Urnäscher Brauchtumsmuseum mit interessanter Ausstellung. Parkplätze finden Sie auf dem kostenpflichtigen zentralen Parkplatz oder etwas abseits des Ortszentrums am Sportplatz in der Unterdorfstraße bei **GPS N 47°18'50", E 9°16'50"**. Hier unten stünde man nach der Einkehr in einem der örtlichen Gasthöfe auch ruhig für die Nacht.

Silvesterchläus und Bauernleben
Das Appenzeller Brauchtumsmuseum in Urnäsch

In den beiden landwirtschaftlich geprägten Kantonen Appenzell Innerrhoden und Ausserrhoden haben sich zahlreiche sehr alte Bräuche erhalten, die im Rest der Schweiz längst vergessen sind. Dazu gehört auch die politische Entscheidungsfindung in Landgemeinden. Auf diesen Versammlungen kann jeder Stimmberechtigte Vorschläge einbringen, fragen und das Wort ergreifen. Entschieden wird in öffentlicher Abstimmung mit Handzeichen. In Ausserrhoden wurde erst 1990 durch Gerichtsbeschluss das eigentlich schon seit 20 Jahren in der Schweizer Verfassung festgeschriebene Frauenwahlrecht eingeführt. Neues findet in dieser Region also nur schwer einen Weg. Dem positiven Aspekt dieser Wesensart widmet sich das Museum. Besondere Aufmerksamkeit bekommt der mittelalterliche Brauch des Silvesterchlausens. Aufwändig kostümiert als schöne, schön-wüste oder wüste Chläuse ziehen die Appenzeller Männer in Schuppel genannten Sechsergruppen mit Schellen klappernd, singend und jodelnd durch die Nacht und überbringen gute Wünsche für das neue Jahr. Im Museum wird der Brauch erklärt und es werden einige der phantasievollen Kostüme gezeigt.
Geöffnet Montag bis Samstag 9.00 - 11.30 Uhr und 13.30 - 17.00 Uhr, Sonntag 13.30 - 17.00 Uhr. Im Winterhalbjahr nur vormittags. Eintritt CHF 6.-

In Urnäsch biegen wir rechts ab nach Appenzell. In Jakobsbad, dem nächsten Ort an der Strecke, bietet neben der Bergbahn auf den Kronberg mit rasanter Sommerrodelbahn ein Campingplatz einige Stellplätze zwischen Dauercampern.

(258) WOMO-Campingplatz-Tipp: Jakobsbad

GPS: N 47°19'03", E 9°20'02"   ganzjährig geöffnet
Ausstattung / Lage: Stellplätze auf schattenloser Wiese ohne Baum und Strauch aber mit Bergblick, neben den Dauercampern, Entsorgung für Chemie-WC, WOMO inkl. 2 Personen CHF 22.- bis 24.-, Strom CHF 2.-, www.camping-jakobsbad.ch
Zufahrt: von der Bergbahntalstation der Kronbergbahn in Jakobsbad auf dem Fahrweg dem Schild zum Camping folgen.

Auf nackten Sohlen durchs Appenzell
Der Barfußpfad von Jakobsbad nach Gontenbad

Federnder Moorboden, feuchte Wiese oder Stein und Asphalt – der fast 5 km lange Barfußweg, der zwischen Gontenbad und der Bergbahnstation der Kronbergbahn (oder vom Campingplatz) beinahe eben durch das Gontener Hochmoor führt, ist ein sinnliches Erlebnis für Ihre Füße. Kneippbecken im Bergbach sorgen an beiden Wegenden für saubere Füße und Erfrischung. Gehzeit ca. 1,5 h einfach. Die Rückfahrt können Sie mit der Bahn antreten. Dazu sollten Sie allerdings doch besser ein paar Schuhe in den Rucksack stecken.

Jetzt sind es nur noch wenige Kilometer zum charmanten Städtchen Appenzell. Ihr Wohnmobil können Sie ganz zentral auf dem Parkplatz an der kleinen Privatbrauerei unterbringen.

(259) WOMO-Stellplatz: Appenzell

GPS: N 47°19'48", E 9°24'48", Brauereiplatz   **max. WOMOs:** 2-3
Ausstattung / Lage: Kostenloser Parkplatz am Ufer der Sitter und an der Brauerei. Zwei Busparkplätze ganz hinten eignen sich auch für größere WOMOs (vorne an der Brücke für Reisebusse frei lassen). Öffentliches WC. Über die Brücke erreicht man direkt die Altstadt von Appenzell mit vielen kleinen Läden mit Appenzeller Spezialitäten. Sollte der Parkplatz wegen einer Veranstaltung gesperrt sein, finden Sie eine Alternative am nördlichen Ende der Sitterstraße am Hallenbad bei **GPS N 47°20'3", E 9°24'41"**.

Sonstiges: Direkt am Parkplatz finden Sie den Direktverkauf der Appenzeller Brauerei, einer der wenigen kleinen Privatbrauereien in der Schweiz, die außerdem einen beliebten Whiskey destilliert. Der Säntis Malt kann in der Brauerei auch vor dem Kauf verkostet werden. Zur Besichtigung der Anlage liegen kostenlose Audio Guides bereit.

Im schönen alten Ortskern von Appenzell haben Sie nach einem Bummel durch die Gassen große Auswahl an gemütlichen Gasthäusern. Auf dem Landsgemeindeplatz, auf dem an normalen Tagen Autos parken, entscheidet auch heute noch jedes Jahr am letzten Samstag im April die Versammlung der stimmberechtigten Bürger der Stadt über wichtige Belange der Gemeinde. Im Appenzeller Museum erfahren Sie mehr über die besondere Kultur der Region.

Appenzeller Museum
Kulturhistorisches Museum des Kantons Appenzell Innerrhoden mit den Schwerpunkten: Appenzeller Handstickerei, Trachten, Volksglaube, Brauchtum, Bauern- und Möbelmalerei. Sonderausstellungen zum ländlichen Alltag und zur Innerrhoder Kulturgeschichte.
täglich 10.00–12.00 Uhr und 14.00–17.00 Uhr, ab November und bis April Montag geschlossen, Eintritt CHF 7.-

(260) WOMO-Campingplatz-Tipp: Eischen / Appenzell
GPS: N 47°19'20", E 9°23'09", Kaustraße 123 ganzjährig geöffnet
Ausstattung / Lage: Camping in Alleinlage am Waldrand, viele Dauercamper, zugehörig zum Hotel und Landgasthof Eischen, neu erbauter Wellnessbereich mit Schwimmbad im Hotel. Touristenstellplätze auf einer Wiese am Hotel. WOMO inkl. 2 Personen 26.- bis 28.-, Wifi kostenlos, Eintritt Wellnessbereich mit Schwimmbad und Sauna CHF 12.- pro Tag.
Zufahrt: Der Platz befindet sich 3 km südwestlich von Appenzell. An der westlichen Ortseinfahrt rechts in die St. Antonstraße und die erste wieder rechts in die Kaustraße.

Südlich von Appenzell vereinfachen zwei Bergbahnen das Wandern im felsig-schönen **Alpsteinmassiv**. Sie verlassen die Stadt in Richtung Süden bis zum Dorf **Schwende.** Hier teilt sich die Straße. Links geht es nach Brülisau. Von hier aus fährt eine

Bahn auf den Hohen Kasten. An der Bergstation erwartet Sie das Drehrestaurant Hoher Kasten und eine breite Auswahl an Wanderwegen. An der Talstation am Ende einer Stichstraße in die Berge finden Sie unterhalb der wenigen Häuser von Brülisau einen angenehmen Parkplatz:

(261) WOMO-Wanderparkplatz: Brülisau

GPS: N 47°17'45", E 9°27'22"
max. WOMOs: 2-3
Ausstattung / Lage: geschotterte Parkfläche unterhalb des offiziellen Seilbahnparkplatzes, ab und zu abgestellte landwirtschaftliche Geräte, tagsüber WC an der Seilbahn, Gasthof Rössli oben im Ort.
Zufahrt: An den ersten Häusern von Brülisau rechts auf die untere Parkfläche.
Sonstiges: Stellplatzalternative eine Etage höher auf dem Parkplatz der Luftseilbahn.

Auf dem geologischen Lehrpfad Der schönste Höhenweg im Appenzell

Gehzeit: 5,5 h, 700 hm. Trittsicher und schwindelfrei. Von der Bergstation der Bahn verläuft der gut markierte und ganz neu mit Infotafeln ausgestattete geologische Lehrpfad auf einem guten Pfad mit grandiosem Ausblick und im steten Auf und Ab auf dem Berggrat bis zum Berggasthaus Staubern. Hinter dem Gasthof geht es auf einem gut mit Ketten gesicherten Felsensteig zur Saxerlücke. Ab hier wandern wir bergab – zuerst zum Fählensee mit dem Berggasthaus Bollenwees und dann auf bequemem Weg zum Sämtisersee und vorbei an der Kapelle Maria Heimsuchung durch den Brühltobel nach Pfannenstil und zurück nach Brülisau.

Zurück in Schwende wählen wir dieses Mal die andere Straße. Ebenfalls am Ende einer Sackgasse, mitten im Grünen, zwischen zwei Gasthöfen und direkt an der Talstation der Seilbahn übernachten Sie in Wasserauen.

(262) WOMO-Wanderparkplatz: Wasserauen

GPS: N 47°17'02", E 9°25'36"
max. WOMOs: 4-5
Ausstattung / Lage: Ebener geschotterter Parkplatz hinter der Bergbahn, außerorts mit Bergblick, 2 Gasthöfe benachbart. Privatparkplatz, Tagesparkgebühr CHF 3.-, Nacht CHF 5.-, außerhalb der Saison frei
Zufahrt: Am Ende der Stichstraße nach Wasserauen links vor dem Hotel Alpenrose und am Landeplatz der Gleitschirmflieger.

In der Bergbahnstation bekommen Sie ein Heftchen mit verschiedenen Wandervorschlägen zwischen 1,5 und 5 Stunden, die am Berg gut beschildert sind. Der Preis für die Bergfahrt ist mit CHF 19.- moderat und vor allem, wenn Sie sich an eine der längeren Touren über den Berggrat hinüber zum Gasthaus Mesmer wagen, sind Sie auf relativ wenig begangenen Wegen unterwegs. Am beliebtesten ist der Abstieg über die Wildkirchlihöhlen zum Gasthof Aescher und dann via Seealpsee oder auf direktem Weg zurück ins Tal. Die Version über den Seealpsee haben wir für Sie ausprobiert.

Durch die Wildkirchlihöhlen zum Seealpsee
Der kurze Weg ins Tal

Gehzeit: gute 2 h, 600 m bergab. Kurz, teilweise knackig steil und durchgängig spannend ist der Abstieg von der Ebenalp ins Tal. Zügig geht es mit der Gondel hinauf auf 1640 Meter. An der Bergstation sieht man links oben den Gasthof Ebenalp. Wir laufen direkt rechts in einem Bogen wieder hinab. Von der Hochfläche führt der Pfad vor die Felswände der Ebenalp, wo vor uns der Eingang der Höhle auftaucht. Unser Weg führt mitten hindurch. In der Höhle hat man Reste steinzeitlicher Waffen und die riesigen Knochen von seit Tausenden von Jahren ausgestorbenen Höhlenbären gefunden. So ist man recht sicher, dass das Steinhaus in luftiger Höhe schon sehr früh bewohnt wurde – von Steinzeitmenschen, von Bären und viel später von Mönchen. Von deren Anwesenheit zeugt heute noch die Holzkapelle am Höhlenausgang. Schon wenige Schritte weiter hat man den Gasthof erreicht, der in selten pittoresker Lage am Berg klebt. Einem Stopp auf der Terrasse kann man eigentlich kaum widerstehen.

Von hier aus stehen zwei Wege zur Auswahl:

links herum geht es einfach hinunter nach Wasserauen. Wählen Sie die rechte Variante zum Seealpsee, warnt ein Schild vor alpinem Weg und gefährlichem Abstieg. Die Warnung orientiert sich am Publikum – am Wildkirchli sind viele Familien unterwegs – und jüngere Kinder sollte man beim Abstieg tatsächlich sichern. Ansonsten erwarten Sie auf dem Weg, wenn Sie sicher auf den Füßen sind und der Boden halbwegs trocken ist, keine größeren Schwierigkeiten. An allen engen Stellen ist der Pfad außerdem mit soliden Drahtseilen gesichert. Etwa 45 Minuten steigen Sie hinab und landen dann auf dem Asphaltweg zwischen Wasserauen und dem Seealpsee. Rechts hinauf erreichen Sie in 10 Minuten zwei schöne Gasthöfe (Forelle und Seealpsee) in idyllischer Seelage. Rund um den See spazieren Sie in 45 min. Die schönsten Picknickplätzchen inklusive natürlichem Kinderkletterparadies finden Sie auf der Landzunge, die man von der Terrasse des Gasthofes Seealp erreichen kann.

Zurück nach Wasserauen geht es dann auf dem ordentlich steilen Asphaltweg. Die angegebenen 40 Minuten brauchen Sie dazu ganz sicher.

Auf dem gleichen Weg können Sie natürlich auch von Wasserauen zum Seealpsee laufen. Dann geht es allerdings bergauf, so dass Sie mit mindestens einer Stunde Gehzeit kalkulieren sollten – und rechnen Sie besser nicht mit einem gemütlichen Spaziergang – Sie werden ordentlich ins Schwitzen kommen. Das Ziel ist es allerdings durchaus wert!

Über Appenzell führt uns Tour 14 nach Altstätten, das ebenfalls eine schöne Altstadt zu bieten hätte. Südlich der Stadt liegt das Natur- und Vogelschutzgebiet Bannried mit einem mächtigen hölzernen Beobachtungsturm. Das Gebiet darf nicht befahren werden und eignet sich prima für Fahrradtouren. Ein Rundweg (8 km) ist ab dem Altstättener Bahnhof markiert. Die zugehörige Karte finden Sie unter www.pro-riet.ch. Oberhalb von Altstätten bietet das Gasthaus Ziel einen guten Übernachtungsplatz.

(263) WOMO-Stellplatz: Gasthaus Ziel

GPS: N 47°23'22", E 9°32'08" **max. WOMOs:** >5
Ausstattung / Lage: oberhalb von Altstätten, Stellplätze direkt an der mäßig befahrenen Passstraße mit tollem Blick ins Tal. Kostenlos bei Einkehr (ab CHF 20.-) im Gasthof, ansonsten CHF 10.- inkl. Wasser, Strom und Entsorgung (mit Bodeneinlass). Mittwoch und Donnerstag Ruhetag. www.gasthausziel.ch
Zufahrt: Von Altstätten in Richtung Trogen / Wald in Kehren den Berg hinauf. Der Gasthof befindet sich hinter der 3. Kehre links der Straße.

Wenige Kilometer weiter teilt sich unsere Strecke. Nur mit kompakten Wohnmobilen sollten Sie die Straße rechts in Richtung Wald / St. Anton wählen. Wer ein großes Wohnmobil fährt oder keine Lust auf schmale Bergstraßen hat, fährt hier die unkomplizierte Ausweichstrecke über Trogen nach St. Gallen:

Umweg für »Dickschiffe«
Über St. Gallen zum Bodensee
Von Altstätten fahren Sie über Berg und Tal nach Trogen und weiter nach Sankt Gallen, das mit der prächtigen barocken Stiftskirche und einer eng verschachtelten Altstadt zu den schönsten Städten der Region zählt. Die Parkplatzsuche ist hier leider ein wenig erfreuliches Unterfangen. Große Mobile parkt man daher am besten gleich am offiziellen Stellplatz, ist dann aber leider noch 2,5 km vom Stadtkern entfernt.

(264) WOMO-Stellplatz: Krontalstadion St. Gallen

GPS: N 47°26'01", E 9°24'17", Grütlistraße
max. WOMOs: 2-4
Ausstattung / Lage: V/E-Station Holiday Clean mit 4 Stromanschlüssen und Wasserhahn. Parkplätze leider leicht schräg. Am besten Keile verwenden. CHF 16.- für 24 h am Automaten zu zahlen (nur CHF), maximal 24 h
Zufahrt: Von Trogen kommend am Stadtrand rechts im spitzen Winkel in die Molkenstraße bis zur Flurhofstraße. Dieser rechts folgen bis sie am Stadion auf die Grütlistraße trifft. Der Stellplatz liegt links auf dem Parkplatz vor dem Stadion.
Sonstiges: 2,5 km zum Stadtzentrum (rechts bis zur Rorschacher Straße, dann dieser folgen) oder mit der Buslinie 1 bzw. 4.

Wer nicht über Nacht bleiben will, findet stadtnähere Ausweichplätze am **Bahnhof St. Fiden GPS N 47°26'02", E 9°23'34**. Von hier aus laufen Sie 10-15 min. zur Stiftskirche.

Weltkulturerbe Kloster St. Gallen

Das Kloster in Sankt Gallen wurde schon 719 urkundlich erwähnt. Die Stiftskirche aus dem 18. Jahrhundert und die ebenso alte Stiftsbibliothek mit wertvollen alten Handschriften gehören zum UNESCO-Weltkulturerbe und sind die wichtigsten Sehenswürdigkeiten der Stadt.
Die Kirche kann von Mo - Fr zwischen 9 und 18 Uhr besichtigt werden, Samstags werden die Pforten schon um 16 Uhr geschlossen und auch der Sonntagvormittag gehört ausschließlich dem Gottesdienst (für Besucher geöffnet 12.15 - 17.30 Uhr), Die Stiftsbibliothek ist Mo - Sa: 10 - 17 und So: 10 - 16 Uhr für Besucher zugänglich, Eintritt CHF 10.-

Östlich des Stadtzentrums beim Stadtpark befindet sich das Theater St. Gallen und die Tonhalle, in der zahlreiche Konzerte stattfinden. In unmittelbarer Nähe finden Sie auch drei Museen: das Historische Museum mit Ausstellungen zu Kunst und Kultur von Stadt und Region, das Kunstmuseum sowie ein schönes Naturkundemuseum.

Wildpark und Badesee
Ausflüge zum St. Gallener Stadtrand

Südlich des Klosters fährt die Mühleggbahn durch die Mülenenschlucht ins Naherholungsgebiet Drei Weieren mit dem historischen Seebad Dreilinden von 1896 (Badebetrieb Mai - September). Der Besuch lohnt jedoch auch ohne Badewetter: Der Blick über die Stadt ist ausgezeichnet. Mit kleinen Mobilen können Sie auch auf einer sehr schmalen Straße zum nördlich von St. Gallen auf einem Hügel über der Stadt gelegenen Wildpark Peter & Paul hinauffahren. In den Parkbuchten **GPS N 47°26'59", E 9°23'14"** vor der Anlage wäre (unter der Woche!) auch eine ruhige Übernachtung denkbar. Der Wildpark mit Gämsen, Steinböcken, Wildschweinen, Luchsen und Murmeltiergehege ist jederzeit frei zugänglich.

Dann fahren wir auf der Rorschacher Straße stadtauswärts in Richtung Bodensee und treffen kurz vor Rorschach auf einen Parkplatz, der vor allem Familien begeistern wird. Ein riesiger Spielplatz an einer Sportanlage bietet hier endlos viel Platz zum Spielen und Toben.

(265) WOMO-Stellplatz: Sportanlage Kellen

GPS: N 47°28'40", E 9°27'29" **max. WOMOs:** 3-4
Ausstattung / Lage: Vier Parkterrassen neben dem Spielplatz und oberhalb der Sportanlagen. Bei Veranstaltungen lebhaft. Die oberste Terrasse ist fast eben. Riesiger, gut ausgestatteter Spielplatz mit Wasserspielbereich, Sandkasten, verschiedenen Schaukeln und Klettergerüsten, sowie großem Grillplatz. WC unten hinter dem Restaurant. Restaurant nicht immer geöffnet.

Zufahrt: Auf der 7 bis zum Kreisel kurz vor Goldach, rechts in Richtung Goldach und kurz darauf wieder rechts auf einer winzigen Ausfahrt (leicht zu übersehen) von der Schnellstraße hinunter und unter dieser hindurch zum Sportplatz.

Über Goldach kommen wir nach Rorschach und treffen hier wieder auf die alternative Bergstrecke.

Der bergige Weg nach Rorschach

Unser Weg durch die grünen Hügel südlich des Bodensees beginnt mit bester Aussicht: Der schmale Bergrücken mit dem Dorf St. Anton ist dank seiner beiden Gasthöfe und dem unvergleichlichen Weitblick bis zum Bodensee ein beliebter Ausflugsort. Sie haben also mehr von diesem Abstecher, wenn Sie dazu nicht gerade den Sonntag wählen...

Von Altstätten kommend fahren wir also am ersten Abzweig rechts (Honeggstraße), dann wieder rechts zum St. Anton-Pass, der auf 1.107 m liegt und das Rheintal mit dem Appenzeller Vorderland verbindet, und zum Parkplatz auf der Passhöhe.

(266) WOMO-Wanderparkplatz: St. Anton

GPS: N 47°24'39", E 9°32'28"
max. WOMOs: 1-2
Ausstattung / Lage: Ebene geschotterte Parkfläche neben der Passstraße. Toller Ausblick. Gasthof St. Anton 100 m entfernt.
Zufahrt: Auf der Passhöhe in der Linkskurve am Ende der Höhenstraße geradeaus.

Dann verlassen wir das Appenzell und rollen weiter in Richtung Bodensee. Über Oberegg steuern wir jetzt Heiden an. Ein kleiner Umweg über die Ebenaustraße beschert uns dabei einen weiteren Stellplatz.

(267) WOMO-Stellplatz: Scheidweg

GPS: N 47°25'41", E 9°30'25" **max. WOMOs:** 2-3
Ausstattung / Lage: Etwas nahe an der Straße gelegen, dafür unkompliziert anzufahren und mit zwei Gasthöfen in unmittelbarer Nähe gesegnet.
Zufahrt: Zwischen Heiden und Wald an der Landstraße. Von Oberegg kommend direkt links an der Einmündung der Straße.

Unser Ziel in Heiden ist das Henry-Dunant-Museum. Der Gründer des Roten Kreuzes verbrachte hier seine letzten Jahre, das Museum informiert über sein Leben. Parken ist allerdings nicht ganz so einfach in Heiden. Die vorhandenen Plätze sind klein, am vielversprechendsten sind die Buchten am Straßenrand...

Henry-Dunant-Museum

Die grauenhaften Erlebnisse auf dem Schlachtfeld von Solferino nach der Begegnung zwischen den französischen und italienischen Truppen Napoleons III. und dem Heer des österreichischen Kaiser Franz Josef im Juni 1859 bewogen den jungen Genfer Kaufmann Henry Dunant, neutrale humanitäre Hilfe an Kriegsschauplätzen zu fordern. In geschäftlichen Dingen unterwegs zu einer Unterredung mit Napoleon III. traf er unvorbereitet und an den Kriegshandlungen unbeteiligt in Solferino ein. Von früher Kindheit zur sozialen Verantwortung erzogen, gehörte er sofort zu denen, die mit völlig unzureichenden Mitteln versuchten zu helfen, zu retten und zu lindern. Sein Buch »Erinnerung an Solferino« und sein Engagement an den entscheidenden Stellen sorgten für die Gründung des Internationalen Roten Kreuzes im August 1864. Ohne Rücksicht auf Nationalität oder Religion in Kriegs- und Krisengebieten zu helfen, dieser Auftrag des Roten Kreuzes hat seit 1864 die Welt ein Stückchen besser gemacht. Nur drei Jahre später verliert Dunant nach dem Bankrott seiner geschäftlichen Unternehmungen in Nordafrika sein Amt als Sekretär des Internationalen Komitees des Roten Kreuzes und verlässt die Schweiz. Seine letzten Lebensjahre verbrachte er, von Krankheit gezeichnet, in Heiden. Das Museum ist seinem Leben, das ihn vom ersten »Exil« in Paris durch halb Europa führte, und seinen Visionen gewidmet. Ein weiterer Saal beschäftigt sich mit der Arbeit des Roten Kreuzes.
Öffnungszeiten April - Oktober: Di - Sa 13.15 - 16.30 Uhr, So 10.00 - 12.00 / 13.15 - 16.30 Uhr, November - März: Mi + Sa 13.30 - 16.30 Uhr, So 10.00 - 12.00 / 13.30 - 16.30 Uhr, Eintritt CHF 7.-, zwischen April und Oktober sonntags um 10.30 Uhr öffentliche Führung.

Heiden ist außerdem Station der Rorschach - Heiden Bahn. Sie können also auch von Heiden einen Ausflug ohne Wohnmobil nach Rorschach machen oder umgekehrt. Auf der Fahrt hinunter zum See passieren wir aber erst einmal einen weiteren ruhig gelegenen Parkplatz. Von Heiden fahren wir dazu erst nach Grub und dann rechts hinunter in Richtung See. Kurz vor dem Abzweig nach Rorschach ist der Parkplatz Fünfländerblick nach links beschildert.

(268) WOMO-Wanderparkplatz: Fünfländerblick

GPS: N 47°27'32", E 9°31'17"
max. WOMOs: 2
Ausstattung / Lage: Ebener Asphaltplatz unter Bäumen unterhalb eine kleinen Ansiedlung. Ruhig und im Grünen.
Zufahrt: oberhalb von Rorschach am Hang, von Rorschach kommend an der Straße nach Grub vor dem Ort rechts. Der Parkplatz ist beschildert.

Aufstieg zum Fünfländerblick

Folgt man der schmalen Straße vom Parkplatz bergauf, wird der Blick über Ort und See von Schritt zu Schritt besser, bis man am höchsten Punkt auf den Aussichtspunkt mit dem klangvollen Namen Fünfländerblick trifft. Sie fragen sich wie wir, welche fünf Länder Sie jetzt von hier oben sehen sollen? Die Antwort, die wir auf einem kleinen weißen Schild entdecken, ist überraschend: Vorarlberg, Baden, Württemberg, Schweiz, Bayern ... der Ausblick ist trotzdem grandios. Spazieren Sie noch 5 min. weiter, kommen Sie zum Gasthof Rossbüchel, der inzwischen vielleicht wieder geöffnet ist. Bei unserem Besuch begann man gerade eine aufwändige Renovierung. Auf gleichem Weg geht es zum Parkplatz zurück.

Unterhalb des Parkplatzes Fünfländerblick fahren wir jetzt links nach Rorschach. Folgen Sie der Straße in Richtung Zentrum, treffen Sie am Bahnhofsplatz auf den See. Einen sehr zentralen Parkplatz, auf dem Sie aber nur 90 min. bleiben dürfen, finden Sie gleich beim Kornhaus rechts am See bei **GPS N 47°28'43", E 9°29'40"**. Zufahrt ist die Seestraße. Ohne Zeitdruck erkunden Sie Rorschach, wenn Sie ihr Wohnmobil an der Marina ein Stück vom Zentrum entfernt bei **GPS 47°28'40", E 9°29'57"** abstellen (CHF 1.- pro h, Tageskarte CHF 5.-) .

In Rorschach treffen wir wieder auf die kulturlastige »Umgehungsstrecke« über St. Gallen. Wenn Sie Kloster und Stiftskirche nicht verpassen wollen, erreichen Sie **St. Gallen** von Rorschach zügig auf der Kantonalstraße 7 oder über die Autobahn.

Rorschach – schönes Städtchen am See
Ein gemütlicher Stadtkern, die lange Seepromenade mit dem dekorativen alten Badehaus und zwei sehenswerte Museen sorgen für abwechslungsreiches Programm. Im Sommer haben Sie außerdem die Wahl zwischen dem modernen Strandbad mit großer Wasserrutsche oder einem gediegenen Badetag in der historischen Badhütte, die tagsüber auch heute noch dem Badebetrieb dient, bevor am Abend die Restaurantgäste die schöne Atmosphäre auf dem See genießen. Jährlich im August lockt das internationale Sandskulpturenfestival Gäste an den See. Die aberwitzigen aus Sand geformten Figuren schmücken dann bis Mitte September das Seeufer. Stabiler sind die bunten Mosaikskulpturen der Künstlerin Niki de Saint Phalle, die östlich des großen Parkplatzes vor der Sammlung Würth das Seeufer zieren. In den Räumen des Museums sehen Sie wechselnde Ausstellungen moderner und zeitgenössischer Kunst aus der riesigen Kunstsammlung der Firmengruppe. Geöffnet täglich 10-18 Uhr. Der Eintritt ist frei.

Ebenfalls am See steht das historische Kornhaus, in dem das »Erlebnismuseum im Kornhaus« sein Quartier gefunden hat.

Erlebnismuseum Kornhaus
»Ein Erlebnis für die Sinne« verspricht das außergewöhnliche, mit dem worlddidac Award ausgezeichnete Haus, seinen Besuchern. Die Ausstellung wurde 2011 eröffnet. Die Themen sind vielfältig: Wissen und Bildung. Tiere und Menschen, Industrie und Handel. Zu sehen gibt es ein Aquarium mit der Unterwasserwelt des Bodensees, Pfahlbauhütten, eine klösterliche Schreibstube, aber auch Mathemagie und Experimente aus der Optik. Nicht nur für Familien mit Kindern ein lohnenswerter Besuch!
Geöffnet von April - Oktober täglich 10 -17 Uhr, Eintritt: CHF 9.-, Kinder 6-12 Jahre CHF 4.-, Familienkarte CHF 20.-
www.museum-rorschach.ch

Noch mehr Erlebnis, diesmal ganz anders, verspricht ein weiteres Produkt der Experten von Rorschach-Tourismus. Doch trotz des blöden Namens, die Sache an sich hat was:

Erlebnisrundfahrt Bodensee

Bewundern Sie den Bodensee von allen Seiten: Von Rorschach fahren wir mit der Rorschach-Heiden Bahn nach Heiden, wo Sie auch das Henry-Dunant-Museum besuchen können. Auf dem Witzweg (Gehzeit bis zu 3 h), auf dem sich trefflich Schwyzerdütsch üben lässt, oder mit dem Postbus geht es hoch über dem See weiter nach Waltenhausen, wo Sie die Bergbahn nach Rheineck besteigen. Weiter reisen Sie dann mit dem **Ausflugsboot** und fahren durch das Naturschutzgebiet am Alten Rhein in den Bodensee. Auf dem See geht es zurück nach Rorschach. Das Ticket mit allen Fahrten kostet CHF 28.- und ist in Rorschach am Bahnhof und am Bootsanleger, in Heiden, in Waltenhausen und in Rheineck erhältlich. An welchem Ort Sie die Fahrt beginnen, ist egal. Als Alternativer Start zu Rorschach bietet sich Rheineck an, da es auch dort an der Bahnstation einen großen Parkplatz gibt **GPS N 47°28'08", E 9°35'21".**

Bei der Weiterfahrt treffen Sie noch im Stadtgebiet von Rorschach auf den Parkplatz des Strandbades bei **N 47°28'43", E 9°30'37"** und kurz darauf auf einen engen Parkplatz mit Seezugang für kleine Mobile bei **GPS N 47°28'47", E 9°31'36"**. Am dicht besiedelten Seeufer durchqueren wir Staad und entdecken hinter dem Ort rechts am Rand des Gewerbegebietes ein Haus in bunter Hundertwasser-Architektur. Die Markthalle Altenrhein wurde erst im Jahr 2002 nach dem Tod des Künstlers fertiggestellt. Lassen wir ihn selbst sein Projekt vorstellen:

»Jede moderne Architektur, bei der das Lineal oder der Zirkel ... eine Rolle gespielt hat, ist zu verwerfen«
»Die gerade Linie ist die einzige unschöpferische Linie. Die einzige Linie, die dem Menschen als Ebenbild Gottes nicht entspricht.« Friedensreich Hundertwasser

Überzeugen Sie sich selbst: Die goldenen Kuppeln von Altenrhein sind von April bis Oktober täglich von 10 bis 17.30 Uhr (im Winter nur nachmittags) für Besucher geöffnet. Eintritt CHF 5.-. Unten im Gebäude befindet sich ein frei zugängliches Bistro und ein kleiner Shop mit Hundertwasser-Produkten.

Flugzeuglegenden zum Anfassen

Gegenüber am Flugplatz ist im Fliegermuseum Altenrhein die Geschichte der Fliegerei anhand von gut gepflegten Flugzeugen aus mehreren Jahrzehnten zu erleben. Anfassen und bei manchen Maschinen sogar das Hineinklettern ist gestattet. Alle ausgestellten Maschinen sind flugtauglich und starten von Zeit zu Zeit zu Rundflügen. Geöffnet März - Ende Oktober am Sa & So: 13.30 - 17.00, Eintritt CHF 5.-

An der Markthalle führt ein Abzweig zum Rheinspitz. Hier mündet der Alte Rhein in den Bodensee und der kleine Camping Idyll bietet nette Plätze **(269) GPS N 47°29‘29“, E 9°33‘56“**. Noch idyllischer stehen Sie aber nebenan am Rohrspitz, das bereits zu Österreich gehört. Die Zufahrt ist in **Gaißau**, dem ersten Ort jenseits der Grenze, beschildert. Auch bietet ein Campingplatz ein Quartier und der Bodenseeuferweg lädt ein zur Erkundung des Sees mit dem Fahrrad.

(270) WOMO-Campingplatz-Tipp: Rohrspitz

GPS: N 47°29‘48“, E 9°37‘47“ geöffnet April - 15. Oktober
Ausstattung / Lage: im Grünen an der Marina, eigener Badestrand, Fahrradverleih für € 13.- pro Tag, Kiosk, keine V/E-Station
WOMO inkl. 2 Personen € 22.- bis 26.-, www.salzmann.at
Zufahrt: Von Gaißau auf schmalem Asphaltsträßchen zum Rohrspitz.

Wer nur für einen Spaziergang oder ein Bad am langen Sandstrand mit Liegewiese herausfährt, findet einen kostenlosen Parkplatz am Ende der Straße links bei **GPS N 47°29‘44“, E 9°37‘39“** hinter dem Restaurant Glashaus. Am großen Parkplatz gegenüber muss man ein Ticket ziehen. Der Tarif ist stolz: von 1-6 Uhr € 2.- und von 6-1 Uhr €1.- pro Stunde.

Hier endet unsere Tour 14. Durch Bregenz gelangen Sie (hoffentlich) zügig am See entlang zur Autobahnauffahrt Lindau. Wenn Sie sich für den schnelleren Weg über die Autobahn nach Lustenau entscheiden, denken Sie daran, dass Sie für die folgende österreichische Autobahn eine Vignette brauchen (€ 8,50). Die Korridorvignette für den Weg von der Schweiz durch den Pfändertunnel ist seit der Fertigstellung der 2. Tunnelröhre des Pfänders im Sommer 2013 wieder abgeschafft.

Der Weg in den Süden 1-3

Die besten Reiserouten *durch* die Schweiz

Den ersten Kontakt zum eindrucksvollen Bergland der Schweiz haben viele Wohnmobilfahrer auf einer Reise in den Süden. Eine Reise *durch* die Schweiz statt einer Reise *in* die Schweiz ist nicht weiter ungewöhnlich. Die Schweiz war schon immer auch ein Transitland. Schon der karthagische Heerführer Hannibal soll vor über 2000 Jahren mit seinem Heer und 37 Kriegselefanten durch das Tal der Rhône die Schweizer Alpen überquert und in die Poebene gezogen sein. Gewöhnlich wurden Pässe vor der Zeit von Bahn und Automobil aber mit Mulis und Pferden überquert. Routen wie der Simplonpass bei Brigg, der Splügenpass im Val Mesolcina und auch der Gotthardpass sind uralte Handelswege, die im Mittelalter oft die Lebensgrundlage der anliegenden Dörfer bildeten.

Reisen also auch Sie dieses mal nur *durch* die Schweiz, könnten Sie statt in wenigen Minuten durch die Tunnel unter Gotthard- oder San-Bernardino-Pass zu rauschen, einen der Bergpässe mit historischer Bedeutung unter die Räder nehmen, sich Kurve um Kurve der Passhöhe nähern: Der Blick wird stetig weiter und die Umgebung rauer. Oft bläst es schnell wandernde Wolken zwischen die Berge und die Stimmung wird einzigartig. Markierte Wanderwege erlauben auf den meisten Passhöhen unkomplizierte Ausflüge in den straßenlosen Bereich des Hochgebirges. Auf Passhöhen ist die Übernachtung fast so etwas wie ein althergebrachtes Recht und fast überall werden Wohnmobile toleriert, so dass Sie morgens mit grandiosem Bergpanorama erwachen und dann mit dem guten Gefühl, tatsächlich die Alpen, das höchste Gebirge Europas, überquert zu haben, gen Süden in Richtung Meer hinunterrollen.

Passüberquerungen gehören mit zu den intensivsten Erlebnissen einer Schweizreise, aber natürlich hat das Land noch mehr zu bieten. Bei Route 1 und 2 des Weges in den Süden machen wir Ihnen Vorschläge für kleine und etwas größere Abstecher rechts und links der beliebten Strecken über Gotthard- oder San-Bernadino-Pass. Sie sind als Unterbrechungen einer Autobahnfahrt in den Süden gedacht und beinhalten auch Stellplatzvorschläge. Je nachdem wie viele davon Sie nutzen, sollten Sie sich für den Weg nach Italien 1-3 Tage Zeit nehmen. Die dritte Route macht aus der Anreise einen gleichwertigen Teil der Urlaubsreise. Sie verläuft ausschließlich auf Landstraßen und verbindet einige der schönsten Ecken der Ost- und Zentralschweiz zu einer eindrucksvollen Überquerung der Alpen.

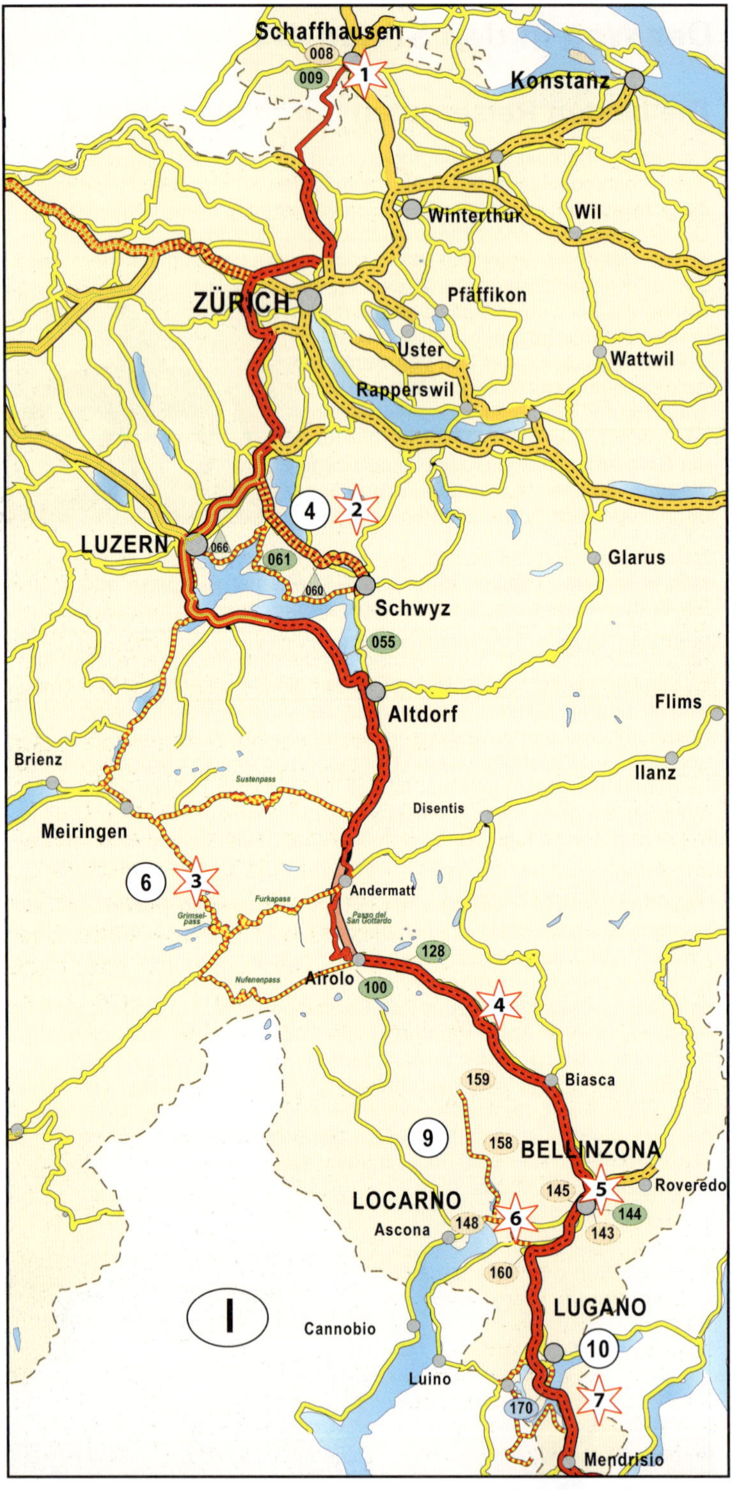
Schaffhausen
008
009
1
Konstanz
Winterthur
Wil
ZÜRICH
Pfäffikon
Uster
Wattwil
Rapperswil
4
2
LUZERN
066
061
060
Schwyz
Glarus
055
Altdorf
Flims
Brienz
Ilanz
Sustenpass
Disentis
Meiringen
6
3
Andermatt
Furkapass
Grimselpass
Passo del San Gottardo
128
Nufenenpass
Airolo
100
4
159
Biasca
9
158
BELLINZONA
LOCARNO
145
5
Roveredo
148
6
144
Ascona
143
160
I
LUGANO
Cannobio
10
Luino
7
170
Mendrisio

Der Weg in den Süden 1

Zentralschweiz und Gotthardpass

Rheinfall – Luzern – Vierwaldstätter See – Grimselpass – Furkapass – Gotthardpass – Giornico – Bellinzona _ Locarno und Valle Verzasca – Lugano

Wenn Sie vom Westen Deutschlands durch die Schweiz in den Süden wollen, planen Sie vermutlich eine Reise durch den Gotthardtunnel. Die einfachste Möglichkeit, eine Portion Schweizer Berge zu erleben, ist es, die Fahrt durch den Tunnel durch einem Ausflug über die unkomplizierte Gotthard-Passstraße zu ersetzen. Ebenfalls ohne allzu großen Zeitaufwand umsetzbar ist ein Abstecher nach Luzern und an den Vierwaldstätter See. Zeitintensiver wird der Ausflug ins Valle Verzasca oder nach Locarno. Wer über Stuttgart und Schaffhausen anreisen kann, sollte sich den Rheinfall nicht entgehen lassen.

Die Route im Detail von Norden nach Süden:

1 Schaffhausen
[Tour 1 – Seite 18]

Zeitbedarf: 3 h - 1/2 Tag
Als Stellplatz eignen sich am Rheinfall der offizielle **Wohnmobilstellplatz in Neuhausen (008)** oder der freie Platz am **Schloss Laufen (009)**. Für einen Kurzbesuch ist der Platz am Schloss Laufen optimal, zur Bootfahrt zum Fels im Wasserfall wählen Sie den Zugang Neuhausen.

2 Luzern und Vierwaldstätter See [Tour 4 – Seite 60]

Zentral gelegen und optimal für einen Besuch in Luzern ist der **Campingplatz Lido (066)**. Wenn Sie etwas mehr Zeit mitbringen lohnt sich die Fahrt auf einen der Aussichtsberge. Wer es wild und felsig mag, wählt den Pilatus südlich von Luzern, wer sanfte Formen und grüne Hügel vorzieht, nimmt die Zahnradbahn auf die Rigi und kann dann auch an der Talstation in **Weggis** auf **Stellplatz (061)** übernachten. Einen **Campingplatz (060)** in Bergbahnnähe finden Sie in **Vitznau**. Ein guter Stellplatz in Autobahnnähe ist der **Parkplatz (055)** in Isleten.

3 Auf der Passstraße über die Alpen [Tour 6 – Seite 96]

Einen schnellen Ausflug ins Hochgebirge bietet die Strecke von Altdorf über den Gotthardpass. Wer ein etwas intensiveres Bergerlebnis sucht, fährt von Luzern über den Brüningpass nach Meiringen und wählt dann aus unserer Pässerunde seine Lieblingsstrecke. Denkbar sind die Kombinationen Susten-Gotthard, Grimsel-Furka-Gotthard oder Grimsel-Nufenen. Die letzten beiden Strecken umgehen weiträumig den an Ferienwochenenden extrem stauanfälligen Tunneleingang bei Göschenen. Eine sehr gute Auswahl an grandiosen Stellplätzen bieten Grimsel- und Gotthardpass. Auf dem Furkapass lockt der leicht zugänglich Rhônegletscher und Susten-, Grimsel- und Gotthard eigenen sich im Hochsommer gut für kurze Wanderungen. Bei Airolo eignen sich die **Stellplätze (100) und (128)** gut als Parkplatz für eine Übernachtung nahe der Autobahn.

4 Fahrtpause in Giornico [Tour 8 – Seite 136]

Zeitbedarf: ca. 2-4 h. Der sehenswerte Ort mit der alten romanischen Kirche San Nicola liegt direkt neben der Autobahn und lohnt besonders für eine ausgedehnte Mittagspause.

5 Bellinzona [Tour 8 – Seite 149]

Zeitbedarf: 1/2 Tag. Das Ensemble der drei großen Burgen mit der alten Festungsmauer »Murata« ist einzigartig. Ein **offizieller Stellplatz (145)** und zwei freie Plätze zwischen den Burgen von **Sasso Corbaro (143)** und **Montebello (144)** sorgen für ein Nachtquartier.

160 Stellplatz: Camper Area Tamaro [Tour – Seite 179]

Einer der wenigen großen, offiziellen Stellplätze im Tessin mit voller Ausstattung von WIFI-Anschluss bis V/E-Anlage liegt einen guten Kilometer von der Ausfahrt 48 (Rivera) entfernt.

Verzasca am Weg der Kunst

6 Locarno und das Val Verzasca [Tour 9 – Seite 152]

Zeitbedarf: 1-2 Tage. Etwas zeitaufwändiger ist der Weg von der Autobahn durch Locarno zum offiziellen **Stellplatz am See (148)**. Sehr reizvoll ist auch die Fahrt ins Flusstal der Verzasca mit zwei offiziellen Stellpätzen für Wohnmobile.

7 Lugano [Tour 10 – Seite 182]

Unsere Tour bei Lugano umkreist quasi die Autobahn. Für einen kurzen Aufenthalt ist der Besuch im **Swiss Miniatur Park (170)** direkt an der Ausfahrt Melide geeignet. In erreichbarer Nähe zur Autobahn befinden sich auch folgende Ziele: Panoramaweg am **Monte Caslano**, das **Mittelalterdorf Meride** mit Fossilienmuseum oder das **Hermann-Hesse-Museum** in Montagnola. Mit Womos in Campingbusgröße fahren Sie von Melide in 10 min. zum traumhaft schönen Örtchen Morcote. Für jeden dieser Ausflüge sollten Sie einen halben Tag einkalkulieren.

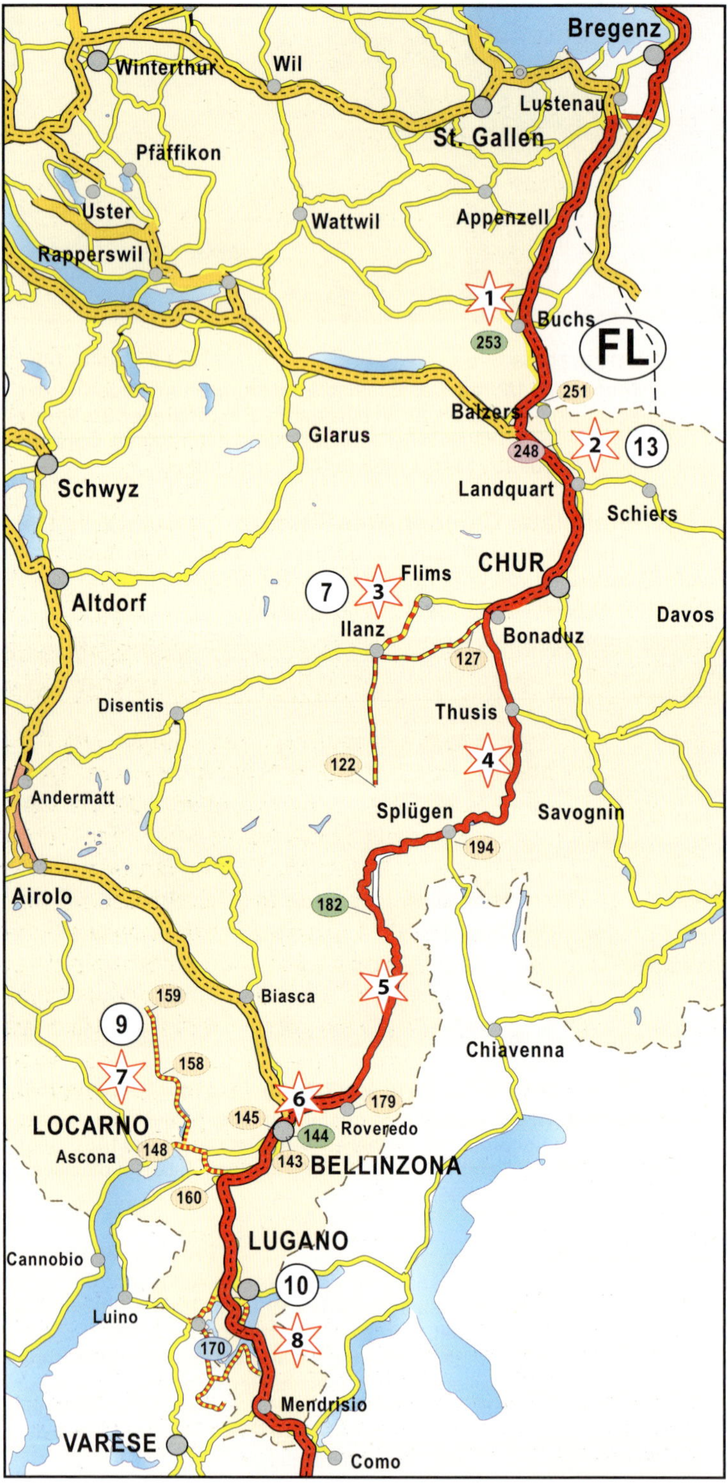
Bregenz
Winterthur
Wil
Lustenau
St. Gallen
Pfäffikon
Uster
Wattwil
Appenzell
Rapperswil
1
Buchs
253
FL
251
Balzers
Glarus
248
2
13
Schwyz
Landquart
Schiers
CHUR
Flims
7
3
Altdorf
Davos
Ilanz
Bonaduz
127
Disentis
Thusis
4
122
Andermatt
Splügen
Savognin
194
Airolo
182
5
159
Biasca
9
Chiavenna
158
7
6
179
LOCARNO
145
144
Roveredo
Ascona
148
143
BELLINZONA
160
LUGANO
Cannobio
10
Luino
8
170
Mendrisio
VARESE
Como

Der Weg in den Süden 2

Über den San Bernardino ins Tessin

Werdenfels – Rheinschlucht – Flims und der Caumasee – Valsertal – Via Mala – Zillis – Bernardinopass Castello di Mesocco – Bellinzona – Locarno – Valle Verzasca – Lugano

Die Route über den Bernardinopass in den Süden empfiehlt sich, wenn Sie die Schweiz aus dem Münchner Raum anfahren. Auch hier könnten Sie den Tunnel gegen die Passtraße tauschen und ein schönes Bergerlebnis mit in den Süden nehmen. Landschaftlich ist die Passhöhe des Bernardino sehr reizvoll, stellplatztechnisch dagegen eine Enttäuschung und nicht vergleichbar mit den tollen Hochgebirgsplätzen, die Grimsel oder Gotthard zu bieten haben. Die östliche Strecke durch die Schweiz hat andere Reize. Touristische Höhepunkte neben der Autobahn bietet das Domleschg mit der Via Mala und schönen kleinen Orten. Weniger bekannt ist die Rheinschlucht und das interessante Gebiet um die Kleinstadt Ilanz oder das süße alte Städtli Werdenfels bei Buchs im Prättigau. Außerdem bietet die Strecke einige gut erreichbare Übernachtungsplätze in unmittelbarer Autobahnnähe.

Die Route im Detail von Norden nach Süden:

1 Werdenfels **[Tour 14 – Seite 262]**

Zeitbedarf ca. 2-3 h. Schloss Werdenfels und das aus wenigen Häusern bestehende Städtli sind gerade recht für eine ausgedehnte Pause neben der Autobahn. Vom **Wanderparkplatz (253)** können sie eine kurze Runde um den Stadtweiher drehen und im Schlosshof zum Kaffee einkehren. Zwei Ausfahrten weiter bietet in **Balzers** ein **Parkplatz (251)** am Sportplatz unterhalb der Autobahn einen ruhigen Übernachtungsplatz.

2 Heididorf Maienfeld [Tour 13 – Seite 256]

Zeitbedarf: 3-4 h. Sie sind mit Kindern unterwegs? Von der Ausfahrt Maienfeld fahren Sie nur wenige Kilometer zum Heididorf mit Streichelzoo und dem originalgetreu nachgebauten Dorf aus der Geschichte von Johann Spyri. Auf dem Weg dorthin bietet der schöne **Grillplatz (248)** am Heidibrunnen mit viel Platz und großer Wiese einen wunderbaren Pausen- oder Übernachtungsplatz.

3 Rheinschlucht [Tour 7 – Seite 126]

Zeitbedarf: 1 Tag. Einen längeren Abstecher lohnt die Rundfahrt über Flims nach Ilanz und durch die Rheinschlucht zurück zur Autobahn. Sinn macht die Runde aber nur, wenn Sie auch Zeit zum Spaziergang an den Caumasee, zu den Steinreihen von Falera oder die Wanderung durch die Schlucht einplanen. Ebenfalls ein interessantes Ziel ist die Felsentherme in Vals am Ende des Valsertales, wo auch ein **offizieller Stellplatz (122)** Quartier bietet. Näher an der Autobahn übernachten Sie in am ebenfalls offiziellen **Nachtparkplatz** für Wohnmobile **(127) in Bonaduz.**

4 Via Mala und die Kirche von Zillis [Tour 11 – Seite 204]

Zeitbedarf: 2-4 h. Nur einen kurzen Hopser von der Autobahn benötigt der Ausflug in die Schlucht der Via Mala. Sie verlassen die A 13 in Thusis und fahren bis Zillis Landstraße. Die schmale Straße zwischen schroffen Felswänden passiert im Zentrum der Schlucht den Via-Mala-Kiosk. Hier hat man einen Treppensteig angelegt, der zum wild sprudelnden jungen Rhein hinunter führt. Für ganz Eilige gibt es hier auch eigens die Autobahnausfahrt Via Mala. Wenn Sie erst in Zillis zur Autobahn zurückkehren, lohnt für Kunstinteressierte ein Besuch in der Dorfkirche St. Martin mit einer aufwändig bemalten Kasettendecke.

194 WOMO-Parkplatz: Splügen [Tour 12 – Seite 214]

Einen schönen **Parkplatz am Bach** finden Sie an der Ausfahrt Splügen (28) oberhalb des Dorfes an der Zufahrt zum Splügenpass.

182 WOMO-Parkplatz: St.Bernadino [Tour 11 – Seite 201]

Ruhig gelegen und direkt neben der Autobahn übernachten Sie hier angenehmer als auf der Raststätte. Ausfahrt 32, direkt am Tunnel.

5 Castello di Mesocco [Tour 11 – S.200]

Zeitbedarf: 1-2 h. Ebenfalls ein interessanter Platz für eine Pause ist die Ruine des Castello di Mesocco, die man von der Autobahn nicht nur gut sieht, sondern auch über die Ausfahrt 36 unkompliziert erreichen kann. Die große Wiese zwischen den alten Mauern eignet sich auch gut für ein Picknick. Besonders mit Kindern ist das Castello ein aufregender Stopp. Die Autobahnausfahrt Mesoco Süd bringt sie direkt auf den Parkplatz am Fuß der Ruine bei **GPS N 46°22'59", E 9°13'57"**

179 **Stellplatz Roveredo** [Tour 11 – Seite 198]

Der Parkplatz ist von der Autobahn schnell erreicht und bietet einen angenehmen Platz in Verbindung mit einer Auswahl an Cafés und Gasthöfen in unmittelbarer Nähe.

6 **Zwischenziel Bellinzona** [Tour 8 – Seite 149]

Zeitbedarf 1/2 Tag. Das Ensemble der drei großen Burgen mit der alten Festungsmauer »Murata« ist einzigartig. Ein offizieller Stellplatz (145) und zwei freie Plätze zwischen den Burgen von Sasso Corbaro (143) und Montebello (144) sorgen für ein Nachtquartier.

Ponte dei Salti, Val Verzasca

7 **Locarno und das Val Versazca** [Tour 9 – Seite 152]

Zeitbedarf: 1-2 Tage. Etwas zeitaufwändiger ist der Weg von der Autobahn durch Locarno zum offiziellen **Stellplatz am See (148)**. Sehr reizvoll ist auch die Fahrt ins Flusstal der Versazca mit zwei offiziellen Stellpätzen für Wohnmobile.

160 **Camper Area Tamaro** [Tour 9 – Seite 179]

Einer der wenigen großen offiziellen Stellplätze im Tessin mit voller Ausstattung von WIFI-Anschlu22 bis V/E-Anlage liegt einen guten Kilometer von der Ausfahrt 48 (Rivera) entfernt.

8 **Lugano** [Tour 10 – Seite 182]

Unsere Tour bei Lugano umkreist quasi die Autobahn. Ein Ausflug den Sie unkompliziert in einen kurzen Aufenthalt einbauen können ist der Besuch im **Swiss Miniatur Park (170)** direkt an der Ausfahrt Melide. In erreichbarer Nähe zur Autobahn befinden sich auch folgende Ziele: Panoramaweg am **Monte Caslano**, das **Mittelalterdorf Meride** mit Fossilienmuseum oder das **Hermann-Hesse-Museum** in Montagnola. Mit Womos in Campingbusgröße fahren Sie von Melide in 10 min. zum traumhaft schönen Örtchen Morcote. Für jeden dieser Ausflüge sollten Sie einen halben Tag einkalkulieren.

Hesse Museum, Montagnola

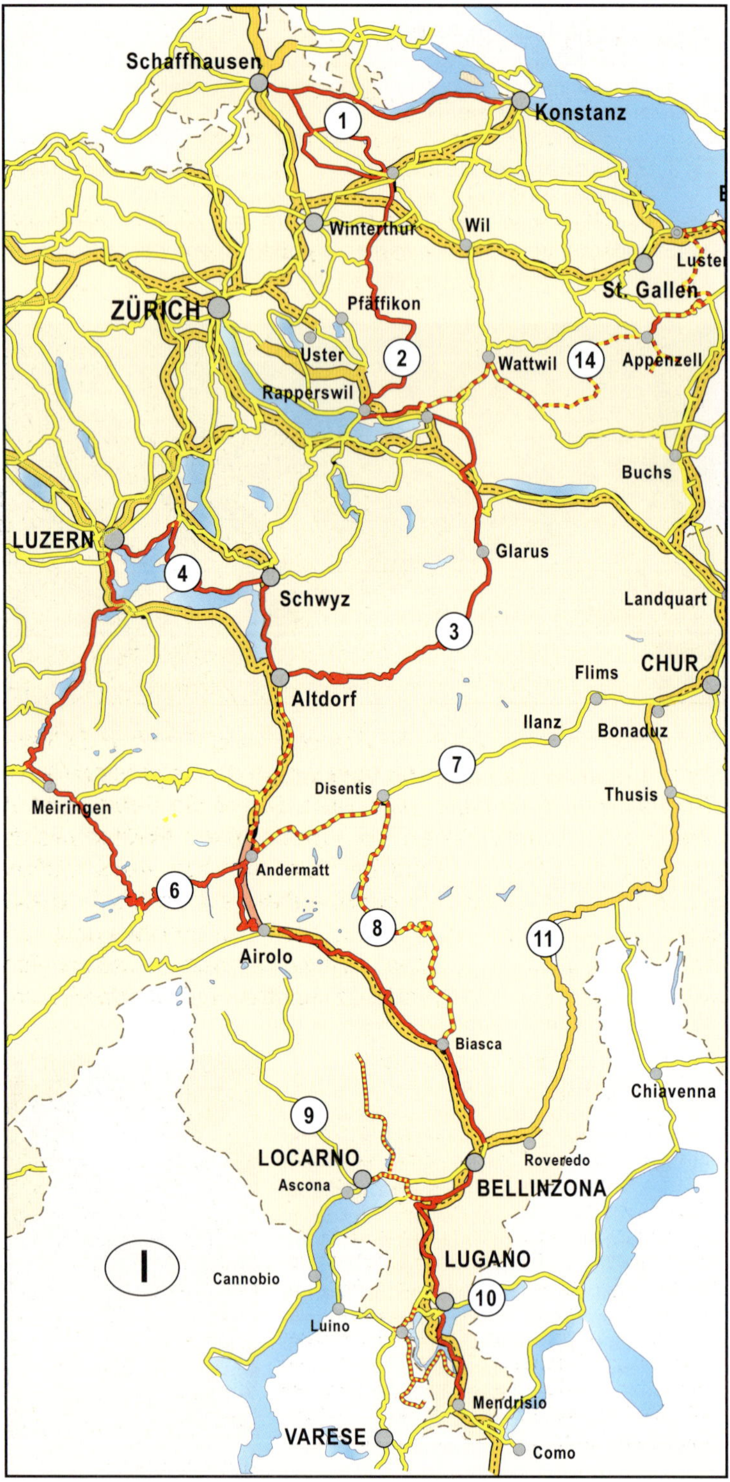
Schaffhausen
Konstanz
1
Winterthur
Wil
St. Gallen
Luster
ZÜRICH
Pfäffikon
Uster
2
Wattwil
14
Appenzell
Rapperswil
Buchs
LUZERN
Glarus
4
Schwyz
Landquart
3
Flims
CHUR
Altdorf
Ilanz
Bonaduz
7
Disentis
Thusis
Meiringen
Andermatt
6
8
11
Airolo
Biasca
Chiavenna
9
LOCARNO
Roveredo
Ascona
BELLINZONA
I
LUGANO
Cannobio
10
Luino
Mendrisio
VARESE
Como

Der Weg in den Süden 3

Der schönste Weg in den Süden

Anfahrt von Appenzell, Konstanz oder Schaffhausen nach Schmerikon am Zürichsee – Urnerboden – Luzern und Vierwaldstättersee – Ballenberg – Aare Schlucht – Grimselpass – Furkapass – Gotthardpass – Giornico – Bellinzona – Locarno und Val Verzasca – Lugano

Der schönste Weg durch die Schweiz windet sich in Schlangenlinien durch die Täler und über einige der schönsten Passstrecken vom Bodensee ins Tessin. Damit die Fahrt nicht in Stress ausartet und Sie an den wunderbaren Plätzen rechts und links der Strecke genug Zeit zum Staunen, Ausschlafen, in der Sonne sitzen und Wandern haben, sollten Sie für diese kleine Schweizreise von Norden nach Süden etwa eine Urlaubswoche kalkulieren. Die Strecke verläuft ausschließlich auf Landstraßen – eine Autobahnvignette ist nicht erforderlich.

(1) (14) Vom Bodensee nach Schmerikon

Die Reise beginnt am Bodensee: entweder mit **Tour 1 in Schaffhausen oder Konstanz** oder mit **Tour 14 in Bregenz** am östlichsten Zipfel des großen Sees. Tour 14 führt durch landschaftlich besonders reizvolles Bauernland mit grünen Hügeln und großen Höfen, im Süden begrenzt durch die schroffen Felswände des Alpsteinmassives, in dem es tolle Wanderrouten zu entdecken gibt. Höhepunkte der Tour 1 sind die schönen Orte im Rheintal und die weniger bekannten Sehenswürdigkeiten wie das Naturschutzgebiet am Hüttwiler See, die Kyburg oder der nette kleine Greifensee.

Nussbaumer See

Am Klausenpass

3 Von Schmerikon zum Vierwaldstätter See
[Tour 3 – Seite 53]

Die Strecke über Urnerboden und Klausenpass liegt abseits der viel befahrenen Routen und hat neben einer grandiosen Berglandschaft auch schöne Stellplätze zu bieten. Folgen Sie dazu **Tour 3 ab Stellplatz (047)** bis nach Altdorf.

3 4 Luzern und der Vierwaldstätter See
[Tour 3 und 4 – Seite 56]

Wer genug Zeit mitbringt, folgt Tour 3 bis Schwyz und umrundet dann mit Tour 4 den zwischen Bergen eingebetteten Vierwaldstätter See. Dabei sollten Sie unbedingt einen Stopp in der ausgesprochen schönen Stadt Luzern und einen der beiden Aussichtsberge Pilatus oder Rigi in Ihre Tourenplanung aufnehmen.

6 Vom Vierwaldstätter See ins Tessin **[Tour 6 – Seite 96]**

Wenn Sie nach Luzern gefahren sind geht es jetzt zügig weiter über den Brüningpass zum Brienzer See. Hier haben Sie mit dem Besuch des riesigen Freilichtmuseums Ballenberg oder der wilden Aare-Schlucht zwei eindrucksvolle Höhepunkte einer Schweizreise zur Wahl. Über den Grimselpass mit vielen guten Stellplätzen kurven Sie nach Gletsch und der Quelle der Rhone entgegen über den Furkapass nach Andermatt.

Wandern am Lukmanierpass

8 Wer die Fahrt ein wenig beschleunigen muss, lässt den Vierwaldstätter See rechts liegen und saust von Altdorf zügig nach Andermatt. Der direkte Weg führt jetzt über den Gotthardpass und mit Tour 8 durch das Valle Levantina nach Biasca. Naturliebhaber wählen den Umweg über den reizvollen Oberalppass nach Disentis und über den Lukmanier weiter nach Süden. Auf dieser Strecke sollten Sie unbedingt etwas Zeit für Wanderungen einplanen. Am Lukmanier sind etliche schöne Wege markiert und auch der Wanderausflug vom Oberalppass zur Quelle des Rheins ist sehr empfehlenswert.

⑧ ⑨ Von Biasca durch das Tessin / [ab Seite 147]

Ab hier folgt auch der dritte Weg in den Süden den Empfehlungen von Weg 1 und 2: Ein Besuch in Locarno am Lago Maggiore ist das Richtige, wenn Sie Städte mit italienischem Flair mögen. Tolle Plätze in der Natur und schöne Wanderungen bieten Valle Maggia und Val Verzasca, wobei die Schönheiten an der Verzasca mit dem Wohnmobil leichter zugänglich sind. Höhepunkte sind die tiefblauen Badebecken an der Ponte dei Salti in Lavertezzo und das urige Dorf Sonogno, wo sie dank des offiziellen Wohnmobilstellplatzes am Dorfrand entspannt übernachten können.

Sonogno, oben Isole di Brissago

⑩ Von Lugano zur Grenze [Tour 10 – Seite 182]

Das Gebiet um Lugano ist dicht besiedelt und bergig. Die Straßen sind meistens eng und nicht durchgängig für größere Wohnmobile geeignet. Wenn Sie ein langes Komfortmobil ihr eigen nennen, sollten Sie in dieser Region auf öffentliche Verkehrsmittel umsteigen und ihr Haus auf einem der Campingplätze bei Agno parken. Für Fahrer kleinerer Mobile lohnt einer der bereits erwähnten Ausflüge nach Montagnola, Meride, Caslano oder Morcote.

Morcote

Camping Piantett, Agno

AUSRÜSTUNG SPEZIAL

Sollten Sie eine Wanderausrüstung besitzen, gehört diese auf jeden Fall in Ihr Gepäck. Bergtouren aller Art sind mit das Schönste, was Sie in der Schweiz machen können. Auch wenn Sie bisher nur wenig Bergerfahrung mitbringen, lohnt sich zumindest die Anschaffung leichter halbhoher Trekkingschuhe, die auf steinigem Boden guten Halt bieten. Zur Wander-Grundausstattung gehört außerdem eine dichte Regenjacke, ein Sonnenhut, eine Wasserflasche und ein leichter Tagesrucksack.

Einige der schönsten Stellplätze in der Schweiz befinden sich auf Passhöhen mitten im Hochgebirge. Hier kann es auch im Hochsommer nachts empfindlich kalt werden. Ein Fleece und eine Jacke hängen also im Womo-Schrank immer richtig. Am Fuß der Berge ist das Klima dagegen mild und selbst in einigen Bergseen auf der Alpensüdseite können Sie im Sommer baden. Kurze Hosen und Badesachen gehören also ebenfalls ins Sommergepäck.

AUTO FAHREN IN DER SCHWEIZ

Die Verkehrsregeln in der Schweiz unterscheiden sich für Deutsche nur unwesentlich vom Gewohnten. Gut ausgebaute Straßen und sorgfältige Beschilderung machen Autofahrern das Leben leicht. Etwas ungewohnt sind vor allem für Reisende aus Deutschlands flachem Norden die engen und steilen Sträßchen in den vielen Bergregionen. Einspurige Strecken mit Ausweichbuchten und Gefälle bis zu 20% sind keine Seltenheit und können einem auch mit Wohnmobil-Bergerfahrung in Windeseile den Schweiß auf die Stirn treiben. Auch Menschen mit Höhenangst können in einigen Regionen der Schweiz an ihre Grenzen kommen. Auf der Straßenkarte weiß eingezeichnete Strecken im Gebirge sind, vor allem mit größeren Wohnmobilen, mit Vorsicht zu genießen. Sehr enge Straßen auf der vorgeschlagenen Route sind in unserer Karte gestrichelt eingezeichnet und sollten nur von kompakten Fahrzeugen befahren werden.

Was ist bitte ein kompaktes Wohnmobil?

Ende ist auf jeden Fall bei 3,5 t und einer Breite von 2,30 m. Was die Länge betrifft, lege ich mich ungern fest. Manch geübte Fahrerin steuert auch ihr 7-Meter-Fahrzeug cool und gelassen durch engste Kurven. Je ungeübter Fahrer oder Fahrerin sind, desto vorsichtiger sollten Sie mit engen Bergstraßen umgehen. Fahrzeuge in Campingbus-Größe mit Breite bis 2,10 und Länge bis 6 m werden auf jeden Fall auf allen vorgeschlagenen Strecken locker durchkommen.

Tempolimits und Bußgelder

Tempolimits sollten bei einer geruhsamen Wohnmobilreise kaum eine Rolle spielen, da aber die Bußgelder in der Schweiz weit über dem von zu Hause Gewohnten liegen, hier sicherheitshalber doch die Grenzwerte: **Innerorts fahren Sie ungestraft maximal 50 km/h, auf normalen Landstraßen 80 km/h, auf Schnellstraßen 100 km/h. Auf Autobahnen gilt generell Tempo 120.** Ich kann Ihnen aus leidvoller eigener Erfahrung sagen, dass schon 1 km/h Tempoüberschreitung im Ort zu einer Rechnung von CHF 40.- führt. Für Überschreitungen von 10-15 km/h im Ort oder 16-20 km/h außerorts sind Sie mit etwa CHF 250.- dabei und wenn Sie es noch weiter übertreiben, haben Sie direkt eine Anzeige am Hals. Auch Telefonieren am Steuer gilt als Straftat und kostet Sie süße 100 Fränkli ... Also lassen Sie es einfach ruhig angehen. Das tut im Urlaub sowieso am besten und Ihr Womo kommt an den vielen Berghängen auch bei vorgeschriebener Geschwindigkeit ausreichend ins Schnaufen. Die **Promillegrenze** liegt in der Schweiz bei **0,5**.

Parken

Anders als bei uns wird **Park- und Halteverbot** nicht mit Schildern markiert, sondern auf der Straße angezeichnet. Eine gelb gestrichelte Linie mit »X« unterbrochen bedeutet Parkverbot, eine durchgezogene gelbe Linie signalisiert unser absolutes Halteverbot. Auch die Farben am Boden angezeichneter Parkplätze haben eine Bedeutung. Unbegrenzt parken Sie auf **weißen Plätzen**, **gelbe Markierungen** werden meist um private oder reservierte Plätze gezogen und in **blauen Parkzonen** dürfen Sie zeitbegrenzt und mit Parkscheibe kostenlos parken. Die Regeln dazu sind etwas komplizierter, aber wenn man Sie kennt, verhelfen Sie einem zu preisgünstigen Parkgelegenheiten. So lautet die Original Schweizer Erläuterung: »Fahrzeuge dürfen an Werktagen und am Samstag zwischen 08.00 und 11.30 Uhr sowie zwischen 13.30 und 18.00 Uhr eine Stunde parkiert werden; bei einer Ankunftszeit zwischen 11.30 und 13.30 Uhr gilt die Parkerlaubnis bis 14.30 Uhr, bei einer Ankunftszeit zwischen 18.00 und 08.00 Uhr gilt die Parkerlaubnis bis 09.00 Uhr.« Auf der Parkscheibe einstellen müssen Sie die Ankunftszeit aufgerundet auf die nächste halbe Stunde. Bei einer Ankunft um 10 Uhr wäre das 10.30 Uhr, bei einer Ankunft um 10.20 Uhr ebenfalls. Die erlaubte Parkzeit beträgt also 60-90 min. Am Sonntag und in der Nacht zwischen 18 und 8 Uhr parken Sie unbegrenzt, dürfen aber die Parkscheibe nicht vergessen.

Außer den farbmarkierten Parkplätzen gibt es viele **Plätze mit zentraler Parkuhr**. Hier zahlen Sie an einer zentralen Säule, wo Sie auch Angaben über die gestattete Parkdauer finden. Ist Ihr Parkplatz mit einer Nummer versehen, merken Sie sich diese unbedingt, bevor Sie zur Parkuhr laufen. Oft muss nämlich beim Zahlen die Platznummer (und eventuell auch noch das Kennzeichen des geparkten Fahrzeuges) eingeben werden.

Tanken

Diesel ist in der Schweiz teurer als Benzin, dazu kommt der starke Franken. So sind die Regeln für günstiges Tanken einfach: fahren Sie mit vollem Tank in die Schweiz. Bei der Anreise über Lindau und Bregenz können wir die Tankstellen an der (österreichischen) Ausfahrt Dornbirn Süd empfehlen. Sie müssen hier nur kurz von der Autobahn und die Preise sind meist günstiger als direkt an der ausgeschilderten Transitstrecke. Anders als in der Westschweiz sind Tankausflüge über die Grenze ansonsten wenig sinnvoll – nur in Italien tanken Sie noch teurer als in der Schweiz. Die einzige Ausnahme macht hier die vollständig steuerbefreite Region von Livigno. Die Preise der einzelnen Tankstellen innerhalb einer Schweizer Region unterscheiden sich dagegen kaum. Die Suche nach der besten Gelegenheit können Sie sich also sparen. Das Tankstellennetz ist überall dicht und wenn Sie nicht gerade die entlegensten Bergtäler bereisen, finden Sie jederzeit problemlos Nachschub.

Autobahnvignette

Zur Nutzung der Autobahnen brauchen Sie in der Schweiz eine Jahresvignette. Sie gilt 14 Monate – von Anfang Dezember des Vorjahres bis Ende Januar folgenden Jahres und kostet zur Zeit CHF 40.- (Euro 33.-). Wenn Sie nicht durchreisen, sondern die Schweiz auf kleinen Sträßchen erforschen, kommen Sie leicht ohne Autobahnen zurecht, müssen aber aufpassen, nicht versehentlich die falsche Auffahrt zu erwischen. Autobahnen sind in der Schweiz grün beschildert, blaue Schilder führen Sie dagegen auf Landstraßen. Die für 2015 geplante Erhöhung der Gebühren ist nach der Volksabstimmung im November 2013 erst einmal vom Tisch. Geplant war, den Preis der Jahresvignette drastisch zu erhöhen und für Touristen eine Kurzzeitvignette zum Preis der alten Jahresvignette einzuführen.

Wenn Sie östlich des Bodensees über Lindau in die Schweiz reisen, brauchen Sie für die Fahrt durch den Pfändertunnel seit Sommer 2013 eine 10-Tages-Vignette für Österreich. Die praktische Korridorvignette für die Passage in die Schweiz ist wieder abgeschafft. Alternativ gondeln Sie kostenlos aber zeitraubend am See entlang durch Bregenz oder sie wählen unsere Anreiseroute über Konstanz.

Schwerverkehrsabgabe für Womos über 3,5 t

Wohnmobile über 3,5 t brauchen keine Vignette, müssen aber bei der Einreise in die Schweiz an der Zollstelle eine Schwerverkehrsabgabe von CHF 3,25 pro Tag (aber mindestens CHF 25.-) zahlen. Dabei ist es unerheblich, ob in der Schweiz Autobahnen benutzt werden oder nicht. Am einfachsten wählt man daher mit großem Womos einen gängigen Grenzübergang, an dem auch Zollbeamte anwesend sind. An unbesetzten Zollstellen muss man sich telefonisch bei der Einsatzzentrale des Grenzwachtkorps melden, die einem dann eine Verkaufsstelle in der Nähe nennt. Weiterfahren ohne Anmeldung des Fahrzeuges ist in keinem Fall eine gute Idee!

Passstraßen

In der Schweiz gibt es über 100 Pässe in einer Höhe über 1000 m, darunter 16 große Alpenpässe, deren Sattel in Hochgebirgslagen über 2000 m liegt. Die höheren Passstraßen wie Albula, Forcola di Livigno, Furka, Gotthard, Grimsel, Grosser Sankt Bernhard, Klausen, Nufenen, Oberalp, San Bernardino, Splügen, Susten und Umbrail sind zwischen Oktober und Mai für den Verkehr gesperrt. Tafeln an der Zufahrt zeigen an allen Pässen an, ob die Strecken passierbar sind. Vorab können Sie sich zum Beispiel unter www.donnerwetter.de in der Rubrik Reise /Alpenpässe informieren. Die großen Passstraßen sind gut ausgebaut und im Sommer auch mit größeren Mobilen gut zu fahren. Vorsicht ist eher bei Bergstrecken in abgelegenen Regionen angesagt.

CAMPING UND OFFIZIELLE WOHNMOBILSTELLPLÄTZE

Campingplätze sind in allen Regionen vorhanden, haben einen hohen sanitären Standard, sind aber leider oft etwas dauercamperlastig und eher »gut sortiert« und komfortorientiert als naturnah und idyllisch. Die gängigen Übernachtungspreise liegen zwischen CHF 25.- und 45.- für 2 Personen im Wohnmobil. Über dieser Preisklasse liegen nur Lago Maggiore und Lago di Lugano. Warme Duschen (jetons) und Müllgebühren sowie Kurtaxe gehen dabei meist extra. Besitzer einer ADAC Camping Card international erhalten auf allen Campings des Touring Club Schweiz (TCS) Rabatt. Wohnmobilstellplätze sind weniger verbreitet. Die wenigen vorhandenen offiziellen Plätze befinden sich im italienischen Teil der Schweiz oder im Appenzell. Neu ist der offizielle Stallplatz vor dem Camping in Scuol im Engadin.

BERGBAHN UND POSTAUTO

Ein dichtes Netz an Bergbahnen erschließt auch für weniger ambitionierte Wanderer viele der eindrucksvollsten Bergregionen und macht das Erlebnis Hochgebirge für jedermann und jedefrau erreichbar. Die Schweiz ohne ihre Berge ist nur die halbe Schweiz. Steigen Sie also unbedingt mindestens einmal in eine Zahnrad- oder Kabinenbahn und nähern sich dem Himmel und den ganzjährig weißen Gipfeln auf unbeschwerte Weise. Bergbahnfahrten sind auch bei uns teuer. Vor allem die Fahrt mit der Zahnradbahn hinterlässt deutliche Löcher in der Urlaubskasse. Seilbahnfahrten sind günstiger. Wollen Sie eine Bergregion ausführlicher erkunden, gibt es oft Regionalpässe, die für mehrere Tage gelten und alle öffentlichen Verkehrsmittel vom Postbus über den Bootstransfer bis zur Bergbahn abdecken. Hinweise finden Sie an passender Stelle im Text. Ansonsten fragen Sie bei den Touristinformationen. Postbusse sind in den Bergtälern der Schweiz *das* öffentliche Verkehrsmittel und Ihre Rettung, wenn Sie mit großem Wohnmobil und/oder wenig Fahrerfahrung auf Reisen gehen. Auch das entlegenste Bergtal wird mehrmals am Tag von den gelben Bussen angefahren und bringt Sie an die schönsten Plätzchen der Schweiz, wo immer Sie keine Lust haben die Strecke selbst zu fahren.

EINKAUFEN UND ESSEN

Wein, Schokolade, Käse, Butter und andere Milchprodukte sollten Sie auf gar keinen Fall einpacken, wenn Sie sich auf eine Schweizreise begeben. Frische regionale Spezialitäten finden Sie auf dem **Markt**, der in vielen Orten am Samstag Vormittag stattfindet, in den **Käsereien**, die Sie in fast jedem Dorf finden oder in den **Hofläden** der Bauernhöfe. Wer einmal Quark oder eine Almbutter aus der Käserei gekostet hat, wird für den Rest der Reise kaum mehr einen Blick für die Kühlregale des Supermarktes übrig haben. Sonstige **Supermarktware** kaufen Sie gut und vergleichsweise günstig in den beiden Ketten Coop und Migros, die auch Biolebensmittel im Angebot haben. Der Firmenethos der Schweizer Kooperative Migros verbietet übrigens den Verkauf von Alkohol. Bier, Wein und Hochprozentiges suchen Sie dort vergebens. Beide Supermarktketten unterhalten eigene Restaurants, in denen Sie recht gut und preisgünstig essen können. Essen gehen ist ansonsten in der Schweiz eher teuer. Auch einfache Gerichte wie Rösti, Polenta oder die Bündner Spezialitäten Maluns, Capuns und Pizockel bekommen Sie kaum unter CHF 20.- pro Person. Für ein normales Fleisch- oder Fischgericht müssen Sie mit CHF 30-40.- rechnen. Fleisch ist auch im Supermarkt deutlich teurer als in der EU üblich. Günstiger als Restaurants in den Städten sind die einfachen Grotti und

Berghütten, wie wir Sie auf unserer Reiseroute empfehlen. **Restaurantbesuche** werden trotzdem für die meisten Schweizreisenden aus Deutschland nicht unbedingt zum alltäglichen Vergnügen gehören. Alternativen zur mobilen Küche im Womo finden Sie aber zum Beispiel im Angebot der Bäckereien: Quiches und Wähen, die salzigen Schweizer Käse- und Gemüsekuchen, eignen sich hervorragend für Picknicks oder einen schnellen deftigen Snack.

FAHRRAD FAHREN

Verleihstationen für Fahrräder gibt es fast überall. Dabei sind vor allem die eBikes im Kommen und stehen bereits an vielen Orten zur Verfügung. In den Großstädten findet man oft Verleihstationen für Velos, wie sie in der Schweiz heißen, am Bahnhof. Die Mietpreise sind stolz und liegen bei CHF 20-30.- pro Tag (eBikes ca. CHF 50.-). Das eigene Fahrrad aufzuladen lohnt also durchaus. Vor allem im vergleichsweise flachen Norden gibt es ein gut ausgebautes und markiertes Radwegenetz. Auch in den Bergen sind Radrouten markiert, für die man allerdings solide Mountainbike-Erfahrung mitbringen sollte. Eine gute Übersicht finden Sie unter www.veloland.ch.

FREIE ÜBERNACHTUNG

Wildes Camping ist überall in der Schweiz verboten. Erlaubt ist dagegen das Parken. Wenn Sie auf einem öffentlichen Parkplatz in Ihrem geparkten Wohnmobil übernachten, begeben Sie sich also in eine Grauzone. Solange Sie ein paar Regeln beachten, werden Sie sich dabei keinen Ärger einhandeln. Wie überall beginnt das Problem, wenn sich andere Gäste oder Anwohner gestört fühlen, was meist der Fall ist, wenn zu viele Wohnmobile an einem Ort auftauchen. Daher finden Sie bei jedem Stellplatz einen ungefähren **Richtwert, wie viele Womos der Platz verträgt**. Ist es zu voll, fahren Sie weiter. Versetzen Sie sich bei Ihrer Platzwahl in die Situation von Anwohnern und entscheiden Sie aus dieser Perspektive, ob Sie gut stehen. Fragen Sie auf privaten Parkplätzen um Erlaubnis.
Auch über mehrere Tage installierte Wohnmobile werden nicht gerne gesehen. Hinterlassen Sie an einsamen Plätzen in der Natur keine vollgestopften Mülleimer (und auch keine anderen Spuren) und **entsorgen Sie Grauwasser und Inhalt der Campingtoilette ausschließlich und immer an den ausreichend vorhandenen Entsorgungspunkten**. Haben Sie keine Toilette an Bord, hinterlassen Sie keine Klopapierfahnen und Tretminen in der Natur. Verwenden Sie an Plätzen ohne Toilette einen Klappspaten. In der Schweiz finden Sie nicht nur in den Städten an jeder möglichen und unmöglichen Ecke einen grünen Robidog mit Tüten für das stinkende Hundegeschäft. Menschliche Hinterlassenschaften sind nicht angenehmer. Stehen Sie auf einem Parkplatz, vermeiden Sie alles, was nach Camping aussieht. Eine ausgefahrene Markise und Stühle vor der Tür überschreiten in jedem Fall die Grenze zum Camping, Auffahrkeile gehören in den Grenzbereich.

Grillen über dem offenen Feuer gehört zu den Lieblingsbeschäftigungen der Schweizer. Für einen gemütlichen Grillabend finden Sie in der Schweiz viele, sehr schöne, gepflegte und frei zugängliche **Grillplätze**. Der Rost ist meist fest montiert und oft gibt es sogar einen Holzvorrat. Mitbringen müssen Sie nur ihr Grillgut und eine Alufolie für den Rost. Ein aufgestellter eigener Grill in der

Natur wird dagegen gar nicht gerne gesehen. Die Liebe zur Ordnung scheint ein Teil der Schweizer Natur: Es gibt für alles den richtigen Platz. Vor dem Schwimmbad sind Parkplätze für Autos, Busse, Motorräder und Fahrräder angezeichnet, gegrillt wird auf dem Grillplatz und geparkt ordentlich innerhalb der vorgesehenen Markierungen. Es wird sorgfältig sortiert und markiert. Dabei versucht man, für alle zu sorgen und niemanden zu vergessen. Stellen Sie Wohnmobil, Grill oder anderes einfach irgendwo ab, geraten Sie in Konflikt mit einem grundlegenden Bedürfnis der Schweizer Seele. Gehen Sie also bitte sensibel mit Ihren Gastgebern um und wählen Sie für längere Aufenthalte, ausführliche Grillparties vor dem Wohnmobil, gespannte Wäscheleinen und die gemütlich aufgestellte Sonnenliege einen Campingplatz!

Wer diese Grundregeln ignoriert, provoziert Verbotsschilder, ruiniert den Ruf der Wohnmobilfamilie und macht damit allen das Leben schwer, die nach ihm kommen. Wenn wir nach dem Grund für Verbote fragten, bekamen wir immer die Antwort, dass man schlechte Erfahrungen gemacht habe. Vermüllte Plätze, Lärm und tagelang an einem Platz stehende Wohnmobile sorgen dafür, dass Gemeinden reagieren müssen. Und wie in der Schweiz üblich: die Bußgelder sind auch für Falschparker drastisch.

GASVERSORGUNG

Gasdepots finden Sie in der Schweiz auf den meisten Campingplätzen und an Tankstellen. Hier bekommen Sie problemlos die blauen Campingazflaschen, die in einigen kleineren Wohnmobilen verbaut sind und die Sie mit einem im Fachhandel erhältlichen Ventil auch an das Gassystem eines größeren Womos anschließen könnten, was allerdings nicht gerade eine preisgünstige Lösung ist. Auch die grauen schweizerischen Vitogaz-Flaschen können Sie mit einem Adapter anschließen, brauchen dann aber eine Leihflasche. Deutsche Gasflaschen sind in der Schweiz nicht erhältlich, können aber mit dem passenden Adapter nachgefüllt werden. Ein Adapterset für Europa erhalten Sie beim ADAC oder im Fachhandel. Am besten ausgestattet sind Sie aber mit einem Gastank oder Gastankflaschen, die an jeder Autogas-Tankstelle neu befüllt werden können, ohne die Flasche aus dem Auto zu nehmen. Auch dazu sollten Sie eventuell einen Tankadapter für die Schweiz dabei haben. Das Gastankstellennetz wurde in der Schweiz in den letzten Jahren stark ausgebaut, so hat man im November 2012 die 50ste Station eingeweiht. An unserer Strecke liegen gut verteilt:

Winterthur: Pan Gas & More, Industriestraße 40
Zürich-Altstetten: Pan Gas & More, Bändlistraße 93
Horgen: A3 Stop & Go, Zugerstraße 231
Brunnen: Strüby Automobile, Schwyzerstraße 11
Küsnacht: ABC Garage Rigiland, Zugerstraße 30
Stans: Josef Gut AG, Riedsen 1
Giswil: OWI LAnd AG, Brüningstraße 200
Monte Ceneri: City Agip Tankstelle, N 46°08'20", E 8°54'28"
Ascona: Agip Tankstelle, Via Locarno 122
Thusis: Viamala Raststätte, Autobahn A13 an der Ausfahrt Thusis
St. Gallen: Pan Gas & More, Piccardstraße 5

Ein vollständiges und aktuelles Verzeichnis können Sie unter www.autogas-suisse.com oder www.gas-tankstellen.de einsehen. Unter beiden Adressen kann man auch eine App fürs iPhone herunterladen. Einen Gastankstellenfinder für Android finden Sie im Google Play Store unter dem Namen LPG CNG Finder. Auch an der Rezeption von Campingplätzen kann man Ihnen oft mit einer Adresse weiterhelfen.

HAUSTIERE

Hunde oder Katzen, die Sie auf Ihrer Schweizreise begleiten, müssen über einen Mikrochip eindeutig gekennzeichnet sein. Außerdem brauchen Sie zur Einreise einen EU-Haustierausweis und müssen eine gültige Tollwutimpfung nachweisen. Sollte Ihr Tier noch nicht geimpft sein, muss die Impfung mindestens 21 Tage vor Reisebeginn durchgeführt werden. Auf den meisten Campingplätzen sind angeleinte Hunde willkommen, tauchen aber bei vielen Campings auch als Posten auf der Rechnung auf.

ORIENTIERUNG UND KARTEN

Geeignete Straßenkarten: Zur Orientierung unterwegs brauchen Sie zusätzlich zum Navi unbedingt eine gute Straßenkarte. Wir waren mit der Marco-Polo-Karte Schweiz Ost in Maßstab 1:200.000 unterwegs. Schon bei dieser Karte sind kleine Sträßchen teilweise schlecht erkennbar – ein kleinerer Maßstab ist daher nicht zu empfehlen.

Wanderkarten: Für Wanderungen und Radtouren brauchen Sie Karten mit einem Maßstab von mindestens 1:50.000. Wenn Sie unterwegs einen Internetanschluss zur Verfügung haben oder schon im Voraus sorgfältig planen, finden Sie unter map.geo.admin.ch eine Karte, die sich bis zum Maßstab 1:25.000 vergrößern lässt und Ihnen eine vollwertige topographische Karte mit Höhenlinien und Wanderwegen zeigt. Machen Sie nur kleinere Touren, kommen Sie auch mit den einfachen Übersichtskarten der Touristeninformation und den Markierungen im Gelände zurecht. Auch Karten in Wanderbüchern sind in Kombination mit der Beschilderung ausreichend. Nur für lange Touren im Hochgebirge sind die teuren zusätzlichen Wanderkarten wirklich nötig.

NOTRUF UND PANNENHILFE

Bei Unfällen erreichen Sie die Schweizer Notrufzentrale (Polizei/Rettungsdienst/Feuerwehr) unter der in ganz Europa gültigen Notrufnummer 112 oder schweizspezifisch unter 117.

INTERNATIONALER NOTRUF: 112

FEUERWEHR: 118

PANNENHILFE: 140

ADAC Mitglieder erhalten Pannenhilfe über die Zentrale in München:
Pannenhilfe für ADAC Mitglieder im Ausland unter +49 (89) 22 22 22

ADAC-Partnerclubs in der Schweiz:

TCS Touring Club der Schweiz/Touring Club Suisse
Chemin de Blandonnet 4
CH-1214 Vernier
Tel. +41/2/2417-2727, Fax -2702
Pannennotruf: Tel. 140 aus dem Festnetz oder +41/3/18505311(mobil)

ACS Automobil-Club der Schweiz
Wasserwerkgasse 39
CH-3000 Bern 13
Tel. +41/3/13-283111, Fax -110310

SPRACHE

Als Nation ist die Schweiz ein besonderes Phänomen. Bei einer Fläche von genau 41.285 qkm und 8 Mio. Einwohnern ist das Land deutlich kleiner als Bayern. Auf diesem engen Raum existieren in einer einzigen Nation gleich vier offizielle Landessprachen. Die am meisten gesprochene Sprache ist

Schwyzerdütsch, welches aber wiederum als Schriftsprache nicht existiert. Geschrieben wird Hochdeutsch mit ein paar ganz speziell schweizerischen Begriffen wie parkieren, grillieren oder dem liebenswerten Wörtchen Velo. Der französische Sprachbereich reicht von der westlichen Landesgrenze bis ins Dreiseenland und unten im Süden bis weit ins Wallis hinein und wird auch gerne als Röstigraben bezeichnet. Das zeigt, dass hier nicht nur die Sprache, sondern auch die kulinarischen Vorlieben eine Wandlung erfahren. Italienisch spricht man im Tessin im Osten der Schweiz und rätoromanisch, das wie eine Mixtur aus Deutsch und italienisch klingt, wird noch in einigen Regionen Graubündens gesprochen. Viele Bürger der Schweiz lernen mehrere Sprachen, die Bevölkerung ist aber durchaus nicht durchgängig dreisprachig. In ländlichen Gebieten der französischen Schweiz sind zumindest rudimentäre Französischkenntnisse extrem hilfreich. Im Tessin kommen Sie dagegen mit deutsch gut zurecht. Auch in Hotels, auf Campingplätzen oder in der Touristeninformation sind Deutsch und Englisch kein Problem.

STROMANSCHLUSS

Der gängige Stromanschluss in der Schweiz ist schmal und dreipolig. Zum Einsatz deutscher Rasierapparate, Föns und anderer elektrischer Geräte brauchen Sie außerhalb des Wohnmobiles einen Adapter. Das Wohnmobil selbst können Sie dagegen meist mit den gängigen Anschlussstücken an die Stromsäulen hängen. Campingplätze mit Schweizer Steckdosen verleihen so gut wie immer gegen Pfand (oder schweizerisch: Depot) einen Adapter.

TELEFON UND INTERNET

Vorwahl von Deutschland in die Schweiz ist die »0041«. Die 2-3-stellige Ortsvorwahl innerhalb der Schweiz beginnt (wie in Deutschland) mit einer »0«, die bei Verwendung der Auslandsvorwahl weggelassen wird. Dann folgt die Nummer des Anschlusses. Von der Schweiz nach Deutschland wählen Sie »0049« vor und lassen ebenfalls die „0" der Vorwahl weg. Die Ländervorwahl für Österreich ist die »0043«.

Telefonzellen finden Sie oft bei Tourist-Informationsbüros und Postämtern. Meist brauchen Sie eine Telefonkarte oder Sie zahlen das Telefonat per Kreditkarte. Wollen Sie ihr **Handy** auch im Schweizurlaub verwenden, ist Vorsicht geboten. Die Schweiz gehört nicht zur EU, was bei den fälligen Roaminggebühren leider fatale Folgen hat. Informieren Sie sich unbedingt vor der Reise bei Ihrem Anbieter über die Kosten. Wer in der Schweiz eine Internetverbindung möchte, sollte vorher bei seinem Anbieter recherchieren. Oft gibt es gegen Zuzahlung eine zeitliche begrenzte Auslandsoption. Dieser Weg ist auf jeden Fall unkompliziert. Bei einem längeren Aufenthalt in der Schweiz kann es sich auch lohnen, die heimische SIM-Karte durch eine Schweizer Prepaid-Karte zu ersetzen. Drei große Anbieter teilen sich den Löwenanteil des Schweizer Marktes: Swisscom, Sunrise und Orange. Eher neu dabei ist der Außenseiter o.k., der seine Karten in einer mit großem K markierten Kioskkette vertreibt, die Sie in vielen Städten in Bahnhofsnähe finden. Wenn Sie auch **mobiles Internet** nutzen wollen, sind Sie hier zur Zeit an der besten Adresse. Sie erwerben im Kiosk ein Grundpaket für CHF 15.- (enthält ein Startguthaben von CHF 10.-) und füllen viele Zettel aus. Innerhalb von 24 Stunden wird dann Ihre SIM-Card freigeschaltet. Jetzt zahlen Sie für alle Gespräche innerhalb der Schweiz 22 Rappen, eine SMS (egal wohin) kostet 15 Rappen und ein Gespräch nach Deutschland 32 Rappen pro Minute. Das sind für die Schweiz und den Recherchezeitpunkt (Dezember 2013) günstige Tarife. Außerdem können Sie jetzt per SMS für CHF 7.- oder 15.- ein Datenpaket bestellen (500 MB oder 1 GB) mit dem Sie 30 Tage mit Ihrem Smartphone oder Tablet bis zum gewählten Datenvolumen Internetzugang haben. Auch dieses Angebot ist zur

Zeit konkurrenzlos. Aber nichts ändert sich schneller als Mobilfunktarife. Bitte prüfen Sie diese Informationen unter www.okpunktstrich.ch

Auch ohne mobilen Internetzugang müssen Sie mit Tablet oder Smartphone nicht vollständig auf **Internetinformationen** verzichten. **Hotspots** finden Sie auf den meisten Campingplätzen und in vielen Restaurants. Einen kostenlosen zeitbegrenzten Zugang (1-2 h) haben Sie in allen Migros- und Coop-Restaurants, in McDonalds-Filialen, auf den Autobahnraststätten Autogrill und Marché, in den meisten Cafés der Starbucks-Kette und sogar in vielen Postbussen. Der Zugang ins Netz wird meist über einen SMS-Code freigeschaltet. Weitere Hotspots gibt es an Bahnhöfen und vielen öffentlichen Plätzen.

VER- UND ENTSORGUNG

Im Osten der Schweiz sind Entsorgungsstationen außerhalb von Campingplätzen wenig verbreitet. Auch die in der Westschweiz üblichen blau-weißen Euro-Relais-Säulen sind kaum zu finden. Hypermoderne Anlagen gibt es an den großen Stellplätzen in Bellinzona, Scuol und am Monte Tamaro. Brunnen mit frischem Quellwasser finden Sie dagegen vor allem in Graubünden in jedem Ort. Zur Entsorgung müssen Sie regelmäßig Campingplätze anfahren oder Sie nutzen unsere Kurzausflüge über die italienische Grenze, wo eine V/E-Anlage zur Standardausstattung der weit verbreiteten Camperstellplätze gehört.

WÄHRUNG

Die Währung in der Schweiz ist der Schweizer Franken. Ein Franken entspricht dabei 100 Rappen. Für einen Euro bekommen Sie in Zeiten der Euro-Währungskrise CHF 1,20, nicht mehr CHF 1,50 wie noch vor einigen Jahren. Durch die Stärke des Franken sind Reisen in die Schweiz in den letzten Jahren für EU-Bürger teurer geworden.

WANDERN

Die Schweiz gehört zu den Traumreisezielen für Wanderer und Bergsteiger. Die berühmten Ziele für Bergprofis wie zum Beispiel Matterhorn oder Eiger Nordwand finden Sie allerdings eher im Berner Oberland. In Graubünden sind es der Schweizer Nationalpark, in dem man besonders gut Bergwild beobachten kann oder die seereichen Höhen des Tessin, die Wanderer anziehen. Darüber hinaus gibt es in allen Regionen ein sehr gut markiertes Wegenetz für den Durchschnittswanderer. Nirgendwo sonst in Europa werden Sie auf eine vergleichbar aufregende und teilweise noch ursprünglich wilde Berglandschaft treffen.

Wegmarkierungen

Schon an den Wanderschildern können Sie ablesen, welche Weg-Kategorie Sie erwartet. Einfache Wege ohne alpine Anforderungen werden mit gelben Schildern und schwarzer Schrift markiert. Themenwege erhalten oft braune Schilder mit weißer Schrift. Ein alpiner Wanderweg, für den die passende Ausrüstung vom Wanderschuh zur Regenkleidung unerlässlich ist, bekommt ebenfalls gelbe Schilder mit schwarzer Schrift. Die Pfeilspitze der Wegweiser ist dann jedoch weiß-rot-weiß. Bergwanderwege können auch über schmale steinige Pfade mit ausgesetzten oder gesicherten Wegpassagen führen. Alpinwanderwege, die auch durch wegloses Gelände führen und einfache Kletterstellen enthalten können, sind mit blau-weißen Schildern markiert.

Solche Strecken erfordern außer guter Kondition und Orientierung auch solide Bergerfahrung oder die Begleitung eines ortskundigen Bergführers. Kurze Touren in der Nähe der Bergstation von Bahnen können Sie auch mit wenig Vorbereitung und den Tourenkarten der jeweiligen Bahn laufen.

Wanderliteratur
Wollen Sie weg von den Standardrouten, brauchen Sie weitere Informationen und damit spezielle Wanderführer, die Sie sich am besten aus Deutschland mitbringen – auch Bücher sind in der Schweiz etwa ein Drittel teurer als bei uns. Die Wanderregionen in diesem Buch heißen Appenzeller Land, Tessin, Engadin und Surselva und sind alle vier bei Rother mit eigenem Buch vertreten. Für Tessin und Engadin finden Sie auch Alternativen aus den Verlagen DuMont und Bruckmann, die sich eher als Rother an den Bedürfnissen von Gelegenheitswanderern orientieren. Die außerdem erhältlichen Wanderbücher des Schweizer Rotpunkt-Verlages sind ausgesprochen schön gemacht und enthalten jede Menge zusätzliche Informationen über die Region, sind als Wanderführer für Wohnmobilreisende aber eher unpraktisch. Die meisten vorgeschlagenen Wanderungen enden nicht dort wo sie beginnen. In der Schweiz wandert man vorzugsweise mit Bus- und Bahntransfer. Die Anreise mit dem Auto ist eher unpopulär. Liebhabern möglichst unberührter Natur sei außerdem der Bildband *Urlandschaften der Schweiz* von Heinz Staffelbach ans Herz gelegt, der mit ergreifend schönen Fotos abgelegene wilde Täler und Berglandschafen vorstellt und ebenfalls Wandervorschläge enthält. Hier fehlen allerdings die Karten und auch die Beschreibung ist zum Nachlaufen nicht ganz ausreichend.

ZOLLBESTIMMUNGEN

Für die Einfuhr von Produkten aus der Schweiz gelten die Regeln für die Einfuhr aus nicht EU-Ländern. Zollfrei dürfen Sie Produkte bis zu einem Wert von 300 € einführen. Auf der Reise müssen Sie vor allem beim Einkauf von Wein oder Spirituosen aufpassen. Bis zu 4 Litern nicht schäumender Wein dürfen pro Person ausgeführt werden. Auch bei der Einreise in die Schweiz dürfen Sie nicht mehr als 2 l Alkoholika unter 15% und 1 l über 15% Alkohol und 200 Zigaretten pro Person über 17 Jahre mitführen. Alle anderen Begrenzungen werden Sie nur erreichen, wenn Sie versuchen, ihren kompletten Nahrungsmittelvorrat für mehrere Wochen mit auf die Reise zu nehmen. Wer es ganz genau wissen will informiert sich unter www.ezv.admin.ch

Stichwortregister

Aareschlucht ... 94
Agno ... 185
Airolo ... 132
Albispass ... 39
Albulapass ... 229
Aletschgletscher ... 107
Alp Flix ... 225
Alt Sankt Johann ... 265
Altdorf ... 56
Andeer ... 204
Andermatt ... 103, 117
Appenzell ... 270
Aquacalda ... 142
Ardez ... 249
Ascona ... 157

Ballenberg, Freilichtmuseum ... 93
Balzers ... 259
Bellinzona ... 148
Bergün ... 230
Berninapass ... 232
Biasca ... 147
Bignasco ... 169
Bivio ... 223
Bolle di Magadino ... 179
Bonaduz ... 131
Bormio ... 236
Bosco Gurin ... 172
Brauiweiher ... 28
Brigels ... 120
Brione ... 176
Brissago-Inseln ... 160
Buchs ... 263

Cannobio ... 160
Caslano ... 183
Castello di Mesocco ... 201
Caumasee ... 123
Cazis ... 209
Centovalli ... 163
Cevio ... 165
Chiavenna ... 216
Chur ... 211

Davos ... 253

Engelberg ... 76
Entlebuch ... 89
Etzelpass ... 35
Euthal ... 49

Falera ... 122
Fällanden ... 32
Flims ... 124
Flüeli ... 79
Flühli ... 86
Furkapass ... 108
Fusio ... 168

Gadmen ... 100
Gailingen ... 16
Gelmersee ... 114
Gental ... 98
Gesslerburg ... 67
Giornico ... 136
Giswil ... 80, 83
Glaspass ... 208
Glaubenbergpass ... 91
Glaubenbülenpass ... 83
Gletschergarten Canaglia ... 234
Goldau ... 42
Gotthardpass ... 103
Greifensee ... 30
Grimselpass ... 110
Großer Mythen ... 50
Großer Titlis ... 76
Guarda ... 248
Gütighausen ... 21, 22

Höllgrotten ... 41

Ibergeregg-Pass ... 47
Ilanz ... 122, 126
Innertkirchen ... 115
Insel Schwanau ... 43
Isleten ... 58
Isole de Brissago ... 160

Kartause Ittingen ... 25
Klausenpass ... 53, 55
Klöntalersee ... 53
Kloster Einsiedeln ... 49
Klosters ... 254
Kollbrunn ... 27
Konstanz ... 12
Küsnacht ... 67
Kyburg ... 28

Lago di Lugano ... 182
Lago Maggiore ... 153
Lago Ritom ... 133
Lägh da Cavloc ... 222
Lai da Tuma (Rheinquelle) ... 118
Lai Palpuogna ... 231
Landarenca ... 198
Lavertezzo ... 175

Locarno 154
Lugano 186
Luino 180
Lukmanierpass 139, 140
Luzern 64, 70

Maienfeld 257
Maierskappel 69
Meersburg 12
Meiringen 93
Melchtal 77, 78
Melide 190
Meride 193
Mogno 168
Montagnola 188
Monte Verità 158
Morcote 189
Morschach 59

Naturpark Beverin 131
Niederuster 31
Nufenen 106
Nussbaumen 17, 21, 22

Oberalppass 118
Obersaxen 121

Parc Ela 223, 228
Parc Naziunal Svizzer 243
Ponte Tresa 183
Porto Ceresio 193
Poschiavo 232

Rapperswil 34
Rheinschlucht 127
Rhônegletscher 108
Rigi 42
Riom 227
Rorschach 277, 280

Safiental 129, 130
San Bernardino Pass 202
Santa Maria 240
Säntis 267
Sarnen 78, 92
Sattelegg Pass 51
Sattelegg Pass 51
Savognin 226
Schaffhausen 18
S-charl 251
Schloss Laufen 20
Schloss Tarasp 250
Schmerikon 52
Schwyz 44
Scuol 252
Sedrun 119
Seebodenalp 68
Seedorf 56
Sihlsee 48, 51
Silvaplana 223
Sonogno 177
Sörenberg 84
Spiringen 55
Splügenpass 214
St. Antönien 254
St. Gallen 275
Stampa 220
Steckborn 13
Stein am Rhein 14, 15
Surcuolm 122
Sustenpass 97, 102

Tenna 129, 130
Thusis 207
Toggenburg 262

Uerschhausen 22
Umbrailpass 237
Unteriberg 48
Urnäsch 269
Urnerboden 53, 54

Val Bavona 169
Val Calanca 198
Val Ferrera 203
Val Lavizzara 167
Val Müstair 240
Val Trupchun 247
Val Verzasca 174
Valle Bregalia 217
Valle di Blenio 139, 144
Valle di Livigno 235
Valle Leventina 135
Valle Maggia 164
Valle Mesolcina 200
Valsertal 125
Versam 128
Via Mala 205
Vierwaldstätter See 62, 64

Wägital 52
Wallfahrtskirche Heiligkreuz 88
Weg der Schweiz 62
Weggis 66
Winterthur 29

Zernez 245
Zillis 204
Zug 39
Zürich 36

Info-Blatt für das WOMO-Buch: Schweiz (Ost) '14

Ausgefüllt erhalte ich 10% Info-Honorar auf Buchbestellungen direkt beim Verlag.

Lokalität: Seite: Datum:
(Stellplatz, Campingplatz, Wandertour, Gaststätte, usw.)
unverändert gesperrt/geschlossen folgende Änderungen:

Lokalität: Seite: Datum:
(Stellplatz, Campingplatz, Wandertour, Gaststätte, usw.)
unverändert gesperrt/geschlossen folgende Änderungen:

Lokalität: Seite: Datum:
(Stellplatz, Campingplatz, Wandertour, Gaststätte, usw.)
unverändert gesperrt/geschlossen folgende Änderungen:

Lokalität: Seite: Datum:
(Stellplatz, Campingplatz, Wandertour, Gaststätte, usw.)
unverändert gesperrt/geschlossen folgende Änderungen:

Lokalität: Seite: Datum:
(Stellplatz, Campingplatz, Wandertour, Gaststätte, usw.)
unverändert gesperrt/geschlossen folgende Änderungen:

Lokalität: Seite: Datum:
(Stellplatz, Campingplatz, Wandertour, Gaststätte, usw.)
unverändert gesperrt/geschlossen folgende Änderungen:

Meine Adresse und Tel.-Nummer:

Nur komplett ausgefüllte und zeitnah eingesandte Infoblätter können berücksichtigt werden.

Info-Blatt für das WOMO-Buch: Schweiz (Ost) '14
(ausgefüllt erhalte ich 10% Info-Honorar auf Buchbestellungen direkt beim Verlag)

Lokalität: Seite: Datum:
(Stellplatz, Campingplatz, Wandertour, Gaststätte, usw.)
unverändert gesperrt/geschlossen folgende Änderungen:

Lokalität: Seite: Datum:
(Stellplatz, Campingplatz, Wandertour, Gaststätte, usw.)
unverändert gesperrt/geschlossen folgende Änderungen:

Lokalität: Seite: Datum:
(Stellplatz, Campingplatz, Wandertour, Gaststätte, usw.)
unverändert gesperrt/geschlossen folgende Änderungen:

Lokalität: Seite: Datum:
(Stellplatz, Campingplatz, Wandertour, Gaststätte, usw.)
unverändert gesperrt/geschlossen folgende Änderungen:

Lokalität: Seite: Datum:
(Stellplatz, Campingplatz, Wandertour, Gaststätte, usw.)
unverändert gesperrt/geschlossen folgende Änderungen:

Lokalität: Seite: Datum:
(Stellplatz, Campingplatz, Wandertour, Gaststätte, usw.)
unverändert gesperrt/geschlossen folgende Änderungen:

Meine sonstigen Tipps und Verbesserungsvorschläge:

Wir bestellen zur sofortigen Lieferung: (Alle Preise in € [D], Preisänderungen vorbehalten)

- ☐ Wohnmobil Handbuch .... 19,90 €
- ☐ Wohnmobil Kochbuch .... 12,90 €
- ☐ Heitere WOMO-Geschichten ..... 6,90 €
- ☐ Multimedia im Wohnmobil .... 9,90 €
- ☐ Gordische Lüge – WOMO-Krimi 9,90 €
- ☐ Albanien .... 19,90 €
- ☐ Allgäu .... 17,90 €
- ☐ Auvergne .... 17,90 €
- ☐ Bayern (Nordost) .... 19,90 €
- ☐ Belgien & Luxemburg .... 18,90 €
- ☐ Bretagne .... 18,90 €
- ☐ Burgund .... 17,90 €
- ☐ Dänemark .... 17,90 €
- ☐ Elsass .... 18,90 €
- ☐ England .... 18,90 €
- ☐ Finnland .... 18,90 €
- ☐ Franz. Atlantikküste (Nord) .... 17,90 €
- ☐ Franz. Atlantikküste (Süd) .... 17,90 €
- ☐ Griechenland .... 19,90 €
- ☐ Hessen (Norden + Osten) .... 19,90 €
- ☐ Hunsrück/Mosel/Eifel .... 19,90 €
- ☐ Irland .... 18,90 €
- ☐ Korsika .... 17,90 €
- ☐ Kreta .... 14,90 €
- ☐ Kroatien (Dalmatien) .... 17,90 €
- ☐ Latium/Rom/Abruzzen .... 18,90 €
- ☐ Ligurien .... 17,90 €
- ☐ Loire-Tal/Paris .... 17,90 €
- ☐ Languedoc/Roussillon .... 19,90 €
- ☐ Marokko .... 18,90 €
- ☐ Namibia .... 19,90 €
- ☐ Neuseeland .... 19,90 €
- ☐ Niederlande .... 19,90 €
- ☐ Nordfrankreich .... 18,90 €
- ☐ Normandie .... 17,90 €
- ☐ Norwegen (Nord) .... 19,90 €
- ☐ Norwegen (Süd) .... 19,90 €
- ☐ Österreich (Ost) .... 19,90 €
- ☐ Österreich (West) .... 18,90 €
- ☐ Ostfriesland .... 19,90 €
- ☐ Peloponnes .... 18,90 €
- ☐ Pfalz .... 17,90 €
- ☐ Piemont/Aosta-Tal .... 19,90 €
- ☐ Polen (Nord/Masuren) .... 17,90 €
- ☐ Polen (Süd/Schlesien) .... 17,90 €
- ☐ Portugal .... 17,90 €
- ☐ Provence & Côte d'Azur (Ost) .. 18,90 €
- ☐ Provence & Côte d'Azur (West) 18,90 €
- ☐ Rumänien .... 19,90 €
- ☐ Pyrenäen .... 17,90 €
- ☐ Sachsen .... 19,90 €
- ☐ Sardinien .... 19,90 €
- ☐ Schleswig-Holstein .... 19,90 €
- ☐ Schottland .... 18,90 €
- ☐ Schwabenländle .... 17,90 €
- ☐ Schwarzwald .... 17,90 €
- ☐ Schweden (Nord) .... 18,90 €
- ☐ Schweden (Süd) .... 19,90 €
- ☐ Schweiz (Ost) .... 19,90 €
- ☐ Schweiz (West) .... 18,90 €
- ☐ Sizilien .... 17,90 €
- ☐ Slowenien .... 17,90 €
- ☐ Spanien (Nord/Atlantik) .... 17,90 €
- ☐ Spanien (Ost/Katalonien) .... 17,90 €
- ☐ Spanien (Süd/Andalusien) ...... 17,90 €
- ☐ Süditalien (Osthälfte) .... 17,90 €
- ☐ Süditalien (Westhälfte) .... 17,90 €
- ☐ Süd-Tirol .... 18,90 €
- ☐ Thüringen .... 19,90 €
- ☐ Toskana & Elba .... 19,90 €
- ☐ Trentino/Gardasee .... 17,90 €
- ☐ Tschechien .... 18,90 €
- ☐ Tunesien .... 17,90 €
- ☐ Türkei (West) .... 18,90 €
- ☐ Türkei (Mitte-Kappadokien) ..... 17,90 €
- ☐ Umbrien & Marken mit Adria .... 17,90 €
- ☐ Ungarn .... 17,90 €
- ☐ Venetien/Friaul .... 19,90 €

* WOMO * * WOMO * * WOMO * * WOMO *

Absender:

Datum Unterschrift

WOMO®-VERLAG

Versandabteilung

Wiesenweg 4-6

98634 Mittelsdorf/Rhön

DIE REISE- UND ERLEBNISFÜHRER

* Bequeme Touren durchs ganze Urlaubsland.
* Viele Plätzchen für freie Übernachtungen mit GPS.
* Genaue Hinweise auf viele Trinkwasserstellen.
* Die schönsten Badeplätze, die nicht jeder kennt.
* Bergtouren und Spaziergänge für groß und klein.
* Die besten Anreiserouten, Fähren, usw.
* 300 Tipps und Tricks – für Ausrüstung, Reisevorbereitung und Urlaub.
* Ausgefeilte Profipackliste.
* Spezialkarten mit supergenauen Einträgen der freien Stellplätze, Trinkwasser- und Entsorgungsstellen.

DAS KOCHBUCH

* Einrichtung der WOMO-Küche.
* Lebensmittel-Grundausstattung.
* Konserven selbst gemacht.
* Backen in der Bratpfanne – Kuchen, Pizza, Brote.
* Viele, viele WOMO-Rezepte für zwei Gasflammen – einfach, schnell und lecker!
* Einkochen im Urlaub.
* Spezialrezepte für den Dampftopf.
* Der WOMO-Pfannenknecht.

DAS HANDBUCH

* Beratung bei Kauf und Miete.
* Gas-, Wasser-, Elektroinstallation.
* Einrichten des Wohnmobils.
* Tipps & Tricks fürs Wochenende.
* 3200 freie deutsche Stellplätze.
* 700 deutsche Entsorgungsstationen.
* Urlaubsvorbereitung, Profipackliste.
* .Stellplatz-Infos für ganz Europa.
* Wohnmobil und Wintersport.
* Der WOMO-Urlaubspartner-Service.
* Gastankstellen in ganz Europa.

Unsere Bücher erhalten Sie in jeder Buchhandlung oder auf Rechnung direkt vom Verlag. Hier gibt's auch die aktuellen Infos über unsere ständigen Neuerscheinungen. (Versandkosten 1,20 €, ab 10 € portofrei / Ausland 4 €, Preisänderungen vorbehalten).

24 Std.-Bestell-Telefon: 036946-20691*Fax: 036946-20692
Internet: www.womo.de * eMail: verlag@womo.de**